David Deißner/Thomas Ellerbeck/Benno Stieber
WIR

David Deißner
Thomas Ellerbeck
Benno Stieber

WIR

19 Leben in einem
neuen Deutschland

Mit 11 Fotos im Text

Piper München Zürich

Mehr über unsere Autoren und Bücher:
www.piper.de

Sonderausgabe für die
Vodafone Stiftung Deutschland gGmbH

© Piper Verlag GmbH, München 2011
Fotos: alle Fotos © Amin Akhtar / Berlin,
mit Ausnahme von Bülent Arslan (© privat), Bülent Ceylan
(© Marco Perdigones), Dunja Hayali (© Manuel Krug)
und Ranga Yogeshwar (© Nora Yogeshwar)
Gesamtherstellung: Kösel, Krugzell
Printed in Germany

Inhalt

Der Anfang
von David Deißner, Thomas Ellerbeck, Benno Stieber   7

19 Begegnungen – eine Reise durch
das Einwanderungsland Deutschland
von Benno Stieber   13

1 Gegen alle Widerstände

Amir Kassaei   19
Kemal Şahin   29
Muhabbet   37
Patricia   47

2 Mittendrin

Bülent Arslan   61
Bülent Ceylan   75
Ergun Can   85
Benjamin Idriz   95

3 Angekommen

Dunja Hayali   111
Navid Kermani   119

INHALT

Nazan Eckes   127
Natalie Schmitke   137

4 Der Fremde als Feind

Ranga Yogeshwar   151
Zeca Schall   161
Taner G.   171
Tarek Al-Wazir   181

5 Härtefälle

Mustafa Akçay   193
Ahmad Omeirat   201
Muammar Akin   211

Wer ist Deutschland?
von David Deißner und Thomas Ellerbeck   221

Über die Autoren   254

Der Anfang

Es war ein wolkenloser Abend. Der Konferenzraum lag hoch über den Dächern von Berlin, das Ambiente war gediegen. Beste Bedingungen für weitsichtige Gedanken. Geladen waren eine Islamwissenschaftlerin, ein Journalist und ein Professor. Eigentlich sollte vor ausgewähltem Publikum über das Islambild in den Medien diskutiert werden. Doch bald ging es, wie so oft, um andere Fragen. Um die großen und schweren Fragen an den verminten und umkämpften Frontlinien der sogenannten Integrationsdebatte. Um die Frage etwa, ob Muslime nun schwerer integrierbar sind als andere Zuwanderer; ob nun der Islam oder doch seine mehr oder weniger berufenen Kritiker das Problem sind. Ob eher soziales Gefälle oder kulturelle Differenzen die Integration erschweren.

Der Professor betrachtet das Verhältnis des Westens zur islamischen Welt und spannt den großen Bogen von kriminellen Jugendlichen und den türkeitümelnden Auftritten des türkischen Premierministers Erdoğan über die iranische Revolution bis zu den Anschlägen des 11. September. Die Islamwissenschaftlerin schüttelt den Kopf. Sie will wissen, was Jugendkriminalität, türkischer Nationalismus, Schiiten und al-Quaida miteinander zu tun hätten, außer, dass all dies vielen Deutschen wie eine einzige Bedrohung vorkomme. Sie plädiert für Pragmatismus und berichtet über ihre Gespräche mit jungen Muslimen in Deutschland. Der Journalist fragt daraufhin nach den Verfehlungen seiner Zunft und der ganz alltäglichen Islamophobie. Man diskutiert: schnelle Themenwechsel, verdruckste Kritik, große Distanz.

Am Schluss will der Moderator von der Runde wissen: Ja, woran liegt es denn nun, dass alle Terroristen der letzten Jahre

Muslime gewesen sind? Die Islamwissenschaftlerin sagt, sie könne darauf keine Antwort geben. Warum auch? Sie sei zwar praktizierende Muslima, aber keine Terrorexpertin. Ein wenig ratlos geht die Gesellschaft nach nebenan zu einem gesetzten Abendessen.

Ähnliche Diskussionen werden in diesem Land nun seit Monaten geführt. Höflich im Ton, mit kurzen, beide Seiten kurz irritierenden Eruptionen und am Ende mit dem Gefühl, dass die Anspannung nicht weichen wollte, ja dass das Gespräch gerade erst begonnen hat. So geht es fast immer zu, wenn die Mehrheitsgesellschaft mit Migranten über Integration diskutiert.

Erst später, bei Spargel und Steak und nach ein paar Gläsern Wein, wird auch mal gelacht. Über die verschiedenen Identitäten, wie die des Herrn am Kopf des Tisches, der sich mit der Bemerkung vorgestellt hatte, er habe es als Vertreter zweier Minderheiten besonders schwer. Er habe nicht nur pakistanische Eltern, sondern sei heute zu allem Überfluss auch noch als Vertreter der FDP hier.

Noch lustiger kann es werden, wenn man etwa die ehemalige Integrationsbeauftragte von Niedersachsen, Honey Deihimi, fragt, wo sie herkommt. Man könne es sich bitte aussuchen. Ihre Eltern kommen aus dem Iran, sagt sie, sie selbst sei in Wien aufgewachsen, im 13. Bezirk, wenn man es genau wissen wolle. Aber sie kann auch locker »wir Niedersachsen« sagen und den einzigen Bayern am Tisch fragen, ob er hier in der Runde überhaupt integrierbar sei.

Jetzt könnte man auf die Idee kommen, dass die Migranten die entspannteren Deutschen sind. Das wohl nicht. Aber es fällt auf, dass sie über Herkunft und Identität oft mit heiterem Unterton reden. So als fänden sie die Diskussion, wer wohin gehört, vor allem eins: sehr deutsch.

Zur Debatte über den Islam in den Medien hätte auch die Journalistin Hatice Kilicer eine Anekdote beitragen können. Sie erzählte uns folgende Geschichte: Neulich hat sie per E-Mail der Redaktion einer Regionalzeitung eine Reportage aus der

Türkei angeboten. Der Text wird gedruckt, alle sind zufrieden, man lädt sie ein, doch öfter mal für das Blatt zu schreiben. Vorher solle sie einmal in der Redaktion vorbeikommen, damit man sich persönlich kennenlerne. Als die Journalistin dann zum Redaktionsbesuch erscheint, erschrickt der Redaktionsleiter sichtbar, sagt, er habe jetzt ganz unerwartet keine Zeit und sie solle doch ein anderes Mal vorbeikommen. Es war der letzte Kontakt, den Hatice Kilicer mit der Redaktion hatte. Keine neue Einladung, keine weiteren Aufträge.

Schwer zu glauben, dass diese Reaktion nichts damit zu tun hat, dass sie Kopftuch trägt. Übrigens ganz freiwillig seit ihrem achtzehnten Lebensjahr und als Einzige in ihrer Familie. Ist das alltäglicher Rassismus, schlechte Kinderstube, oder kommt selbst der angeblich so liberalen, dabei aber erstaunlich monokulturellen Medienwelt unter wachsendem ökonomischen Druck die Toleranz abhanden?

Wie viel Fremdes sind wir bereit in unserem Alltag zu akzeptieren, manchmal auch zu ertragen? »Toleranz dämmt Abneigung, nicht Zuneigung«, schreibt die freie Journalistin Carolin Emcke in einem bemerkenswerten Essay für *Die Zeit*. Toleranz sei eine Leistung, die geübt werden müsse, gerade gegenüber gesellschaftlichen Erscheinungen, die uns irritieren oder sogar abstoßen. »In modernen, pluralistischen Gesellschaften mit unterschiedlichsten existenziellen, sexuellen oder ästhetischen Neigungen wird das Tolerieren von Praktiken und Überzeugungen anderer von jedem verlangt«, schreibt sie.

Auch einer der Autoren des vorliegenden Buches hat übrigens eine Zuwanderungsgeschichte, vielleicht eher einen »Migrationshintergrund light«. Benno Stieber ist Österreicher. Er hatte Glück. Sein Vater kam in den Sechzigerjahren nicht über den Bosporus oder das Mittelmeer nach Deutschland, sondern aus dem Salzkammergut. Aber auch er war auf der Suche nach Arbeit und wusste nicht, wie lange er bleibt. Österreicher tragen keine äußeren Merkmale, auf die man täglich angesprochen wird. Keiner käme auf die Idee, über die Integrationsfähigkeit von Österreichern zu debattieren – außer vielleicht in Bayern. Sie kennen nicht das Ausgeschlossensein, weil man einen für deutsche Ohren seltsam klingenden Namen trägt.

Aber vielleicht kann selbst ein Österreicher einige der Gefühle nachvollziehen, die Migranten aus sogenannten anderen Kulturkreisen haben und die sogenannte Ursprungsdeutsche befremden. Stieber erlebte es so: Er war früh stolz auf seine Herkunft. Als Vierzehnjähriger trug er auch mal einen Anstecker mit einem österreichischen Adler an der Brust. Was höchstens insofern mutig war, als der beim ersten Hinsehen kaum vom deutschen Bundesadler zu unterscheiden ist und Hoheitszeichen in den Achtzigerjahren auf Schulhöfen nicht unbedingt hoch im Kurs standen. Aber er war stolz darauf und hätte seinen Pass nie freiwillig abgegeben, nur um den deutschen zu bekommen. Umso frustrierender, dass er bei seinen Cousins in Österreich der »deutsche Vetter« war und auch mal »unser Piefke« genannt wurde. Da half auch nicht der Verweis auf ein Ausweisdokument.

Dieses Gefühl, zwischen den Stühlen zu sitzen, das Benno Stieber nur in lächerlich homöopathischen Dosen erlebt hat, kennen die Migranten der zweiten und dritten Generation mit türkischen oder anderen Wurzeln im Übermaß. Ein Gefühl, das unbequem und zugleich schick sein kann.

Wer dunkle Augen, schwarze Haare und einen fremd klingenden Namen hat, dem wird auf Ämtern gerne nur in Dreiwortsätzen geantwortet. Sätze wie: »Sie sprechen aber gut Deutsch«, muss sich auch die Fernsehmoderatorin Dunja Hayali, die im nordrhein-westfälischen Datteln geboren wurde, immer wieder anhören.

Andererseits verlaufen die Geburtswehen einer multiethnischen Gesellschaft, wenn nicht alles täuscht, in Deutschland generell weniger eruptiv als in manchen Nachbarländern. Es gibt hier keine rechtspopulistische Regierungspartei wie die von Geert Wilders in den Niederlanden und keine drakonischen Gesetze gegen Migranten wie in Dänemark. Auch ein Minarettverbot wie in der Schweiz ist politisch derzeit nicht sehr wahrscheinlich.

Man kann offenbar mit entsprechender medialer Unterstützung auch sehr erfolgreich Bücher über Migranten schreiben, ohne welche zu kennen oder getroffen zu haben. Bei unserem vorliegenden Buch war das Gegenteil geplant.

Die Idee zu diesem Buch kam uns durch die vielen anregenden und bewegenden Gespräche mit den Stipendiaten des »Vodafone Chancen«-Programms, eines Stipendiums für begabte Absolventen mit Zuwanderungsgeschichte. Es sind beeindruckende Geschichten. Sie handeln von Fremdheit und Ankunft, von großem Bildungsehrgeiz und steilem Aufstieg. Es sind Geschichten, die Hoffnung machen, dass Integration auf großartige Weise gelingen kann. Natalie Schmitke ist einer dieser jungen Menschen. Auch ihre Geschichte wird in diesem Buch erzählt.

Wir wollten wissen: Wie denkt, fühlt und spricht es, das neue Deutschland? Einer von uns hat sich aufgemacht. Benno Stieber reiste quer durch die Republik, um Nichtdeutsche zu treffen, die gekommen sind, um zu bleiben oder auch nur auf der Durchreise Station zu machen. Es galt: nicht die deutsche Elle anlegen, stattdessen Tonband einschalten, zuhören, mal widersprechen, manche Dinge aber auch einfach stehen lassen. Eben jene zu Wort kommen lassen, die gemeint sind, wenn – etwas sperrig, aber ungeheuer korrekt – die Rede ist von »Menschen mit Migrationsgeschichte«.

Wer bewusst durch das Deutschland der neuen Deutschen fährt, sieht ein anderes Land, plötzlich schrumpft die Mehrheitsgesellschaft und kommt einem an manchen Stellen seltsam desinteressiert und manchmal reichlich fremd vor. Man trifft auf Menschen, die oft sehr genau sagen können, was sie an Deutschland mögen, ja, manchmal sogar lieben. Und die oft erstaunlich gleichmütig und großzügig mit den Zurückweisungen umgehen, die sie erleben. Gemeinsam ist ihnen, dass sie alle immer wieder Momente der Fremdheit im eigenen Land erleben.

»Wer ist wir?«, wie Navid Kermani in seinem gleichnamigen Essayband fragt? Wer sind die anderen? Wann hört das Fremdsein auf? Nach der Geburt in Deutschland? In der dritten Generation? Gehört dazu, wer die deutsche Sprache beherrscht oder das Richtige glaubt? Oder wessen Pigmentierung dem europäischen Durchschnitt entspricht? Wer einen Namen hat, der sich so ausspricht, wie man ihn schreibt, und bei dem Vokale und Konsonanten ausgewogen verteilt sind? Geht es um Integration oder Assimilation?

Integration sei dann erreicht, wenn wir nicht mehr darüber reden, ist so einer dieser Merksätze, die in der Debatte immer wieder zitiert werden. Wenn das stimmt, bleibt noch eine Menge zu tun. Eine Gesellschaft braucht gemeinsame Geschichten, die wir uns gegenseitig erzählen können und zusammen erlebt haben. Das können humorvolle Filme sein wie *Almanya,* in dem ein Sechsjähriger seiner nationalen Identität nachspürt, oder singuläre Ereignisse wie die Fußballweltmeisterschaft. Wir werden die Veränderung in diesem Land nur begreifen, wenn wir miteinander reden, diskutieren und streiten.

Die Veränderung hat bereits vor mehr als fünfzig Jahren begonnen. Willkommen im neuen Deutschland.

David Deißner, Thomas Ellerbeck, Benno Stieber
Berlin, August 2011

19 Begegnungen –

eine Reise durch das Einwanderungsland Deutschland

von Benno Stieber

1

Gegen alle Widerstände

Kann es sein, dass man als unterprivilegierter Außenseiter einen Vorteil hat?«, fragte vor Jahren der amerikanische Publizist Malcolm Gladwell in einem Artikel im *New Yorker*, in dem er die unglaubliche Karriere Sidney Weinbergs, des gerade legendären Chefs der Investmentbank »Goldmann Sachs«, nachzeichnete.

Weinberg war Sohn eines wenig erfolgreichen polnischen Spirituosenhändlers und hatte neun Geschwister. Er war klein und schmächtig, sein Rücken sei voller Narben von Messerkämpfen gewesen, wird berichtet. Er brach die Schule ab, schlug sich als Zeitungsverkäufer und Bürobote durch.

Heute würde man in Deutschland wohl sagen, Sidney Weinberg kam aus einer bildungsfernen Migrantenfamilie mit wenig Aufstiegschancen. Doch Sidney Weinberg begann im New York der Zwanzigerjahre als Bürobote und schaffte es am Ende an die Spitze der Investmentbank »Goldman Sachs«. Er war bis in die Fünfzigerjahre des 20. Jahrhunderts die prägende Figur der Bank, und er war der Überzeugung, dass einer, der sich von ganz unten hochkämpft, mehr Härte und Zielstrebigkeit brauche. Und dass diese Eigenschaften es ihm wiederum ermöglichen, mehr zu erreichen als andere.

Eliteforscher sehen das für die Gegenwart eher skeptisch. Die Schule der Armut sei selbst im Aufstiegsland Amerika eine unterfinanzierte Problemschule, konstatiert etwa die *Süddeutsche Zeitung*. Arm und Außenseiter zu sein, sind fast immer Hypotheken fürs Leben, und lehren wenig von dem, was man braucht, um sich sicher auf dem gesellschaftlichen Parkett einer Mehrheitsgesellschaft oder gar einer Elite zu bewegen. Es sind die unsichtbaren Grenzen, an die diese Außenseiter oft stoßen.

Dass einer wie Sidney Weinberg zum Millionär aufsteigen kann, ist eine der identitätsstiftenden Erzählungen der Einwandererländer, ist Ansporn und Versprechen zugleich.

Deutschland wollte lange kein Einwanderungsland sein, auch wenn die Fakten spätestens seit den Siebzigerjahren anderes sagten. Experten sind sich heute weitgehend einig darüber, dass die ideologischen Debatten über diese Frage eine vernünftige Integrationspolitik in den vergangenen Jahrzehnten verhindert haben.

Die ideologischen Barrikaden sind inzwischen weitgehend abgebaut. Wir könnten ein Einwanderungsland sein, allein es fehlt an Einwanderern. Die Statistiken zeigen, dass wir über die verschleppte Debatte sogar zum Auswanderungsland geworden sind. Es scheint, als wäre Deutschland, die verspätete Nation, heute ein zu spät gekommenes Einwanderungsland. Man kann annehmen, dass das eine mit dem anderen zusammenhängt.

Derweil haben diejenigen, die gekommen sind, ihre eigenen Wege in die Gesellschaft gefunden. Was bleibt, sind die unsichtbaren Grenzen, die jede Gemeinschaft kennt, die Codes der sozialen Schichten und gesellschaftlichen Gruppen. Der Berliner Schriftsteller Deniz Utlu schreibt in einem Gedicht: »An die Grenzen zu geraten, braucht es Kreativität, sie zu passieren. Deshalb entsteht dort, an den Rändern nämlich, oft Neues.«

AMIR KASSAEI

Der Solitär

Der Mann, der als einsamer Star der Werbeszene gilt, ist schnell, direkt und blitzgescheit. Bei YouTube kann man sehen, wie er auf Kreativenkongressen die klassische Werbebranche beiläufig für tot erklärt. Er grinst kühl dabei, wirkt unnahbar. Strahlt Stolz und Unabhängigkeit aus und mehr als nur einen Hauch Arroganz. Die Zunft der Kreativen liegt ihm für solche Auftritte zu Füßen.

Amir Kassaei kann sehr liebenswürdig sein. Der Eindruck wird von seinem dezenten Wiener Zungenschlag unterstützt. Am Telefon sprachen wir über unsere gemeinsame Verbindung zu Österreich. Kassaei ist als Flüchtling nach Wien gekommen und hat inzwischen die österreichische Staatsbürgerschaft. Er fragte überschwänglich: »Haben Sie noch Verbindung zum schönsten Land der Welt?« Ich erzählte ihm von meiner Oma in Bad Ischl, bei der ich oft die Sommerferien verbracht habe, die aber vor einigen Jahren gestorben ist. Und dass ich mich oft für die Politik meines Vaterlands schäme. Wir sind uns einig, dass Österreich seinen Schuldanteil an den Naziverbrechen bis heute nicht angenommen hat. Am Ende unseres Telefongesprächs entschied Kassaei, er werde sich für unser Treffen einen halben Tag freiräumen.

Es ist ein weiter Weg vom Kofferraum eines Schleusers bis zur Galionsfigur der europäischen Werbeindustrie. Mit diesen Erfahrungen im Gepäck lässt einer wie er keine Ausreden gelten. Der Werber Kassaei formuliert plakativ und einprägsam: »Wenn es ein geisteskranker Asylant wie ich schafft, dann kann es jeder andere auch schaffen.« Jetzt stehen wir in seinem Büro mit Blick auf das Berlin-Mitte-Treiben. Grau schlabbert Kassaeis Sweatshirt, er trägt blaugrüne Ringelsocken in den Wildlederschuhen. Der Schädel ist blank rasiert, wie immer. Ein Assistent – ebenfalls mit nacktem Schädel – bringt Kaffee und Wasser. Ein kahler Kopf scheint im Berliner Büro der Werbeagentur DDB zum guten Ton zu gehören.

Amir Kassaei ist gerade aus New York zurückgekommen, wo er in ein paar Monaten im Vorstandssessel des Mutterhauses der Werbeagentur DDB Platz nehmen wird. Das bedeutet jetzt, viele Gespräche und die Suche nach einer Wohnung. Am Nachmittag werde der Jetlag kommen, sagt er. Wie immer. Dann bricht er sich eine frische Schachtel »Muratti« aus der Großpackung, die immer in Griffweite auf dem Schreibtisch liegt. Jene Zigaretten, die vom Griechen Sophokles Muratti Anfang des Jahrhunderts kreiert wurden und von den wohl ersten türkischen Gastarbeitern in Deutschland bis zum Krieg in einer Kreuzberger Manufaktur gedreht wurden. Heute gehört »Muratti« zum Tabakkonzern Philip Morris. Aber immerhin, eine Zigarettenmarke mit Migrationshintergrund.

Marken sind in Kassaeis Welt überall dezent platziert. Die unauffällige silberne Rolex am Handgelenk. Wer mehr Ahnung von Jeansmarken hat als ich, erkennt sicherlich, dass das Exemplar mit den kunstvoll angebrachten Scheuerlöchern sehr bewusst gewählt ist. Die Sessel erkenne auch ich: »Lounge Chairs« von der Designlegende Charles Eames. Solide Produkte, Retroschick, ganz wie in der US-Fernsehserie *Mad Man,* die in der Werbewelt jener Jahre spielt. Amir Kassaei wäre nicht so erfolgreich, wenn er es nicht so virtuos verstünde, mit den Markencodes zu spielen.

Er habe einiges zum Thema Integration zu sagen, hatte Kassaei schon am Telefon angekündigt. Zum Beispiel finde er, dass das Verhalten mancher Einwanderer die Vorurteile gegen sie bestätige. Jetzt, wo die erste »Muratti« fast geraucht ist, legt er los. »Wenn man in ein fremdes Land kommt, muss man sich anpassen. Da lasse ich keine Religion und keinen kulturellen Background gelten. Wir sind hier Gast, Ende der Durchsage.« Kurze Pause, dann liefert er das passende Bild dazu. »Wenn ich bei Ihnen zu Gast bin, sage ich ja auch nicht zuerst, wie Sie Ihr Wohnzimmer einrichten sollten. Macht man nicht.«

Das sind erprobte Sätze, die er schon in früheren Interviews gesagt hat und die, wie immer bei Kassaei, provozieren sollen. Trotzdem ist man ein bisschen baff. Ausgerechnet Kassaei, der Provokateur, predigt Anpassung und Demut? Und das alles, um dann nur als Gast geduldet zu werden?

Doch das ist nur so lange überraschend, bis man erkennt, dass alles, was ihn dahin gebracht hat, wo er heute ist, ein gewaltiges Anpassungsprogramm gewesen ist.

Amir Kassaei wird 1968 als erster Sohn einer bürgerlichen Teheraner Familie geboren. Der Vater ist Computeringenieur beim Staat. Als Khomeini die Macht übernimmt, wird der Vater von den neuen Herren in Frührente geschickt. Es sei eine behütete Kindheit gewesen, erinnert sich Amir Kassaei, es habe an nichts gefehlt.

Alles ändert sich, als das Land vom Nachbarn Irak überfallen wird. Saddam Hussein glaubt, der in nachrevolutionäre Wirren verstrickte Iran Khomeinis könnte eine leichte Beute sein. Doch der Mullahstaat wirft alles in die Schlacht, was er hat – auch die Kinder.

An der Front sieht der vierzehnjährige Amir Kassaei vieles, was Kinder nie sehen sollten. Vor allem aber ist er dabei, als sein bester Freund von einer Mine zerfetzt wird. Auch er selbst habe mehrere Menschen getötet, berichtet Kassaei. Während eines Fronturlaubs schicken ihn seine Eltern dann im Kofferraum eines Schleusers über die Grenze in die Türkei. Und von dort weiter nach Wien.

Soldat zu sein sei ein »fast künstlich-existenzielles Gefühl« gewesen, sagt Kassaei. In einer Institution, in der es für alle um Leben und Tod geht, ist die eigene Existenz nur mehr ein automatisch funktionierendes Rädchen im großen Getriebe. Viel schlimmer war es für ihn, sich mit fünfzehn Jahren in einem fremden Land wiederzufinden und jeden Tag selbst sicherstellen zu müssen, dass man genug zu essen hat.

Es war der 19. November 1983, als Kassaei in dem fremden Land ankommt, am Flughafen Wien-Schwechat. Er lebt anfangs in einem Asylbewerberheim, später jahrelang in einem fensterlosen Kellergeschoss. Eine Matratze und ein Koffer mit dem Notwendigsten sind sein einziger Besitz. Um zu überleben, arbeitet er neben der Schule als Straßenkehrer und auf dem Bahnhof bei der Toilettenreinigung. Im ersten Jahr absolviert er zwei Schulklassen, »weil meine Zeugnisse nicht anerkannt wurden«, lernt die fremde Sprache und macht am Ende Matura, wie das Abitur in Österreich heißt.

Kassaeis Weg ist eine Art kalte Integration. Ganz wie ein Abhängiger, der von heute auf morgen seine Droge absetzt, setzt er mit seiner Ankunft in Wien seine Muttersprache ab, kappt seine kulturellen Wurzeln und »inhaliert« die neue Sprache und Lebensweise. Er meidet den Kontakt mit Landsleuten, weil ihm klar ist, dass es nichts bringt, ein Heimatgefühl zu konservieren. So gewinnt Kassaei eine neue Identität. Der Preis ist der Verlust der alten inklusive der Muttersprache. Mit seinen Eltern, die noch immer in Teheran leben, spricht er heute am Telefon Englisch, das sie einigermaßen beherrschen, sie antworten auf Persisch, das er noch verstehen kann.

Trotz dieses radikalen Programms, sagt Kassaei, bleibe bis heute das Gefühl, fremd zu sein, nicht dazuzugehören. Wie am ersten Schultag in Wien, als ihn die anderen Kinder anschauten, als wäre er von einem anderen Stern gekommen.

Das klingt kokett bei einem Mann mit seinen Erfolgen und all den Preisen. »Nein«, beharrt Kassaei und schaut sein Gegenüber durchdringend an. »Ich bin Gast und werde nie etwas anderes sein. Ich gehöre in Österreich nicht dazu, und ich gehöre in Deutschland nicht dazu. Ich werde auch in Amerika nicht dazugehören. Aufgrund meines Aussehens, aufgrund meiner Herkunft. Aber das ist auch okay.«

Es scheint, als hätte er dieses Fremdsein zu einem Teil seiner Identität gemacht. Und es ist vielleicht eher der ungewöhnliche Lebensweg als die fremde Herkunft, die Kassaei automatisch von den meisten anderen Menschen trennt. Krieg, Flucht, all die Grenzerfahrungen, das würde ihn in jeder Gesellschaft ohne eigene Erlebnisse dieser Art zu einem Solitär machen. Er habe bereits heute das Leben eines Achtzigjährigen gelebt, sagt Kassaei.

In einem Interview mit der *Süddeutschen Zeitung* beschrieb die iranischstämmige Schauspielerin Pegah Ferydoni einmal den Verlust von Vertrauen, den sie seit ihrer Flucht nie wieder ganz losgeworden ist: »Ich kann selten Dinge abgeben, ich will am liebsten alles selber machen. Ich muss einen Menschen wirklich lieben, um mich fallen lassen zu können.« Bei Kassaei klingt dieser Verlust an Vertrauen schroffer: »Ich glaube nicht an Gott, ich glaube nur an mich, dann weiß ich, wer verantwortlich ist.« Mit diesem Glaubensbekenntnis schaffte es Kassaei bis in den Olymp der Kreativen, wo Selbstgewissheit sicher kein Nachteil ist.

Nach der Matura hatte er auf Anregung einer Tante, die in Paris lebte, Betriebswirtschaft studiert und als Marketingassistent und Controller bei L'Oréal gearbeitet. Zurück in Wien, wird er Kundenberater bei einer Werbeagentur, schafft irgendwann den Sprung ins kreative Fach und geht nach Deutschland zu Springer und Jacoby. Er steigt dort bis zum Kreativdirektor auf und wäre wohl auch der nächste Agenturchef geworden.

Doch er kündigt unerwartet und wechselt als Geschäftsführer zur deutschen Tochter der international aufgestellten Werbeagentur DDB, die damals am Boden liegt. Jetzt hat er sich verhoben, denken die meisten in der Branche, und manche sagen es auch laut. Aber Kassaei bringt neue Kunden und Etats, bugsiert die Agentur innerhalb kurzer Zeit wieder in die Spitzengruppe.

Nebenbei provoziert er mit Lust die eigene Branche. Als kurzzeitiger Chef des Werberverbands ADC will er gleich in den ersten Monaten alte Zöpfe abschneiden, scheitert und geht mit großem Knall. Nach der Finanzkrise sagt er, nicht die Banker allein seien an dem weltweiten Desaster schuld, sondern auch die Werbebranche, die die Menschen zu sinnlosem Konsum anstifte. Und dass man endlich die westliche Wirtschaft von Quantität auf Qualität umstellen müsse. Dafür wird er in der Branche, die selbst immer zwischen Hedonismus und Weltverbesserungsphantasien oszilliert, gleichzeitig geliebt und gehasst. Kassaei erklärt seine Streitlust so: »Wenn es ums Überleben gegangen ist, hast du in deinem Leben keine Zeit mehr für Bullshit-Bingo.«

Ich muss an die Nachrichtenbilder von den Flüchtlingen auf Lampedusa denken. Menschen, die alles riskieren, um aus Tunesien und Libyen nach Europa zu kommen. Weil sie, wie Kassaei es getan hat, um ihr Leben fürchten oder für sich und ihre Kinder eine bessere Zukunft erhoffen. Und ich frage mich unwillkürlich, wie viele potenzielle Kassaeis wohl unter den Passagieren dieser überfüllten Boote sind. Menschen, die oft rasch wieder in ihr Heimatland abgeschoben werden. Wenig Beachtung finden ihr ungeheurer Wille und die Zielstrebigkeit, die sie bewiesen haben. Genau die Tugenden also, die unsere Leistungsgesellschaft verlangt und die zum Erfolg führen.

Die Überfahrt über das Mittelmeer, die jährlich ungezählte Leben kostet, als Assessmentcenter für ein Leben im Wohlstandseuropa? Ein zynischer Gedanke. Aber einer, der unserer heutigen Logik entspricht, bei der jeder Mensch auch nach seinem Wert für den Arbeitsmarkt taxiert wird. Und der vielleicht auch klar macht, dass Flüchtlingswellen aus einzelnen Menschen bestehen, die womöglich ein Potenzial wie Amir Kassaei mitbringen.

Wir sitzen noch immer in den »Eames«-Sesseln. Kassaei ist bei der achten Zigarette angekommen, redet schnell, springt von Thema zu Thema. Wenn man so zuhört, denkt man: Amir Kassaeis Leben, von ihm selbst erzählt, ist wie eine seiner erfolgreichen Werbekampagnen. Geschliffen und zugespitzt präsentiert, jede Station und jede Meinung mit einem griffigen Claim versehen. Der Markenkern von Amir Kassaei heißt: »Ich bin härter zu mir als jeder andere.« Der Slogan dazu: »Man kann alles schaffen, wenn man bereit ist, den Preis dafür zu bezahlen.«

Kassaei drückt die »Muratti« aus. Der Assistent steckt seinen Kahlkopf kurz ins Büro: »Alles in Ordnung?«

»Wissen Sie«, sagt Kassaei, »alles, was ich nach meinem fünfzehnten Lebensjahr erlebt habe, ist die Zugabe. Geld, Klamotten, Erfolg, alles schön, aber ich brauch es nicht wirklich. Ich kann auch als Straßenfeger überleben.«

Gibt es überhaupt etwas, was er in dieser Werbeglitzerwelt erlebt, das ihm nahegeht? »Ja, er hier«, sagt Kassaei und deutet auf das gerahmte Schwarz-Weiß-Foto, das an dem Bücherregal lehnt. Nur zwei Mal sei er zu einer Bambi-Verleihung gegangen. Das erste Mal, weil es sich seine Frau gewünscht hatte. Das zweite Mal, weil es die einmalige Chance gab, Muhammad Ali persönlich kennenzulernen. Schon als er fünf Jahre alt war, ist er mit seinem Vater nachts aufgestanden, um die Kämpfe Alis zu sehen. Er kenne keinen, der ein konsequenteres Leben geführt habe, sagt Kassaei. Er wurde von dem Jahrhundertboxer für den Tag nach der Gala zum Thanksgiving-Essen eingeladen. Amir Kassaei erinnert sich noch genau, drei Stunden saß er zusammen mit seinem Idol am Tisch. Ein großer Moment im ereignisreichen Leben des Amir Kassaei.

Wir fahren mit der dunklen Agenturlimousine zu einem Meeting. Der Assistent am Steuer, Kassaei, der keinen Führerschein hat, sitzt im Fond und kontrolliert die Mails auf seinem Smartphone. Über die Bildschirme, die in die Kopfstützen eingelassen sind, flackern die Bilder von dem vor einer Woche havarierten Atomkraftwerk in Fukushima und den Tsunamiopfern. Kassaei schaut auf und sagt: »Da sieht man doch, wie schnell es vorbei sein kann.«

Er hatte vor einiger Zeit mit einem Freund die Idee für ein Kunstprojekt. Eine Siebzigerjahre-Adidas-Tasche, wie man sie früher in der Schule hatte, sollen Menschen aus allen Gegenden und Schichten mit den Dingen füllen, die sie mitnehmen würden, wenn morgen die Welt unterginge. Daraus würde er dann eine Ausstellung machen. »Wissen's«, sagt Kassaei, »da bleibt nicht viel übrig.«

Um sich immer wieder zu erden, fahre er morgens um sieben mit der Straßenbahn in die Agentur. Und mit seinen Kindern geht er lieber nach Neukölln auf den Spielplatz als ins Bionade-Biedermeier des Prenzlauer Bergs. »Man muss sich immer wieder mit dem normalen Leben konfrontieren«, sagt er. Das klingt nach dem Training eines Boxers, der sich fit hält, falls er noch einmal in den Ring muss.

In New York fange er jetzt noch einmal ganz von vorne an, sagt Kassaei. Er kennt die Branche nicht, hat kaum Kontakte in New York. Aber das sei gut. Mal wieder raus aus der Komfortzone.

Die Limousine bremst weich vor einem Luxushotel in der Friedrichstraße. Ob er ihn nachher auch wieder abhole, will Kassaei vom Fahrer wissen. Nee, sagt der, er müsse jetzt gleich den Tonio fahren. Gemeint ist Tonio Kröger, der zweite Kopf von DDB in Berlin. »Kannst du dir nicht ein Taxi nehmen?« Kassaei hat sein Portemonnaie in der Agentur gelassen, wie eigentlich immer, wenn er Außentermine hat. Er steigt aus und lässt sich vom Fahrer zwanzig Euro Fahrgeld geben. Dann raucht er noch eine »Muratti« vor dem Hotel und verschwindet hinter der goldenen Drehtür.

KEMAL ŞAHIN

Unternehmer aus Not

Wir fahren durch den nebligen Morgen. Nachdem der Taxifahrer lange auf Türkisch in sein Handy gesprochen hat, eröffnet er jetzt die politische Diskussion mit seinem Fahrgast. »Diese Deutschen nehmen alles hin: Hartz-IV, EU-Rettungsschirme, wann gehen die endlich mal auf die Straße? Ich verstehe die nicht.« Ich frage ihn, wie lange er schon hier ist. Seit über dreißig Jahren, sagt er, aber wie die Deutschen ticken, das habe er bis heute nicht verstanden.

Wir fahren zu Kemal Şahin, einem Mann, der die Deutschen verstanden hat wie kaum ein anderer. Wahrscheinlich intuitiv. Er hat daraus ein Unternehmen geformt. Er sagt von sich, er sei ein »anatolischer Preuße«. Wer an erfolgreiche türkische Unternehmer denkt, denkt sofort an Vural Öger, den Gründer von »Ögertours«. Er ist der Inbegriff des türkischen Geschäftsmanns in Deutschland, er war sogar Abgeordneter im Europaparlament. Doch noch erfolgreicher als der Reiseunternehmer aus Hamburg ist Kemal Şahin. Aus einem kleinen Kruschtladen in der Aachener Innenstadt machte er die weltweit operierende »Şahinler Group«, ein Textilunternehmen mit 12 000 Mitarbeitern.

82 000 türkische Unternehmer und Selbstständige gibt es nach einer Studie des Zentrums für Türkeistudien in Deutschland. Sie beschäftigen immerhin 400 000 Menschen. Nach einer Umfrage von »PricewaterhouseCoopers« behaupten die meisten von ihnen, dass sie über eine gelungene Mischung aus deutschen und türkischen Tugenden verfügen, ganz wie Şahin.

Der Konferenzraum im Weltkonzern ist selbst für einen Konferenzraum bemerkenswert schmucklos. Die Tische sind im Kreis gestellt, Stühle rundherum. Keine Bilder, keine Blumen, nicht mal die sonst üblichen Saftfläschchen geben dem Interieur etwas Farbe. Alles ist Schwarz in Grau, ganz wie das Wetter an diesem Tag im Industriegebiet des Städtchens Würselen.

Schwer zu glauben, dass hier die Europazentrale eines Textilkonzerns ist, der mit seinen Modelinien »Adessa« und »Vestino« Menschen jeden Alters kleidet und die Jugend via H&M mit quietschbunten »Pokémon«-T-Shirts und »Hello Kitty«-Unterwäsche versorgt. Vielleicht ist das einfach die Art, wie ein Ingenieur sein Unternehmen gestaltet, egal, ob er Schrauben dreht, Chemikalien herstellt oder die Jugend Europas einkleidet: klar, auf das Wesentliche reduziert – aber eben auch ein bisschen grau.

Dann kommt Şahin. Er hebt sich kaum von seiner Umgebung ab: grau schimmernder Anzug mit Einstecktuch, dazu eine silberne Krawatte. Aber ein fester Händedruck, ein herzliches Lächeln. Der Mann ist Profi, er weiß, wie man schnell sein Gegenüber für sich gewinnt. Şahin hält sich nicht lange mit Small Talk auf, entschuldigt sich kurz für die Wartezeit und fragt gleich nach den Zielvorgaben: »Wie viele Porträts hat Ihr Buch, wie viele Seiten sollen es werden?« Er dividiert die Zahl der Seiten durch die Zahl der Personen und sagt: »Dann weiß ich, was Sie brauchen.«

Und dann liefert Şahin. Er erzählt von seiner ärmlichen Jugend in einem Dorf im Taurusgebirge, wo sein Vater, ein ehemaliger Armeeoffizier, als gebildeter Mann galt, weil er bei der Armee Lesen und Schreiben gelernt hatte. Er berichtet von der Schule, die die Dorfgemeinschaft selbst gebaut hatte, und von der Zeit, als er und sein Bruder weit weg von zu Hause lebten, damit sie die weiterführende Schule besuchen konnten.

Aus Kemal sollte das Beste werden, was sich sein Vater vorstellen konnte: General in der türkischen Armee. Nicht umsonst hatte er ihm den stolzen Vornamen gegeben, den auch der Gründer der modernen Türkei trug, Mustafa Kemal Atatürk.

Kemal ist gut in der Schule, er darf dank eines Stipendiums aufs Gymnasium, das fern des Heimatortes liegt. Dort legt er seinen provinziellen Dialekt ab, über den die Klassenkameraden lachen. Er lernt fleißig, hat beste Noten. Kemal Şahin wird klar, dass das Leben Besseres für ihn bereithalten könnte als die Armee. Er hat eigene Pläne, zuerst will er Lehrer werden, dann scheint ihm eine Professur an einer Universität verlockend.

Sein Vater weiß nicht, dass er sich parallel zur Militärakademie an einer technischen Hochschule bewirbt. Als Şahin dort aufgenommen wird, behauptet er, er sei durch die Prüfung an der Militärakademie gefallen und müsse nun an die technische Hochschule. Als der Vater später einen Brief der Armee erhält, dass sein Sohn zu Semesterbeginn nicht erschienen sei, obwohl er doch als einer der Besten die Aufnahmeprüfung bestanden habe, kommt es zum großen Streit. Er habe nun keinen Sohn mehr, der Kemal heißt, sagt Vater Şahin in seiner Enttäuschung.

Kemal Şahin versucht nicht, seine Emotionen zu verstecken, während er das erzählt. Seine Notlüge und der Streit gehen ihm bis heute nah. Denn den ganz großen Unternehmererfolg seines Sohnes hat Vater Şahin nicht mehr erlebt. Immerhin kommt es noch zur Versöhnung. Als er seinem Vater das Stipendium für ein Studium in Deutschland präsentiert, sagt der, ein Ingenieurstudium in Deutschland sei immerhin das Zweitbeste, was er sich für seinen Sohn vorstellen könnte.

Vom Stipendium für Deutschland zum internationalen Erfolgsunternehmen, das seinen Teil zum Wohlstand und zur Beschäftigung in diesem Lande beigetragen hat, ist es noch ein weiter Weg. Şahin sagt, er wisse jetzt, dass Bildung ihm die Türen geöffnet habe, nach Europa und später in die Welt.

Nichts ist erfolgreicher als Erfolg, und deshalb wird Şahin als der große Unternehmer und Brückenbauer zwischen der Türkei und Europa heute überall geehrt. Am Eingang des Unternehmens hängen Fotos von Şahin mit prominenten Politikern. Şahin nennt den Exkanzler Schröder seinen Freund. Im Klappentext von Şahins Biografie, die schon eine Weile auf dem Markt ist, lobt ihn der ehemalige Innenminister Otto Schily. Şahin sei ein Beweis dafür, dass man als Zuwanderer in Deutschland mit Engagement und Willen zur Leistung beruflich und gesellschaftlich erfolgreich sein kann. Eigentlich klopft sich da ein Minister selbst auf die Schulter, was umso bemerkenswerter ist, als der deutsche Staat anfangs höchstens unfreiwillig seinen Beitrag zu diesem nun allseits gelobten Erfolg geleistet hat.

Es war 1982, als Şahin an der Universität Aachen sein Diplom machte. Er wollte in Deutschland arbeiten, Erfahrungen sammeln und auch noch weiter Sprachen lernen. Doch den Ingenieur der Metallurgie wollte keiner haben. Zwar besaß er nun ein deutsches Diplom, aber einen Arbeitsplatz hatte er trotzdem nicht zu erwarten. Von den Behörden kam die Aufforderung, nach dem Ende des Studiums auszureisen.

Das war die selbstbewusste Haltung der Wirtschaftswundernation, die selbst genug Ingenieure hatte. Die Ausbildung, die fremde Studenten in Deutschland genossen, wurde nicht als Investition betrachtet, von der auch Deutschland profitieren könnte. Eher galt es als eine milde Gabe an den Vertreter eines unterentwickelten Landes, der nach der Ausbildung bitte zurückkehren möge, um dort sein eigenes Wirtschaftswunder zu vollbringen.

Şahin dachte nicht daran auszureisen. In der Türkei tobte damals der Militärputsch, das Regime der Generäle verbot Parteien und Gewerkschaften und verhängte den Ausnahmezustand. Kein guter Zeitpunkt für eine Rückkehr. Außerdem wusste er, dass er als Ingenieur in der Türkei weniger verdienen würde, als er während seines Studiums zur Verfügung hatte. Von einem befreundeten Anwalt erfuhr Şahin, dass er nur dann in Deutschland bleiben darf, wenn er niemandem einen Arbeitsplatz wegnimmt und sich als Unternehmer selbstständig macht. »Aber unbedingt selbstständig«, impfte ihm der Mann auf dem Amt ein.

Şahin eröffnete zunächst einen Laden für die eigenen Leute. Mit improvisierten Regalen und einer gebrauchten Registrierkasse bot er auf dreißig Quadratmetern Geschenkartikel und allerlei Krimskrams an, für Landsleute, die nach Geschenken für die Familien daheim suchten.

Erste Erfahrungen als Händler hatte er bereits. Um sein Französisch zu verbessern, war er während des Studiums immer wieder nach Paris gefahren. Freunden, die dort lebten, brachte er elektronische Geräte mit, die damals in Frankreich wesentlich teurer waren als in Deutschland. Die Freunde bekamen durch ihn günstiger Kassettenrekorder, und Şahin selbst konnte von dem Gewinn seine Parisreisen finanzieren.

Schon nach dem ersten Jahr hatte Şahin mit dem Laden gutes Geld verdient. »Mir wurde plötzlich klar, wenn ich noch etwas besser werde, verdiene ich mehr, als ich jemals als Ingenieur verdienen kann«, erinnert sich Şahin. Er merkt, dass einfache farbige T-Shirts besonders gut ankommen. Nach und nach spezialisiert er sich auf Textilien, die er aus der Türkei importiert.

Doch die Qualität, die er geliefert bekam, war schwankend; wenn flaschengrüne T-Shirts bestellt waren, kamen oft grasgrüne. Wenn sich Şahin bei seinem Lieferanten beschwerte, bekam er zur Antwort: »Was willst du, sie sind doch grün.« Also baute Şahin über Freunde und Verwandte seine eigene Produktion in der Türkei auf. Heute, dreißig Jahre später, ist er Europas größter Textilhändler, mit Fabriken in der Türkei, in Fernost und bald auch in Afrika.

Die Mischung aus deutschen und türkischen Tugenden sei sein Erfolg, sagt Şahin immer wieder. Deutsche Zuverlässigkeit und kühle Nüchternheit einerseits, gepaart mit der türkischen Liebenswürdigkeit und dem Chaos andererseits.

Aber sind das nicht schrecklich ausgeleierte Klischees?

Kemal Şahin lächelt und nimmt einen Schluck Ingwertee. Er erinnert sich an den Besuch beim Chef eines größeren Unternehmens in Süddeutschland. Şahin war früh dran, klopfte bei der Sekretärin, entschuldigte sich und bat um einen Kaffee. Die Antwort war schroff: Kaffee gebe es erst, wenn der Chef da sei. Das passiert ihm öfter. In der Businessclass deutscher Fluggesellschaften oder im Speisewagen der Deutschen Bahn – Kaffee gibt es erst, wenn er eingeplant ist. »Glauben Sie mir, die Deutschen sind schwach im Service und in der Dienstleistung. Dafür stark bei allem, was man planen und konstruieren kann.« Die Türken dagegen seien herzlicher, dafür nicht so gut organisiert.

Şahin nutzt die Klischees, um sie aufzubrechen. Die deutschen Mitarbeiter freuen sich auf multikulturelle Weihnachtsfeiern, die um drei Uhr nachts noch nicht zu Ende sind. Und Şahin ist stolz darauf, dass es in seinem Betrieb nicht ungewöhnlich ist, dass türkische Kolleginnen deutsche Kollegen heiraten.

Sein Unternehmen ist so ganz nebenbei ein Projekt zur multikulturellen Begegnung geworden. Und die daraus resultierende Vielfalt ist ein wesentlicher Teil der Erfolgsstrategie. Wo immer in der Welt Şahin heute eine neue Niederlassung gründet, hat er bereits Mitarbeiter, die sich in Sprache und Kultur auskennen und die er daher gern mit der Expansion beauftragt. Und immer stellt Şahin zur Hälfte Einheimische und zur Hälfte Ausländer ein. Auf diese Weise entstand ein Konzern mit Standorten in zwölf Ländern.

Vom kleinen Betrieb zum Weltkonzern, das ist eine Erfolgsgeschichte, die eigentlich im urdeutschen Mittelstand spielt. Tatsächlich erinnert manches bei »Şahinler« an knorrige deutsche Familienunternehmer im Südwesten des Landes. Es sind nicht nur der schwarze Mercedes auf dem Chefparkplatz direkt vor dem Eingang und die irgendwie deplatzierte Superman-Figur neben dem Empfang. Es sind Şahins Heimatverbundenheit und auch der Wille, Freunde und Familienmitglieder mit ins Unternehmen zu holen, selbst wenn diese Versuche nicht immer von Erfolg gekrönt sind. Das kennt man von manchem schwäbischen Schrauben- oder Dübelkönig so oder so ähnlich.

Dabei ist die globale Welt heute die Bühne des Jungen aus dem kleinen Dorf Taslipinar in der Provinz Konya. Manches, was in Deutschland über Visafragen und Parallelgesellschaften diskutiert wird, könnte aus dieser Perspektive ein bisschen kleinlich wirken. Trotzdem hat Şahin eine türkisch-deutsche Handelskammer gegründet und wirbt bei der deutschen Regierung um die Aufnahme der Türkei in die EU. Natürlich, er sehe sich als deutscher Unternehmer, sagt Şahin. Diesem Land habe er viel zu verdanken.

Doch selbst einer wie Şahin spürt immer noch die unsichtbaren Grenzen in diesem Land. Seine Söhne sind nicht in Deutschland zur Schule gegangen, obwohl Şahins Frau sogar hier geboren ist, berichtet er. »Im deutschen Kindergarten hatten sie zum ersten Mal erfahren, was es heißt, Türke zu sein.« Da er und seine Frau nicht gewollt hätten, dass sie in einem Umfeld aufwachsen, in dem sie immer als fremd angesehen werden, schickten die Şahins ihre Söhne in der Türkei zur Schule.

Vorne im Sekretariatsbüro sitzt jetzt der Jüngste seiner Söhne und bastelt an einer Powerpoint-Präsentation für seine Magisterarbeit. Sein Jüngster wolle auf keinen Fall in Deutschland leben, sagt Şahin. Diese Stimmung sei nicht ungewöhnlich. »Deutschland ist für die junge Generation nicht mehr attraktiv«, sagt er. Immerhin, sein Ältester arbeitet derzeit am Standort Aachen als Geschäftsführer der Modetochter »Vestino«. Er hat in New York studiert und schon mehr von der Welt gesehen als sein Vater im gleichen Alter. Er würde sich freuen, wenn seine Kinder später das Geschäft übernehmen. Man wird sehen.

Ob sie sich dann auch, wie der Vater, als deutsche Unternehmer sehen, als »anatolische Preußen«? Oder vielleicht sind Şahins Kinder dann auch schon Teil jener globalen Elite, welche die Bindung an ein Land weniger prägt als der soziale Status. Für sie ist Deutschland dann bestenfalls eine Option unter vielen.

MUHABBET

Karriere 2.0

Die Antwort auf meine Bitte um ein Gespräch klingt trotzig: »Mich würde interessieren, wie Sie mich einschätzen«, schreibt Muhabbet per Mail. »Im Vergleich zu den anderen, die Sie genannt haben, bin ich wohl eher in der Kategorie des weniger Erfolgreichen :) stimmt's? Ich hab keine Lust mehr, mit diesen Kanaken verglichen zu werden. Mich interessiert mein Erfolg in Deutschland nicht, ich habe meine Fans überall, und ich hab meine Musik. Meiner Familie und mir geht es immer besser, vor allem, weil wir uns aus dieser medial unkorrekten Landschaft raushalten.«

Klingt nach der üblichen Rapper-Großmäuligkeit, aber auch nach einem, der schon ein paar Blessuren abbekommen hat. Noch ein paar Mails hin und her, und er ist doch bereit zu einem Treffen. Er simst die Adresse, »bitte nicht vor 12 kommen«, er müsse ausschlafen.

Muhabbet, der Sänger, ist in Deutschland geboren und hat hier Karriere gemacht. Mit einer Mischung aus deutschen Texten und türkischer Musik. R'nBesk nannte er diesen Musikstil. Doch damit ist Schluss, aus unterschiedlichen Gründen. Jetzt nutzt er seine Reserveidentität für eine zweite Karriere. Türkische Texte und Musik für die türkische Community.

Hermannstraße?, fragt der Berliner Freund, bei dem ich übernachtet habe, da habe er auch mal eine Wohnung angeschaut, sich dann aber dagegen entschieden. »Denn da wird schon mal auf offener Straße geschossen.« Das klingt wenig einladend wie auch die vielen Berichte über die »deutsche Bronx«, in der die Migrantenquote in manchen Quartieren über fünfzig Prozent liegt und fünfunddreißig Prozent der Einwohner arbeitslos sind. Hier liegt die Kriminalitätsrate um ein Vielfaches höher als im Rest von Berlin. Ich überlege kurz, mit dem Taxi zu fahren, nehme dann aber doch die U-Bahn.

Wer schon einmal Banlieues in Paris oder Straßburg gesehen hat, weiß, wie Armut auch in Mitteleuropa aussehen kann. Vom finsteren Neukölln ist man dann fast ein bisschen enttäuscht. Muhabbet wohnt auf der Grenze zum Stadtteil Tempelhof. Es stimmt, zwei Straßen weiter haben sie neulich achtzehn Projektile in Häuserputz und Autoblech sichergestellt. Eine Schießerei zwischen libanesischen Clans, die hier im Kiez zu Hause sind. Aber heute wirkt Neukölln fast kleinbürgerlich.

Ich klingle an der Tür zu einem der Wohnblocks. Sie geht auf, da steht er, der eigentlich so mürrische Musiker. Ein freundlicher junger Mann in T-Shirt und Trainingshose. In der kleinen Diele riecht es nach Duschgel, Muhabbets Haare sind noch feucht, um die Augen sieht er ein bisschen müde aus. Gestern noch ein Konzert in Hanau, erst seit heute Morgen ist er wieder in Berlin. Auf dem Wohnzimmertisch steht sein Laptop, über den er die Fanseite auf Facebook betreut.

Murat Ersen, wie Muhabbet bürgerlich heißt, hat schlechte Erfahrungen gemacht mit der Öffentlichkeit und den Medien. Erfahrungen, wie sie heute jedem Politiker oder den Kandidaten einer Castingshow ereilen können. Erst wurde er hochgejubelt, dann nach unten durchgereicht. Ersen ist daran nicht gänzlich unschuldig, er hat Fehler gemacht. Das soll ihm nicht noch einmal passieren. Er will sein öffentliches Bild kontrollieren. Man müsste erst mal klären, unter welchen Voraussetzungen wir hier reden, sagt er und beginnt dann doch gleich zu erzählen.

Es ist schon ein paar Jahre her, da war Muhabbet auf dem Weg nach ganz oben. Ein Vertrag bei einer großen Plattenfirma, die erste eigene Platte. Die Bühnen wurden immer größer, viel Scheinwerferlicht und Geld. Viel Aufmerksamkeit für den Jungen aus Köln-Bocklemünd, der zu diesem Zeitpunkt gerade Anfang zwanzig war.

Sein Management präsentiert Muhabbet als schmuseweichen Ethnopopsänger, mit deutschen Texten und türkischem Schmelz. Er schreibt Lieder wie »Sie liegt in meinen Armen«. Er soll ein Vorbild für junge Türken sein und ein Vorzeigetürke für Deutsche. Die Marke Muhabbet, dessen Name übersetzt so viel heißt wie »angenehme Konversation«, soll der blütenreine Soundtrack für das multikulturelle Deutschland sein.

Doch das ist nur die Marke. Murat Ersen, der Mensch dahinter, ist anders. Ersen erlebte von klein auf Gewalt, zu Hause und auf der Straße. Er war verwickelt in kleinere Drogendelikte, geriet ins Blickfeld der Polizei, saß ein paar Stunden in der Zelle auf der Wache. »Ich hab, bis ich sechzehn war, jedem auf die Fresse gehauen, der mich Scheißtürke genannt hat«, sagt er. Und manchmal auch einfach nur so, um damit anzugeben. Eine gebrochene Nase und eine Naht auf der Schädeldecke erinnern daran. Murat wurde einmal wegen Körperverletzung angeklagt. Er weiß noch genau, wie er sich geschämt hat, als er vor der Polizei die Hosen runterlassen musste. Seine Mutter wollte ihn rausschmeißen, als sie herausfand, dass er mit Haschisch dealt.

Vor zwei Jahren hat Ersen auf der Hochzeit seines Bruders die Hand seines Vaters genommen und gesagt, er sei froh, dass dieser ihn damals nicht zerstückelt und in eine Mülltonne geworfen habe. Eine drastische Formulierung, aber der Vater hat sie verstanden.

Irgendwo sei da immer auch das schlechte Gewissen gewesen, sagt Ersen. Aber am Ende ist es die Musik, die ihn aus der Abwärtsspirale rettet. Mit seinem Bruder trommelt er schon als kleiner Junge auf allem herum, was es in der kargen Wohnung gibt. Immer auf der Suche nach dem einen fetten Beat. Bis der Vater brüllt, er könne es nicht mehr ertragen, und wieder die Fäuste fliegen.

Im Jugendhaus nehmen Ersen und sein Bruder die ersten Lieder auf. Murat Ersens Stimme hat diesen Klang, der in der Türkei eine große Tradition hat und von Türken in aller Welt geliebt wird.

Doch es ist zunächst ein anderer, der mit seinem Lied »Sie liegt in meinen Armen« berühmt wird.

Ein Freund aus frühen Tagen, der eigentlich nur eine kleine Passage in dem Lied singt, hat es unter seinem Namen ins Internet gestellt. Daraufhin wird es Tausende Male heruntergeladen und läuft bis heute selbst in Istanbul in jedem Café. Ersen kriegt davon zunächst nichts mit, er sitzt zu dieser Zeit als Azubi bei Edeka an der Kasse.

Doch der Schwindel kommt raus, und Murat Ersen holt sich seinen Song zurück. Er tingelt neben der Ausbildung mit seinen Liedern, die die Kids aus dem Internet kennen, durch Klubs. Orientalischen Sound mit deutschen Texten, das ist neu, das kommt an bei den Kids in Neukölln und Bocklemünd, die türkische Eltern haben und in einem Land aufwachsen, dessen Sprache sie zwar sprechen, das aber nicht wirklich zu ihrer Heimat geworden ist. Auf dem Türkentag in Berlin tritt Ersen dann zusammen mit seinem Bruder auf. Sie sollen nur »Sie liegt in meinen Armen« singen. Doch es werden fünf Songs, und das Publikum singt jede Zeile mit. »Da wussten wir, wir sind berühmt.«

Es folgen Manager, Verträge, eine erste Platte. Aus Murat Ersen, dem Edeka-Azubi, wird Muhabbet. Er zieht nach Berlin, Muhabbet könnte es bis ganz nach oben schaffen, sagen alle. Doch Murat Ersen wächst nicht so schnell mit.

»Ich bin einer, der schnell aufblitzt«, sagt der Ersen von heute. Die Fäuste habe er im Griff. Die Emotionen und seine Zunge nicht immer. Mit der gleichen Emotion, mit der er singe, könne er auch verbal aufdrehen. Der »angry young man« war einmal ein Motiv der westlichen Popkultur, unter den Rappern erleben wir ihn heute in einer Ethnovariante.

Es ist am Abend der Preisverleihung des Prix Europa, als Murat Ersen sein Temperament in die Quere kommt. Ein wichtiger Abend. Er, der Integrationsmusiker, soll singen, wenn Preise für europäische Filme verliehen werden. Danach soll er eine

Laudatio vor einem Millionenpublikum halten. Kurz vor seinem Auftritt wird die profilierte Fernsehjournalistin Esther Schapira ausgezeichnet. Für ihren Film über die Ermordung des holländischen Regisseurs Theo van Gogh. In einem kurzen Trailer werden auch Bilder aus van Goghs Film *Submission* gezeigt. Es sind diese bekannten Szenen, in denen Suren auf den nackten Körper einer Frau projiziert werden, der nur von einem durchsichtigen Schleier verhüllt ist. Für einen Nichtmuslim schockierende, aber auch seltsam ästhetische Bilder. Für einen wie Ersen, der muslimisch erzogen worden ist, eine Provokation.

Murat Ersen sagt, er habe die Bilder nie zuvor gesehen, von Theo van Gogh und von seinem Tod nie gehört. Weil damals, als das passiert ist, seine Karriere gerade so richtig losging. Er sieht nur die verschleierte nackte Frau, hört dabei die arabischen Gebete und sieht dann den Toten auf dem Gehweg in Amsterdam. Was soll das, fragt sich Murat Ersen, während er immer zorniger wird. Er reißt sich zusammen und absolviert seinen Auftritt.

Auf der Party danach kommt es dann zum Streit zwischen Ersen und der Fernsehjournalistin. Die Einzelheiten lassen sich nicht genau nachvollziehen. Offenbar fragt sie Ersen, wie ihm ihr Film gefallen habe. Was er darauf antwortet, gibt er heute so wieder:

»Ich hab gesagt, ich würde die ganze Mannschaft, die für diesen Film verantwortlich ist, in einen Keller sperren und sie foltern, ihnen nix zu trinken geben.«

Schlimme Sätze, menschenverachtende Sätze, die man schwer verteidigen kann. Auch Ersen versucht das heute nicht mehr. Er betont nur, dass die Waffe des Rappers die Sprache ist und er sie manchmal etwas grob einsetzt. »Da ist meine Rapperseele rausgekommen«, sagt er, »so richtig Freestyle. Ich fand, dieser Film beleidigt alles, was meinen Eltern wichtig ist. Das ist doch Disrespect pur.«

Murat Ersen sitzt im Schneidersitz auf seinem Sofa, die Sätze fließen nur so aus ihm heraus. Er achtet nicht darauf, ob er in seiner Erzählung gut wegkommt. Manchmal verfällt er in einen Rhythmus wie bei seinen Liedern und Reimen. Es wirkt, als käme es ihm nicht so sehr auf den Sinn der einzelnen Worte an, sondern darauf, dass der Takt stimmt. Doch in der Mediengesellschaft liegt jedes Wort auf der Goldwaage. In der aufgeheizten Islamismusdebatte nach dem 11. September erst recht.

Ein klügeres Management hätte ahnen können, dass der Vorfall Folgen haben wird. Es hätte vielleicht eine Aussprache mit Esther Schapira organisiert, den Künstler aus der Schusslinie genommen. Aber Muhabbets Manager macht weiter wie gehabt, strickt am Image des weich gespülten Multikultikünstlers. Muhabbet wird UNESCO-Botschafter und zum Schirmherrn der SOS-Kinderdörfer.

Dann kommt eine Anfrage aus dem Außenministerium. Frank-Walter Steinmeier möchte zusammen mit dem Rapper Muhabbet und dem französischen Außenminister Bernard Kouchner ein Lied aufnehmen, vor laufenden Kameras. Als die Bilder von dem türkischen Sänger und den zwei Ministern mit ihrem gemeinsamen *Deutschland*-Song über die Bildschirme flimmern, zeigt das Fernsehmagazin *Kontraste* einen Beitrag über Muhabbet. Er mache einen auf Saubermann, aber in Wirklichkeit billige er den Mord an Theo van Gogh. Esther Schapira erzählt in dem Beitrag, was Muhabbet zu ihr gesagt hat und dass man nicht verschweigen dürfe, wenn einer wie Muhabbet früher auch gewaltverherrlichende Texte geschrieben habe und sein Bruder offenbar nationalistischen Gruppen nahestehe. Der Beitrag zielt auf den Außenminister Steinmeier, trifft aber Muhabbet, der bis dahin beim ARD-Publikum wenig bekannt gewesen sein dürfte.

Noch in der Nacht gibt es eine Krisensitzung. Mitarbeiter des Auswärtigen Amts diktieren Ersen, was er gleich vor den Kameras zu sagen habe: dass er Gewalt ablehne und das schon immer getan habe. Ersen sagt alles brav auf. Aber er weiß, mit Muhabbet ist es vorbei. Ende des türkischen Saubermanns, keine Auftritte mehr beim Sommerfest des Bundespräsidenten und bei Integrationskonferenzen.

Murat Ersen unterbricht seine Erzählung, nimmt einen Schluck Wasser aus der Plastikflasche. Auf den weißen Raufasertapeten um ihn herum stehen bis unter die Decke Worte und Sätze mit schwarzem Edding gekritzelt: Ideen für Lieder, Textzeilen und Zeichnungen. Ersen wohnt in seinen Texten. »Guck, das hab ich geschrieben, als ich mich von meiner Freundin getrennt habe«, sagt er. »Und das da oben unter der Decke klingt, als hätte ich es einem Mädchen geschrieben, aber eigentlich ist es ein Lied an mein Fachabitur.« Er fängt an zu singen: »Und das Leben macht 'nen Sinn, durch dich weiß ich, wer ich bin, Angesicht zu Angesicht sag ich dir, ich liebe dich.« Mit diesen schlichten Sätzen hat er schon einmal den Nerv Tausender Fans getroffen. Seine Musik, die Texte, jetzt sollen sie ihn noch einmal retten.

Muhabbet ist heute ein Familienunternehmen. Sein Plattenvertrag ist aufgelöst, er hat sich von seinem Manager getrennt, ist dabei, Steuerschulden abzustottern. Er hat eine neue CD aufgenommen ohne Plattenfirma, man muss sie direkt bei ihm bestellen. Die Lieder haben den typischen Muhabbet-Sound, aber diesmal haben sie türkische Texte. Texte, die sein Vater geschrieben hat. Der Bruder betreut von Köln aus die Webseite und nimmt die CD-Bestellungen entgegen. Er ist auch für den Sound der neuen Platte verantwortlich. Muhabbet hält vom Wohnzimmertisch via Facebook Kontakt zu seinen Fans, bügelt die Hemden für seine Auftritte selbst und kocht inzwischen auch ganz gut.

Jeden Tag geht Ersen mit einer Handvoll wattierten Umschlägen zur Post und verschickt eigenhändig CDs und Sticks mit seiner Musik an Leute, die sie auf seiner Webseite bestellt haben. Mehr Star zum Anfassen geht nicht. Im letzten Jahr habe er 120 Platten verkauft, erzählt Ersen. »Ein Witz, alle aus dem Musikbusiness, die mich kennen, haben darüber gelacht.« Jetzt sind es schon über 120 in einem Monat.

»Weißte«, sagt er. »Das ist mir egal, was die alle denken. Ich hab gelernt, mich nicht mehr PR-technisch in ein Klischee pressen zu lassen. Wenn ich den Menschen erzähle, wie ich wirklich bin, hat das ein ganz anderes Fundament.«

Er will sich nicht mehr verstellen, um auf die große Bühne zu dürfen. Kann er nicht viel glaubwürdiger über Gewalt in Migrantenfamilien reden, wenn er offen über seine eigene Familie spricht? »Ich kenne diesen Druck und dieses Zerrissensein zwischen Tradition und all dem, was drumherum ist«, sagt er. »Ich verstehe, wenn ein Vater, der eigentlich zurück will in seine Heimat, das Gefühl hat, ihm werden seine Kinder genommen, wenn die sich immer mehr in Deutschland integrieren. Darüber muss man reden.«

Das sind die Themen, die er mit seinem Bäcker bespricht, gleich vorn bei der U-Bahnstation Hermannstraße. Für Ersen ist er ein weiser Mann, er habe einen Doktortitel und den Schwarzen Gürtel in Judo, erzählt er. Immer wenn er dort Sandwiches kauft, gibt ihm der Mann eine Lektion in Geschichte oder den anderen wichtigen Dingen des Lebens. Mal eine halbe Stunde, mal fünfundvierzig Minuten.

Der Bäckermeister war es auch, der ihm erklärt hat, warum es dumm war, was er damals auf dem Prix Europa gesagt hat. »Er hat mir viel über den Islam erzählt«, sagt Ersen.

Ersen muss noch ein paar CDs auf die Post bringen. Gemeinsam gehen wir bei der Bäckerei vorbei, aber der Bäckermeister ist nicht da. Als wir uns dann auf der Straße verabschieden, gibt Murat Ersen noch einmal den finsteren Gangsta-Rapper: »Hey, wenn du Scheiße schreibst, kriegst du über YouTube einen derben Diss-Track.« Wir müssen beide lachen.

PATRICIA

Patricia tanzt allein

Jeden Samstag geht Patricia zum Tanzen. Sie tanzt die ganze Nacht, bis früh am Morgen. Es lässt sie die harte Arbeitswoche vergessen. Es erinnert sie an ihre Heimat, wo sie mit ihren Freunden am Strand von Guayaquil feierte. Doch hier in Deutschland tanzt Patricia allein. Bloß nicht auffallen, denn eigentlich ist sie gar nicht hier. Dabei sind es jetzt schon über zehn Jahre.

Es war kurz nach der Jahrtausendwende, als Patricias Mutter Lilia beschließt, Ecuador zu verlassen und als Touristin nach Deutschland einzureisen. Lilia ist damals Anfang dreißig, hat zwei Kinder großgezogen, dabei studiert und ihr Diplom in Businessadministration erfolgreich abgelegt.

Ecuador erlebt zu dieser Zeit eine schwere Krise. Ein Krieg mit Peru und die Auswirkungen des Umweltphänomens El Niño haben das Land gebeutelt. Der Wert des Sucre, der Landeswährung, ist im freien Fall, die Armut wächst von Tag zu Tag. Selbst die wichtigste Industrie des Landes leidet durch einen dramatisch niedrigen Ölpreis. Für das Wirtschaftsmagazin *The Economist* ist Ecuador zu dieser Zeit das instabilste Land Südamerikas. Keiner kann Lilia Arbeit geben oder sie dafür bezahlen. Massenhaft verlassen Ecuadorianer in dieser Zeit ihr Land.

Heute schätzt man, dass zwei Millionen Ecuadorianer im Ausland leben. Ihre Überweisungen in die Heimat sind nach dem Öl die größte Einnahmequelle des Landes.

»Komm mit nach Deutschland«, sagt Lilias Schwägerin. Ein fernes, reiches Land, in dem es kein Problem sei, schnell eine Menge Geld zu verdienen. Ihr Mann sagt: »Bleib!«, doch Lilia möchte nicht abhängig sein von ihm, der schlechter ausgebildet ist als sie und ihr das manchmal sogar vorwirft.

»Nur ein oder zwei Jahre«, beschließt Lilia. Wenn sich die Lage zu Hause gebessert habe, komme sie wieder zurück. Sie ist neugierig auf Europa und auf Deutschland. Ein Land mit modernen Hochhäusern und reichen Menschen. Wohlstand so groß, dass Lilia selbst mit einfachen Arbeiten so viel Geld verdienen kann, dass es möglich ist, sich davon in der Heimat eine Zukunft aufzubauen. Heute muss Lilia lachen, wenn sie sich an ihre Vorstellungen von damals erinnert.

Der Kontakt zu Lilia und ihrer Tochter Patricia kam auf Umwegen zustande. Ohne Monica wäre nichts daraus geworden. Sie ist selbst Latina, kommt aus Peru und betreut für die Diakonie illegale Einwanderer. Sie verschafft ihnen eine Gesundheitsversorgung und unterstützt sie, wenn es darum geht, ihre Rechte durchzusetzen. Monica ist bei unserem Treffen dabei, übersetzt aus dem Spanischen und hilft, Fakten einzuordnen. Ich solle lieber von »der Situation« sprechen, nicht von »Illegalität«, mahnt Monica – man wisse nie, wer mithört.

Wir treffen uns in einem griechischen Lokal. Lilia, eine kleine, rundliche Frau mit kurzen, lockigen Haaren, gezupften Augenbrauen und lustig funkelnden Augen. Patricia, jung und schön mit goldfarbenen Ohrhängern. Zwei Menschen, die nicht weiter auffallen in einer Stadt mit vielen Nationen wie Hamburg.

Die Geschichte von Lilia und Patricia ist eine Geschichte von enttäuschten Hoffnungen, aber wenn die beiden Frauen sie erzählen, klingt sie erstaunlich heiter. Ihr sei klar gewesen, dass sie in Deutschland keine angemessene Arbeit finden würde, sagt Lilia. Sie arbeitet anfangs als Spülhilfe in einem kleinen Ort in Süddeutschland.

Patricia ist zu dieser Zeit Anfang zwanzig, hat einen Bachelor in Touristik. Ein eigenes Auto, sagt Patricia, das sei ihr Traum von Deutschland gewesen. Zehn Jahre arbeitet sie jetzt von morgens bis abends, sechs Tage die Woche, doch das Auto ist so fern wie je.

Schon der Anfang ist nicht so, wie sich das die junge Frau vorgestellt hatte. Eine kurze Zeit wohnt Patricia bei einem Bekannten. Der versteckt sie in der Wohnung, die er mit seiner Freundin und deren Mutter bewohnt. Die dürfen nichts von Patricia wissen. Sie lebt in der Wohnung wie ein Geist, kann nur auf die Toilette gehen, wenn es die beiden Frauen nicht bemerken. Oft muss sie im Zimmer in einen Eimer pinkeln.

Später in Hamburg ziehen die Frauen in eine gemeinsame Wohnung. Die Mutter muss nun für beide sorgen, denn Patricia findet anfangs keinen Job. Es läuft schlecht. Doch an Rückkehr ist fürs Erste nicht zu denken, nicht bevor die Schulden für die Reise nach Deutschland bezahlt sind. Lilia hatte sich das Geld für den Flug von ihrem Bruder geliehen.

Da ist die Schwägerin, die Lilia überredet hat mitzukommen, längst wieder in der Heimat. Sie wurde von der Polizei festgenommen und nach Ecuador abgeschoben. Lilia wäre beinahe das Gleiche passiert. Gleich am Anfang wird sie von der Polizei aufgegriffen. Eine Nacht verbringt sie im Gefängnis. Doch am nächsten Tag öffnet sich die Zellentür, und Lilia darf gehen, einfach so. Hatten die Polizeibeamten Mitleid? Oder keine Lust auf den Papierkrieg? Lilia weiß es bis heute nicht.

Die beiden Frauen haben ihre Lektion gelernt. Nicht auffallen, nie bei Rot über die Straße gehen, keine illegalen Geschäfte. »Natürlich nicht«, sagt Lilia. Nicht mehr in Restaurants arbeiten, dort gibt es zu viele Kontrollen. Beide putzen nun Wohnungen, bei Familien und älteren Menschen. Einer der Kunden ist Kriminalpolizist. Er weiß, dass die Frauen illegal im Land sind, aber er verrät sie nicht und nutzt ihre günstige Dienstleistung.

Die Aufträge kommen auf Empfehlungen. Doch so schnell sie kommen, so schnell können sie auch wieder gekündigt werden. Für Illegale gibt es kein Recht, das sie einklagen könnten ohne die Gefahr, ausgewiesen zu werden.

800 bis 1200 Euro verdient jede von ihnen im Monat: je nach Auftragslage und ob gerade Ferien sind. 400 Euro davon gehen an die Verwandten in der Heimat, vom Rest müssen beide Miete, Essen und Kleidung bezahlen. Was übrig bleibt, wird gespart, für ungeplante Kosten wie ein Arztbesuch, Medikamente oder einen raschen Wohnungswechsel. Für Illegale gelten keine Kündigungsfristen.

Wenn die Zukunft von Zufällen und Willkür abhängt, der Tag mit dem schlichten Überleben ausgefüllt ist, bleibt keine Kraft, die eigenen Pläne zu verfolgen. Lilia hätte gerne Deutsch gelernt, um hier weiter zu studieren und einen Master zu machen. Doch ihr fehlt das Geld für einen Sprachkurs. Patricia würde gerne in einem Reisebüro arbeiten.

Das bleiben Träume, es gibt für sie keine Möglichkeit, das Leben in Deutschland gemäß deutschen Gesetzen zu leben. Denn ihr erstes Vergehen verjährt nicht, die illegale Einreise, der illegale Aufenthalt.

In anderen europäischen Ländern, etwa in Spanien, gab es Amnestiewellen. Jeder Migrant ohne gültige Aufenthaltspapiere, der einen Arbeitsplatz nachweisen konnte, bekam eine dauerhafte Aufenthaltserlaubnis. In Deutschland hat es so etwas noch nie gegeben. Das Hauptargument der Juristen: Die Rechtsprechung müsse widerspruchsfrei bleiben, Unrecht bleibt Unrecht. Wer das so sieht, für den ist auch Amnestie Willkür.

Menschen wie Lilia und Patricia bleiben so lange ein Tabu. Schätzungen gehen davon aus, dass heute bis zu einer Million Menschen ohne Aufenthaltsberechtigung in Deutschland leben. Keiner kennt genaue Zahlen, sie dürften erheblich schwanken, denn die Illegalen sind die Ersten, die Wirtschaftsflauten zu spüren bekommen und sich dann in anderen Ländern nach Arbeit umsehen. Doch viele leben über Jahre hinweg mit dieser unsicheren Existenz in diesem Land.

Wahr ist, dass die Probleme der Welt nicht in Europa gelöst werden können – ein Schlagwort in der politischen Debatte, das immer dann auf den Tisch kommt, wenn jemand die Abschottung der europäischen Länder beklagt. Der jüngst verstorbene Beauftragte der Deutschen Bischofskonferenz für Migration, Josef Voß, sagte aber: »Wenn man auf der einen Seite von Freihandel spricht, ist es eine Illusion zu glauben, man könnte die Grenzen dicht halten für Menschen.« Freier Warenverkehr und Migration sind zwei Seiten derselben Medaille. Wirtschaftswissenschaftler erklären die Migration mit dem Homo oeconomicus, jenem rationalen Kunstwesen, das stets ökonomisch optimal handelt. Menschen folgen dem Reichtum. Je größer die Unterschiede zwischen Arm und Reich, desto größer die Sogwirkung.

Der Chef des Weltwirtschaftsinstituts, Thomas Straubhaar, formuliert es nüchtern. Ohne illegale Einwanderer würden Branchen wie die Gastronomie zusammenbrechen. Der Ökonom, der alles andere als ein Sozialromantiker ist, kritisiert die Doppelmoral, die beim Thema illegale Einwanderer herrscht. »Alle sind zufrieden, wenn nicht über die Illegalen gesprochen wird: Die Arbeitgeber behalten ihre billigen Arbeitskräfte, und die Gesellschaft kann den Schein wahren, dass es keinen Billiglohnsektor gibt.« In Büchern und auf Podien wirbt er darum, die ökonomische Notwendigkeit von Migration anzuerkennen und nach pragmatischen Lösungen für die hier illegal Lebenden zu suchen.

Denn das Tabu schafft Probleme, die erst in der Zukunft sichtbar werden. Was passiert mit den Kindern von Einwanderern, die in Deutschland zur Welt kommen und nicht einmal eine legale Geburtsurkunde bekommen können, ohne dass die Eltern aufzufliegen drohen? Was passiert mit Jugendlichen, die aus Angst vor Abschiebung keine Schule besucht haben und nie in einen Arbeitsprozess integriert werden können? Fragen, für die sich keiner so richtig verantwortlich fühlt, weil sie Menschen betreffen, die es nach dem Gesetz nicht geben darf. Immerhin, es gibt Hoffnung, dass die Meldepflicht von Kindern ohne Aufenthaltserlaubnis in allen Bundesländern aufgehoben wird. Ein Anfang.

Es sind Diskussionen, die Lilia und Patricia schon egal sein können. »Ich denke, es ist jetzt genug«, sagt Lilia, »wir waren lange genug hier.« Sie werden noch dieses Jahr in ihre Heimat zurückkehren. Patricia lacht: »Ja, am besten gleich morgen.« Noch vor zwei, drei Jahren habe sie anders darüber gedacht, da lief es ganz gut. Doch jetzt brauchen sie eine neue Wohnung, und die ist kaum zu bekommen.

Es gibt noch einen anderen Grund. »Ich war nie krank«, sagt Lilia, und es klingt der Stolz einer Arbeitnehmerin heraus, die seit zehn Jahren zuverlässig ihren Job gemacht hat, ohne je zu fehlen. Bis vor einigen Monaten, als die Schmerzen in der Seite immer schlimmer wurden. Mit Monicas Hilfe fand Lilia einen Arzt, der sie untersuchte, sie musste ins Krankenhaus für eine Operation. Wahrscheinlich habe sie Krebs, sagt Lilia, genau wisse sie das nicht, weil die Ärzte im Krankenhaus die Leber nicht punktiert hätten. Jede Untersuchung ist kompliziert. Sie muss privat bezahlt werden. Jederzeit kann es passieren, dass das Krankenhaus die Illegalen meldet. Denn eigentlich ist das die Pflicht aller öffentlichen Institutionen. Längst haben sich Hilfsorganisationen darauf spezialisiert, Menschen anonym zu behandeln, um diese Meldepflicht zu umgehen.

Jetzt hofft Lilia, dass sie die Ärzte zu Hause heilen können. »Was soll's«, sagt sie, »das Leben geht weiter. Hoffentlich.« Ihr Optimismus wirkt nicht einmal gespielt.

Sie freue sich auf die Heimat. Das Lachen mit den Freunden und der Familie, die Leichtigkeit des Seins, die sie zu Hause erlebt hat, trotz der vielen Probleme im Land. Und es gibt Anzeichen, dass sich Ecuador unter dem neuen Präsidenten erholt. »Er ist nicht schlecht.«

Patricia ist jetzt einunddreißig, sie hat noch Träume. Es muss doch noch etwas kommen im Leben. Ein Mann ganz sicher, eine Familie vielleicht. Ein eigenes Restaurant oder Bistro könnte sie sich vorstellen. Mit den Erfahrungen aus Deutschland, wo alles so gut organisiert ist, wäre das sicher möglich.

War Deutschland ein Irrtum? Nein! Die Antwort kommt von beiden ohne nachzudenken. Es war ein Abenteuer, eine Erfahrung, auch wenn sich die Wünsche der beiden Frauen nicht erfüllt haben.

»Wenn du einen Mann findest, könntest du hierbleiben«, sagt Monica, die noch immer übersetzt. »Einen Deutschen? Nie!«, lacht Patricia. »Die trauen sich doch nicht einmal, mit mir zu tanzen.«

2

Mittendrin –

neue Köpfe, andere Blickwinkel

Keine Waffen, keine Pornografie, kein Schweinefleisch – allerdings auch keine Zinsen, wie man sie eigentlich von Banken kennt. In Mannheim kann man sein Geld seit ein paar Jahren nach den Regeln der Scharia anlegen. Schräg gegenüber vom barocken Marktplatz liegt die Filiale der »Kuveyt Türk«-Bank. Dort sieht es ein bisschen aus wie bei Starbucks. Durch die Fenster kann man auf die weißen Tresen, die dunklen Holztische blicken, und in der Ecke steht dann auch tatsächlich ein Kaffeeautomat, an dem Kunden einen Cappuccino bekommen können.

An einem der Bankschalter sitzt eine junge Frau mit glitzernd schwarzem Kopftuch und fragt in Mannheimer Singsang, wie sie helfen kann. Und dann führt mich Ugurlu Soylu, ein studierter Wirtschaftswissenschaftler, der die Filiale dieser türkisch-kuwaitischen Großbank aufgebaut hat, in die Geheimnisse von »Sukuk« und »Murahaba« ein. Filialleiter Soylu kann hinreißend über die »Sterilität des Geldes« reden, über die schon Thomas von Aquin nachgedacht habe, um zu erklären, warum im Islam das uns bekannte Zinssystem verboten ist. Die Anlageform scheint zur gegenwärtigen Finanzlage zu passen: Islamische Banken verfügen in der Regel über ein höheres Eigenkapital und sind stärker an der Realwirtschaft orientiert. Sie bieten also das, was sich Kunden nach der Bankenkrise wünschen: mehr Sicherheit.

Er glaube nicht, dass die Muslime die besseren Banker seien, sagt Soylu. Sie seien keinesfalls weniger gierig oder risikofreudig. Aber gerade deshalb sei es wichtig, dass sie sich den strengen Regeln des Islam unterwerfen.

Mehr Ethik im Finanzsektor, da jubelt selbst der wirtschaftspolitische Sprecher der CDU im Stuttgarter Landtag: »Islamic Banking ist da angekommen, wo die westliche Bankenwelt erst noch hin will«, wird Reinhard Löffler in der *Süddeutschen Zeitung* zitiert, und dort steht auch, er verlange, künftig solche Kreditinstitute im Südwesten politisch zu fördern.

Ist das nun ein Zeichen für die Verfestigung von Parallelgesellschaften oder gar für die schleichende Islamisierung Deutschlands? Die Finanzwelt reagierte jedenfalls bemerkenswert pragmatisch auf die neuen Anlageformen. Die Bankenaufsicht signalisiert freundliche Unterstützung bei der Zulassung. Und eine Konferenz zu diesem Thema in Frankfurt fand unter Experten reges Interesse.

Islamic Banking wird wohl nie die Existenz einer deutschen Großbank gefährden, von denen übrigens viele längst ebenfalls im sogenannten Ethno-Banking unterwegs sind. Sogar in Saudi-Arabien werden heute höchstens zwölf Prozent der Bankgeschäfte schariakonform abgewickelt. Aber das Beispiel zeigt, wie die Einflüsse der Migranten selbst das konservative Bankenbusiness verändern.

Multikulti sei gescheitert, sagen Politiker gerne. Und sie meinen damit wohl jene pseudoliberale Haltung, die Ausländer pauschal zu besseren Menschen macht und das Zusammenleben mit ihnen zu einem einzigen Straßenfest zwischen Cevapcici und Couscous verklärt. Mag sein, dass uns diese Vielvölkerromantik nicht weiterbringt. Aber sind wir nicht ohnehin längst weiter?

Ist die multikulturelle Gesellschaft im eigentlichen Wortsinn nicht längst schon bunte Realität und noch viel häufiger ganz alltäglich? Mein fünfjähriger Sohn isst für sein Leben gern Döner Kebab, sein bester Freund im Kindergarten hat schwarze Wuschellocken und dunkle Haut, weil sein Vater aus Barbados stammt. Über uns wohnt Ina, sie ist Pianistin und stammt aus Kasachstan, ihr Mann kommt aus dem Spreewald, und die drei Kinder heißen Berta, Juri und Ada. Muss man nicht schon eher xenophob veranlagt sein, wenn man in einer größeren deutschen

Stadt heute keinen Bekanntenkreis hat, der sich aus Menschen mit unterschiedlichen Wurzeln zusammensetzt?

Staatliche Institutionen erweisen sich bisweilen als besonders undurchlässig. Wer einmal eine weitgehend migrationsfreie Veranstaltung erleben will, sollte an einer mündlichen Verhandlung des Bundesverfassungsgerichts teilnehmen. Juristenkreise, zumal Staatsrechtler, gelten als besonders konservativ, und so war es schon eine kleine Sensation, als Udo Di Fabio zum Verfassungsrichter ernannt wurde. Di Fabio stammt von italienischen Einwanderern ab, die allerdings lange vor dem Anwerbegesetz nach Deutschland kamen. Sein Großvater war Stahlarbeiter bei Thyssen. Di Fabio, der zwei Doktortitel trägt, schaffte es über den zweiten Bildungsweg auf den Richterstuhl in Karlsruhe. Als Verwaltungsbeamter in Dinslaken holte er das Abitur auf dem Abendgymnasium nach. Er bezeichnet sich selbst als »leidenschaftlichen Konservativen« und zählt im zweiten Senat ausgerechnet zu den Europaskeptikern.

Migranten der zweiten und dritten Generation drängen in die Eliten der Gesellschaft. Sie haben ihre deutschen Schulabschlüsse gemacht, waren vielleicht ein, zwei Jahre im Ausland und wollen jetzt diese Gesellschaft mitgestalten, als deren Teil sie sich begreifen. Sie übernehmen politische Ämter, treten mit ihrer Religion in die Öffentlichkeit oder sorgen in der Spaßgesellschaft für Unterhaltung. Das wird das Land verändern. Deutschland wird temperamentvoller – damit vielleicht auch leichter erregbar und wohl wieder religiöser. Wir haben uns das nicht ausgesucht, aber es ist unausweichlich. Der Soziologe Ulrich Beck sagt, im Westen gelte das Paradox: »Nationen, die sich erhalten wollen, müssen die Welt verinnerlichen.«

Die Frage ist, was hält das Ganze zusammen? Reichen die allgemeinen Regeln und Gesetze? Braucht es eine Leitkultur oder gar einen neuen Patriotismus, der es auch Deutschen mit fremden Wurzeln erlaubt, sich ganz zwanglos unter dem Bundesadler zu versammeln?

Wird es also irgendwann einen Verfassungsrichter in Karlsruhe geben, der vielleicht Hindu ist? Wahrscheinlich. Einen bekennenden Muslim als Chefredakteur der *Bild*? Vielleicht. Einen türkischstämmigen Bundeskanzler?

Wenn das passiert, sagt der Comedian Bülent Ceylan in seinem Bühnenprogramm, »dann werden die Deutschen sagen: Jetzt gehen sie aber zu weit, die Türken.« Wir werden sehen.

BÜLENT ARSLAN

Mehr Patriotismus wagen –
ein Gespräch über Deutschsein, hilfreiche
Stereotype und eine neue Vaterlandsliebe

So ist er, »der Türke«, »der Deutsche«, »der Russe«. Wenn die anderen Nationen nur noch im Singular vorkommen, wird es meist dumpf. Es ist schwammig von Mentalitäten die Rede oder gar von Volkscharakter. Vorurteile drohen, die die Welt allzu übersichtlich und holzschnittartig ordnen.

Bülent Arslan sieht das entspannter. Er findet, Stereotype helfen, sich zurechtzufinden. Arslan ist Berater in Sachen interkulturelle Kommunikation, seine Klienten sind Firmen, die sich in der Türkei oder im Nahen Osten engagieren wollen, aber auch Städte und Gemeinden, die Rat suchen im richtigen Umgang mit Zuwanderern und Migranten. Dabei setzt er auf die Vermittlung kultureller Eigenheiten, die den Umgang mit dem Fremden einfacher machen sollen.

Sein kleines Institut logiert in einem schmucklosen Bürogebäude in Düsseldorf. Unten ein Bettenhaus, in der Mitte diverse karitative Vereine und schließlich oben unter dem Dach hinter einer wenig ansehnlichen Brandschutztür Arslans »imap«-Institut. Eine höfliche Mitarbeiterin weist den Weg in einen Konferenzraum mit gemütlicher Dachschräge. An den Wänden hängen Schwarz-Weiß-Fotografien von Istanbul und dem Bosporus.

Ich sitze um Punkt elf am Konferenztisch, Arslan kommt nur ein paar Minuten später. Was kann man daraus schließen?

Stieber: Herr Arslan, Deutsche gelten als pünktlich, ich habe mir alle Mühe gegeben, dem Klischee zu entsprechen.

Arslan: Ja, wenn Sie ein türkischer Journalist gewesen wären, dann hätte ich Sie wahrscheinlich heute Morgen noch mal anrufen lassen, um zu klären, ob Sie kommen und wann Sie kommen. Bei Ihnen habe ich das nicht gemacht, und Sie sind um Punkt elf Uhr hier gewesen.

Stieber: Sie hätten einen Türken am Telefon gefragt, ob er wirklich kommt? Ganz schön unhöflich.

Arslan: Nein, natürlich nicht. Ich hätte ihn vielleicht gefragt, mit welchem Verkehrsmittel er kommt, und dann noch einmal die Anfahrt erklärt, oder darauf hingewiesen, dass es hinter dem Haus Parkplätze gibt. Auf diese Weise hätte ich erfahren, ob der Termin wie geplant stattfindet.

Stieber: Der Deutsche ist korrekt, der Orientale nachlässig – das sind doch üble Klischees.

Arslan: Nein, denn nur weil ich mit einem gewissen Verhalten rechne, heißt das natürlich nicht, dass jeder Deutsche pünktlich ist und jeder Türke zu spät kommt. Es kann immer auch anders kommen. Aber es ist schon Teil der deutschen Kultur, es mit der Uhrzeit recht genau zu nehmen. Das sehen Sie am Straßenbahnfahrplan und an der Empörung, wenn die Bahn mal fünf Minuten zu spät kommt. Daraus lernen wir: Es gibt Kulturmerkmale, also allgemeine Trends. Das klingt immer so banal, aber solche Dinge zu wissen ist sehr entscheidend, wenn Sie sich in einer fremden Kultur zurechtfinden wollen.

Stieber: Da heißt es in jeder Sonntagsrede, man müsse Vorurteile bekämpfen. Und jetzt das.

Arslan: Es gibt einen Unterschied zwischen einem Vorurteil und einem Stereotyp, also einem häufig vorkommenden Muster. Ich sage, habt keine Angst vor Stereotypen. Damit arbeitet der Mensch immer. Jeder macht sich Bilder im Kopf und vergleicht sie dann mit der Realität. Das Wichtige ist, dass man nicht bei den Stereotypen verharrt, also bereit ist, sie infrage zu stellen. Wenn man alle Menschen nur durch die Brille von Stereotypen sieht, wird ein Vorurteil draus.

Während Bülent Arslan so redet, schießen mir einige dieser Vorurteile, nein, Stereotype, durch den Kopf. So wie Arslan redet, könnte er ein gebürtiger Deutscher sein. Kein überschäumendes

Temperament. Er spricht langsam und kontrolliert, hebt seine angenehm warme Stimme kein einziges Mal. Seine Gesten sind sparsam, oft schiebt er eine Denkpause ein, bevor er antwortet. Arslan argumentiert nüchtern, manchmal fast ein wenig hölzern. Man könnte aber auch sagen, er ist ein echter Kommunikationsprofi. Ist ja auch sein Metier.

Stieber: Stereotype also. Was bringen Sie denn einem Mitarbeiter eines großen Unternehmens bei, der von seinem Arbeitgeber zum Beispiel in die Türkei geschickt wird?

Arslan: Es gibt natürlich nicht die fünf goldenen Regeln. Aber es gibt bestimmte Dinge, die muss man einfach wissen, wenn man in der türkischen Arbeitswelt keinen Schiffbruch erleiden will. Das ist zum Beispiel das Hierarchiedenken in der Türkei. In Deutschland ist es inzwischen üblich, dass wir auch über unterschiedliche Hierarchien hinweg versuchen, auf Augenhöhe zu sprechen. In vielen anderen Kulturen, und dazu gehört die türkische, da müssen Sie sich dagegen in Hierarchien einfügen.

Stieber: Klingt für uns nach archaischen Führungsstrukturen.

Arslan: Aber es ist ja nicht so, dass sich die Leute in den unteren Hierarchieebenen unwohl fühlen müssen. Viele fühlen sich wohl, weil sie zum Beispiel weniger Verantwortung tragen. Ein deutscher Manager, der auf solche Strukturen trifft, muss umdenken.

Stieber: Er muss autoritärer führen?

Arslan: Nein, das bedeutet nicht, dass er mehr Druck ausüben soll. Er muss auch Zuneigung und Fürsorge zeigen. Und das ist dem deutschen Wesen häufig fremd, dieser emotionale Aspekt. Man ist eher sachlich, man diskutiert ein Problem möglichst offen und sucht gemeinsam eine Lösung. In der Türkei ist das anders, dort wird oft ganz emotional entschieden. Diese Kulturunterschiede sind aus meiner Sicht ein wesentlicher Grund dafür, warum Menschen so schlecht miteinander auskommen.

In der Wirtschaft werden die Erkenntnisse aus der interkulturellen Kommunikation schon lange in Personalabteilungen genutzt. Das erinnert auch an den Aachener Unternehmer Kemal Şahin, der auf der Erkenntnis, dass die Deutschen gute Manager sind und die Türken die besseren Dienstleister, ein ganzes Unternehmen erfolgreich aufgebaut hat. Arslan überträgt diese Erkenntnisse auch auf die Integrationsarbeit in den Städten. Er schult die Mitarbeiter von Ausländerbehörden und Arbeitsämtern. In der Politik wurden solche Ansätze bisher als latent rassistisch abgelehnt. Inzwischen, sagt Arslan, stößt er aber auch dort immer häufiger auf offene Ohren.

Stieber: Im Moment tun ja alle so, als würde jedes Problem verschwinden, wenn die Migranten gut Deutsch sprechen und besser ausgebildet werden.

Arslan: Ja, aber das wird nicht reichen. Bestimmend ist eine Mischung aus Kultur und Tradition des Herkunftslands, und natürlich spielen auch soziale Schichten und die Bildung eine wichtige Rolle. In der Integrationspolitik wird die kulturelle Ebene aber meist ganz vergessen.

Stieber: Warum wollen Politiker von diesen Erkenntnissen nichts hören?

Arslan: Man tut sich in Deutschland schwer, weil wir durch die deutsche Geschichte gelernt haben: »Hüte dich vor Verallgemeinerungen.«

Stieber: Aber sind Verallgemeinerungen nicht tatsächlich hinderlich?

Arslan: Wenn wir dahinter die einzelnen Menschen vergessen, dann ja. Es geht bei unserem Ansatz *auch* um kulturelle Prägungen, aber natürlich nicht ausschließlich. Leute wie Sarrazin sagen ja, es geht nur um Kultur. Und das sagen sie dann auch noch abwertend. Das ist natürlich falsch. Aber man muss diese Unterschiede eben mit berücksichtigen.

Bülent Arslan sagt über sich, er komme aus einer klassischen Gastarbeiterfamilie. Geboren in Zentralanatolien, zogen die Arslans nach Deutschland, als Bülent eineinhalb Jahre alt war. Sein Vater hat dafür die höhere Schule abgebrochen. Er arbeitet bis heute als Arbeiter in einer Gießerei. Der Vater habe darunter gelitten, mit der abgebrochenen Schule in Deutschland keine Aufstiegschancen gehabt zu haben, berichtet Arslan. Deshalb sollte der Sohn erfolgreich die Schule beenden. Anschließend studierte Arslan in Duisburg und Arnheim Volkswirtschaft. Arslan sagt, für die Eltern sei nur ein Studium infrage gekommen, das er auch in der Türkei gebrauchen könnte. Denn eigentlich war bis in die Neunzigerjahre die Rückkehr in die Türkei geplant. Doch die Arslans blieben, eher eine schleichende Entscheidung als ein klarer Entschluss. Arslans Vater ist seit zwanzig Jahren Vorstand einer Moschee in Viersen, die von der staatlichen türkischen Religionsbehörde DITIB finanziert wird. Er kennt das Milieu, aus dem sich viele Migranten in all den Jahren nie ganz lösen konnten.

Stieber: Warum erreichen deutsche Politiker viele Migranten nicht?

Arslan: Das liegt vor allem an der Art, wie deutsche Politiker mit und über Migranten reden. Migranten, besonders türkische Migranten, erleben sich selbst in der deutschen Politik immer nur als Problem. Da heißt es, die Migranten haben ein Integrationsproblem, unterdrücken Frauen, die Türkei ist ein Problemland und soll nicht in die EU ... Diese Probleme kann man häufig sachlich begründen und mit Statistiken belegen. Aber kommunikativ bringt das nichts, das wirkt unsympathisch. Und diese Leute sind stark fixiert auf Sympathie und Antipathie.

Stieber: Aber es gibt doch Integrationsgipfel und die Islamkonferenz. Warum kommt das nicht an?

Arslan: Das wird deshalb wenig honoriert, weil die Leute nicht darauf fixiert sind. Die wollen nicht hören, da gibt es eine Kon-

ferenz oder einen Topf, in dem wir Millionen für Integrations-
projekte bereitstellen. Symbolische Handlungen und eine emotionale Ansprache sind gefragt. Die Kanzlerin im türkischen
Fernsehen, am besten mit türkischen Kindern, das wollen sie
sehen. Wenn in der türkischen Community ein Laden eröffnet
wird, dann wird davon geredet, dass das ein Beitrag für die
Zukunft und die kommenden Generationen ist. Wir täten gut
daran, wenn wir uns diese Unterschiede bewusst machen würden, um darauf einzugehen.

Bülent Arslan sagt, er halte sich selbst für sehr deutsch geprägt,
das sehe man daran, wie er seine Firma führt und auch wie er
seine Kinder erzieht. Trotzdem hat er eine türkische Frau geheiratet, und das sei kein Zufall. Denn gerade im Privatleben seien
die Mentalitätsunterschiede besonders stark spürbar. Er habe
bei vielen Freunden gesehen, die Beziehungen mit Deutschen
hatten, dass die Partner auf Dauer nicht bereit waren, so viel
Zeit und Energie etwa in die Familie zu investieren, die bei
Türken noch immer einen anderen Stellenwert hat als bei
Deutschen. Hier ein kranker Cousin, der besucht werden muss,
dort ein Familienfest. Das sei vielen Deutschen auf Dauer zu
viel. Es gebe eigentlich nur zwei Möglichkeiten. Entweder der
deutsche Partner passt sich an, oder die Familie akzeptiert, dass
sich etwas Grundlegendes im Familiengefüge ändert.

Stieber: Müssen sich die Migranten der Mehrheitsgesellschaft
gegenüber nicht einfach öffnen?
Arslan: Wenn Sie mal auf die unterste Ebene gehen: Warum
sind die zehn türkischen Familien im Viertel nicht Mitglied im
Nachbarschaftsverein? Das hat nicht nur was mit den Türken
zu tun, die da nicht hingehen wollen. Denn wenn sie dann doch
kommen, dann sind es häufig die Deutschen, die sich unwohl
fühlen.
Stieber: Jetzt würde jemand wie Sarrazin sagen: Sehen Sie, wir
passen kulturell einfach nicht zusammen.

Arslan: Ja klar, es gibt durchaus Punkte, die passen nicht ohne Weiteres zusammen. Und es stimmt, es gibt bestimmte Migrantengruppen, die sind uns kulturell ferner als andere. Der erste Schritt ist, dass man sich das bewusst macht. Die andere Frage ist, muss denn wirklich immer alles zusammenpassen, damit man gut miteinander auskommt? Da sage ich: Wir müssen viel pluralistischer leben. Wir sind viel zu sehr aufs Vereinheitlichen ausgerichtet.

Stieber: Sollen wir Parallelgesellschaften einfach akzeptieren?

Arslan: Na ja, der Begriff Parallelgesellschaften suggeriert ja schon, dass wir eigentlich wollen, dass alles eins wird.

Stieber: Aber können wir es wirklich gut finden, dass Tausende türkischstämmiger Migranten zum Auftritt des türkischen Ministerpräsidenten pilgern, sich aber nicht für das interessieren, was in der Stadt passiert, in der sie seit dreißig Jahren leben?

Arslan: Erdoğan hat das in Deutschland jetzt zweimal mit 10 000 Leuten gemacht, das würde ein deutscher Politiker nie schaffen. Das ist beunruhigend für die Politik. Man sieht daran ja, dass dieser Teil der Community nach wie vor türkeiorientiert ist. Aber Erdoğan sagt diesen Türken immerhin auch, sprecht Deutsch, nehmt Kontakt auf zu euren deutschen Nachbarn. Aber vergesst nicht euer Heimatland.

Stieber: Ist das nicht ein bisschen wenig für Menschen, die seit dreißig Jahren in Deutschland leben?

Arslan: Das widerspricht natürlich dem Integrationsverständnis der meisten Deutschen. Man spricht nicht darüber, aber die Deutschen meinen Anpassung, wenn sie Integration sagen. Sie sagen dann: Hört mir auf mit eurer Sprache und euren Gebräuchen, am besten auch mit eurer Religion, das brauchen wir alles nicht. Werdet wie wir.

Stieber: Was schlagen Sie vor?

Arslan: Ich mag diesen Begriff der »multiplen Identität«. Das gilt ja nicht nur für das Migrationsthema, sondern auch für die einheimische deutsche Gesellschaft. Die ist ja viel heterogener als noch vor Jahrzehnten. Deshalb, glaube ich, müssen wir lernen, mit dieser Verschiedenartigkeit umzugehen. Es kann aber nicht funktionieren, indem wir jeden machen lassen, was er will. Die Gesellschaft braucht eine Verbindung. Das kann aber nicht nur das Grundgesetz sein, das ist mir zu theoretisch, zu nüchtern. Zu deutsch.

Arslan ist mit sechzehn Jahren zusammen mit einem Freund der CDU beigetreten. Wie kommt ein Muslim in die Christliche Union? Er sagt, da er aus einem konservativen türkischen Milieu kam, sei es für ihn nur logisch gewesen, der einzigen konservativen Partei in Deutschland beizutreten. Die Partei entdeckt ihn für sich, als er mit einundzwanzig für den Moscheeverein in den Viersener Ausländerbeirat einzog, dessen Vorsitzender wurde. Da merkte seine Partei, dass da einer von ihnen Ausländerpolitik macht. Das Thema ist er bis heute nicht mehr losgeworden. Heute leitet er die Arbeitsgruppe Migration des Parteipräsidiums. Bülent Arslan hat zweimal erfolglos für den Bundestag kandidiert. Von der Partei und ihren Funktionsträgern habe er dabei immer viel Unterstützung erfahren, sagt er. Größere Schwierigkeiten hatte er mit der Basis. Dort fanden manche, ein Muslim könne sie nicht vertreten. Arslan hat seine parlamentarischen Ambitionen bis auf Weiteres begraben. Wenn er beklagt, dass die Politik zu wenig auf Migranten zugehe, dann meint er damit auch immer seine Partei.

Stieber: Glauben Sie, dass die CDU für mehr türkische Migranten attraktiv sein könnte?
Arslan: Etwa sechzig Prozent der hier lebenden Türken sind im türkischen Parteienspektrum in der Mitte oder rechts davon angesiedelt. Das kann man an den Wahlergebnissen der Auslandstürken sehen. Von ihnen haben allein fünfzig Prozent Erdoğans konservative AKP gewählt. Zwischen dieser Klientel und der CDU gibt es durchaus Berührungspunkte, wie der Wert von Ehe und Familie, auch die Bedeutung der Religion. Aber

es ist natürlich schwieriger, konservative Deutsche und konservative Türken zusammenzukriegen. Linke Türken und linke Deutsche, das geht besser. Da gibt es kulturübergreifende Ideale und Traditionen.

Stieber: Wo hakt es denn bei den Konservativen?

Arslan: Wir können uns nicht entscheiden, ob wir uns diese Wählergruppe erschließen wollen. Die CDU ist in einem nicht ausgesprochenen Strategiedilemma. Es gibt Leute, die sagen, wir dürfen die Konservativen nicht verprellen. Und es gibt welche, die sagen, wir müssen neue Wählerschichten erschließen, also auch türkischstämmige. Ich sage: Okay, wir können auch darüber reden, ob wir eine Partei werden wollen, die nur deutschstämmige Wähler anspricht. Das ist ja legitim, aber dann müssen wir auch eine entsprechende Strategie aufbauen. Wenn wir das nicht wollen, müssen wir einen anderen Weg gehen. Aber diese strategische Entscheidung ist nicht getroffen bei der CDU, wir machen mal das eine, mal das andere. Das führt dazu, dass wir auf beiden Seiten positive Aspekte wieder kaputt machen. Einmal starten wir entsprechende islamkritische Initiativen und sprechen uns gegen die Türkei als EU-Mitglied aus. Dann wieder veranstalten wir Integrationsgipfel. Mit dem Ergebnis, dass schließlich die konservativen Wähler sagen, die sind ja genauso weich gespült wie die anderen.

Stieber: Ist das nicht das generelle Dilemma der Volksparteien, möglichst alle einbinden zu wollen?

Arslan: Das ist in dieser Sache aber ganz besonders stark ausgeprägt. Wir verlieren damit auf beiden Seiten.

Stieber: Gibt es einen Ausweg?

Arslan: Es gibt ja zwei Extreme, wenn Sie so wollen. Auf der einen Seite die linke Position, die sagt: Es gibt doch gar keine Probleme, ist doch alles dufte. Auf der anderen die Manfred-Kanther-Schiene: Deutsch sind nur die Kinder von Deutschen, Migration bringt nur Probleme, wir wollen unter uns bleiben. Ich glaube, es gibt einen dritten Weg für eine gelungene Integration.

Deutschland, vor allem die alte Bundesrepublik, war, wenn sie sich überhaupt einmal Stolz erlaubt hat, stolz auf ihren Verfassungspatriotismus. Der frühere Bundespräsident Heinemann hat das nüchterne Verhältnis zum Staat in Worte gefasst: Er liebe nicht den Staat, er liebe seine Frau. Vielleicht ist Verfassungspatriotismus ein etwas sprödes Angebot für Einwanderer, die in ihrer alten Heimat deutlich mehr Leidenschaft gewohnt waren. In klassischen Einwanderungsländern gibt es einen gelebten Patriotismus, der alle, woher sie auch kommen, einbindet. Dort hat kaum einer Hemmungen, stolz auf das Land zu sein, in dem er lebt, egal, woher seine Vorfahren stammen. In Deutschland versucht man es derweil mit Hilfsbegriffen wie Leitkultur, an die sich die Migranten bitte anpassen sollen.

Stieber: Vor einigen Jahren hat ja Ihre Partei den Begriff Leitkultur in die Debatte eingeführt. Also gewisse kulturelle Verbindlichkeiten, auf die sich alle, die auf Dauer in diesem Land leben, einigen müssen. Ist das der dritte Weg, den Sie meinen?
Arslan: Ich benutze den Begriff Leitkultur nicht, aber ich denke schon, dass es eine Vorgabe des Landes geben muss, in dem man lebt. Es ist aber auch klar, dass sich diese Vorgabe ändert, indem sich eine Kultur verändert. Zum Beispiel durch einen hohen Anteil an Migranten.
Stieber: Und was bleibt dann Verbindliches?
Arslan: Ich würde sagen, lasst uns die Menschen, die hier seit Jahren leben oder sogar hier geboren sind, zu Deutschen machen. Nicht nur im rechtlichen Sinne. Das sind sie ja oft schon. Lasst sie uns zu Mitgliedern der deutschen Nation machen. Aber das sind dann Mitglieder, die auch Türkisch sprechen dürfen und sollen. Gebt ihnen Sprachkurse in ihrer eigenen Sprache, damit wir diese Sprachkompetenz aufrechterhalten. Sie sollen ihre Religion ausleben, lasst sie uns dabei unterstützen. Aber sie sollen sich voll diesem Land widmen.
Stieber: Dem Land widmen? Das tun die Integrierten wie Sie doch längst.

Arslan: Das glauben Sie. Ich habe Studienfreunde, die sind Filialleiter in Banken oder Unternehmensberater in der mittleren Ebene, die erziehen ihre Kinder ganz bewusst auf Deutsch. Aber sie ärgern sich, dass Özil nicht für die Türkei spielt. Die sagen, das ist ein Verräter. Das sagen sie natürlich nicht in der Kantine, aber untereinander sagen sie das mit Überzeugung. Mit Deutschland identifizieren sie sich nicht. Kein Mensch sagt, ich bin Deutscher, obwohl er eingebürgert ist.

Stieber: Vielleicht sind das eben Integrationsverweigerer.

Arslan: Nein, überhaupt nicht. Das ist ja auch umgekehrt so. Kein Deutscher sagt über einen Türkischstämmigen: »Der ist Deutscher.« Ich bin natürlich auch immer für alle »der Türke«. Wir sprechen nicht offen darüber, aber wir haben einen Nationenbegriff, der ist ethnisch. Man ist nur Mitglied der deutschen Nation, wenn man deutsche Vorfahren hat. Diesen Nationenbegriff haben einheimische Deutsche und Migranten.

Stieber: Sie wollen die Migranten mit Patriotismus und Vaterlandsliebe an Deutschland binden?

Arslan: Ja, davon bin ich sehr überzeugt. Die deutsche Geschichte erschwert es natürlich, Politik vielleicht etwas emotionaler angehen zu können. Aber ich habe den Eindruck, dass bei den jungen Leuten, auch bei einheimisch-deutschen, der Wunsch nach Emotionalität, nach Patriotismus da ist. Es ist zum Beispiel in Kreisen der Jungen Union hip, sich sehr nationalkonservativ zu zeigen, also islamkritisch oder europaskeptisch. Das ist aber der falsche Weg.

Mehr Emotionalität, mehr Vaterlandsliebe. Ich muss an die Antrittsrede von Roman Herzog als Bundespräsident denken. Er wünsche sich ein unverkrampftes Deutschland, hat er damals vor der Bundesversammlung gesagt. Und dafür viel Schelte bekommen, weil ein unverkrampfter Umgang mit der Nation angesichts der deutschen Geschichte vielen damals unvorstellbar schien. Das war 1995. Elf Jahre später, zur Fußballweltmeisterschaft im eigenen Land, konnte man zum ersten Mal erleben, wie Nationalgefühl auch sein könnte: jung, friedlich und weltoffen. Damals feierte die ganze Welt mit Deutschland einen kurzen Moment lang das Sommermärchen, Türken und Deutsche jubelten gemeinsam für Özil, Podolski und Odonkor – zumindest nachdem die türkische Nationalmannschaft ausgeschieden war.

Stieber: Aber kann es denn einen anderen Patriotismus geben als einen, der sich auf die Nation bezieht?

Arslan: Wenn ich sage, ich möchte, dass Migranten zu Deutschen werden, dann kann das natürlich nicht der Deutschenbegriff sein, den wir alle noch im Kopf haben. Ich sage, es muss Patriotismus geben, in dem sich Menschen unterschiedlichster Herkunft, Milieus und Richtungen wiederfinden.

Stieber: Wie soll das gehen?

Arslan: Mit Symbolen und Rhetorik. Das ist natürlich nicht alles, aber daran fehlt es in Deutschland. Und wir brauchen Migranten in entsprechenden Positionen.

Stieber: Leute wie Cem Özdemir oder die niedersächsische Sozialministerin Aygül Özkan?

Arslan: Cem Özdemir ist für Migranten ein wichtiges Symbol im Bundestag, aber er ist von seinem Lebensstil her, so wie er sich gibt, nicht das typische Gastarbeiterkind – ich übrigens auch nicht. Wir brauchen viel mehr Leute, die ihre Freizeit vielleicht im Moscheeverein verbringen, ganz wie ein Deutscher, der in seiner Kirchengemeinde aktiv ist. Aber die müssen sich auch so äußern, dass man ihnen anmerkt, dass sie aus einer anderen Kultur kommen, sie müssen sich auch so äußern dürfen. Aber solche Typen haben heute noch keine Chance hochzukommen, weil sie zu anders sind.

Stieber: Was meinen Sie mit patriotischen Symbolen? Staatsbürgerkunde reicht nicht?

Arslan: Für Staatsbürgerkunde bin ich sehr wohl, aber das ist mir wieder zu rational. Wir brauchen einen emotionaleren Zugang zu Deutschland. Symbole, die Flagge zum Beispiel, die ist da ganz entscheidend. Wir haben das ja bei der WM 2006 gesehen, da haben die Deutschen das erste Mal ganz unverkrampft Flagge gezeigt. Dass so viele Türken auch 2010 auf der Seite der deutschen Mannschaft waren, hatte damit zu tun, dass es überall diese Fahnen auf den Autos gab, das hat die Türken einfach mitgerissen. Diese Euphorie der Deutschen. Aber außerhalb des Fußballs hat diese unbefangene Begeisterung noch nicht gezündet.

Stieber: Mehr Emotion, mehr Liebe zum Land. Kriegen wir damit auch die Leute, die noch immer den Wetterbericht ihres Heimatdorfes hören und begeistert zu den Auftritten von Erdoğan laufen?

Arslan: Diese Leute kriegen wir wahrscheinlich nicht. Aber vielleicht erreichen wir deren Kinder.

BÜLENT CEYLAN

»Der Türk' muss schwitzen«

Die Warteschlange zieht sich quer durch die Fußgängerzone von Erlangen. Familien, Frauen mittleren Alters, Teenies, ein bunter Querschnitt durch den deutschstämmigen Mittelstand, steht sich da die Beine in den Bauch für den Auftritt von Bülent Ceylan. Kein Rempeln, kein Drängeln. Es wird noch mehr als eine Stunde dauern, aber die Leute warten still und geduldig in Zweierreihen, wie man das nur selten sieht. Am Eingang lassen sie sich in die Taschen schauen und manchmal auch abtasten, dann schnell in den Saal und einen der vorderen Plätze ergattern. Es ist eine Stimmung wie beim Popkonzert.

Schlag acht wird es dunkel in der Stadthalle, Ceylan rennt, begleitet von Blitzen und bollernden Gitarrenriffs, auf die Bühne, löst die langen schwarzen Haare und wirbelt sie im Takt der Musik durch die Luft. Er trägt enge Jeans und ein enges T-Shirt, unter dem die trainierten Oberarme gut zur Geltung kommen. Das Bärtchen unterhalb der Lippe ist akkurat gestutzt. Ceylan stürmt an den Rand der Bühne, stößt zwei Finger zum Rockergruß in die Luft und ruft: »Rock 'n' Roll!«.

Man denkt, er sieht eigentlich zu gut aus für einen Komiker, und fragt sich: Meint er das ernst mit der Rockerpose? Doch, meint er. Ceylan will der Rocker unter den Komikern sein. Einer, über den man zwar lacht, der aber auch als Starschnitt in der *Bravo* eine gute Figur machen würde. Bülent Ceylan, eine Art Ein-Mann-Boygroup der deutschen Comedyszene.

Ceylan sucht sich in den ersten Minuten seine Leute im Publikum der Stadthalle Erlangen, einen Helmut in der zweiten Reihe und einen kleinen Jungen auf der Empore. Er wird sie im Lauf des Abends immer wieder ansprechen, das schafft Nähe, auch auf großen Bühnen. Er fragt, wie viele Türken hier sind –

es gehen nur wenige Finger hoch. Er erinnert daran, wie er vor Jahren in Erlangen vor einer Handvoll von Leuten aufgetreten ist, und jetzt dieser Jubel heute Abend: »Einfach Wahnsinn.«

Ceylan und seine Fans sind eine verschworene Gemeinschaft. Wie bei einem Sänger, dessen Publikum die Hits schon an den ersten Takten erkennt, jubeln sie bei Ceylan, wenn er das Haar gelöst hat und die Brille aufsetzt. Dann wissen sie, dass jetzt die Anneliese kommt. Sie schreien »Bumbwasserzong«, wenn er sich den grauen Kittel überstreift, was so viel heißt wie »Pumpwasserzange«. Denn sie ist das Lieblingswerkzeug des Hausmeisters Mompfred, in dessen Rolle Ceylan dann schlüpft. Und den Angebertürken Hasan bewerfen sie mit Paranüssen, weil er die angeblich mit seinem Hinterteil knacken kann. Er spielt das Programm schon seit Langem, das lässt Ceylan viel Raum zur Improvisation und Überraschungen für all jene, die es schon kennen. Auch um den Preis, dass manche Szenen sich länger und länger ziehen und er manchmal sogar den Schlussgag verstolpert. Doch dann strahlt er auf diese enorm sympathische Art, das Publikum ist sein Komplize, und alles geht im Jubel unter. »Jaja«, sagt er dann, »der Türk' muss schwitzen, dann seid ihr zufrieden.«

Ein Hotelzimmer in Nürnberg am Morgen danach. Bülent Ceylan wirkt frisch. In der Ecke stehen der gepackte Rollkoffer und eine Gitarre. Sein Assistent bringt uns Latte Macchiato. Auf dem Tisch liegen eine Keksauswahl und ein Früchteteller bereit. Ceylan lässt beides unberührt, knetet etwas unentschlossen ein Schokoladentäfelchen, lässt dann aber auch von ihm ab. Ein guter Abend gestern, sagt er. 1200 Leute, für ihn ist das inzwischen einer der kleineren Auftritte, aber das Publikum sei gut drauf gewesen. Danach hat er noch eine Stunde Autogramme gegeben. Gestern habe er den krassesten Autogrammwunsch bekommen, erzählt Ceylan. Eine Frau wollte, dass er auf ihrem Fuß unterschreibt, weil sie neulich einen Sketch spielte, der ihn als Fußfetischist geoutet hat. Die Frau sagte, sie wolle sich das dann tätowieren lassen. »Verrückt, oder?« Ceylan strahlt.

Bülent Ceylan ist nicht der erste Türke, der auf deutschen Bühnen Witze über seine Herkunft und das Zusammenleben der Kulturen macht. Er ist nicht so politisch wie Django Asül und nicht so türkisch wie Mussin Omurca, der mit dem legendären Duo Knobi-Bonbon zu den Pionieren des Genres gehört. Aber er ist im Moment zweifellos der Erfolgreichste. Mit seiner Mischung aus Comedy und Satire hat er es offenbar geschafft, das deutsche Humorzentrum zu treffen, und füllt heute mühelos große Stadien und Hallen. Er brachte selbst Heavy-Metal-Fans auf Open-Air-Festivals zum Lachen. Ceylan hat sich in den letzten Jahren eine treue Fangemeinde erspielt. Seit er eine eigene Comedyshow bei RTL hat, ist die noch größer geworden.

Vieles, was Ceylan auf der Bühne und im Fernsehen macht, ist übliche Comedy, Meterware aus der Gagmanufaktur von Brainpool, die fast alle unter Vertrag hat, die im deutschen Fernsehen für Frohsinn sorgen. Aber immer mal wieder schmuggelt Ceylan politische Themen ins massenkompatible Unterhaltungsprogramm. Wenn er etwa in seiner Fernsehshow neben einigen platten NPD-Gags auch den bösen Sketch von A-Dölfchen und B-Dölfchen platziert. Der erzählt von zwei Neonazis, von denen der eine blind ist und Schwarzafrikaner, was ihm der andere aber verschweigt. Behinderung und Neonazis in einem Sketch, das ist fürs Kommerzprogramm schon bemerkenswert. Oder als Ceylan den Sänger Xavier Naidoo zusammen mit dem sächselnden Comedian Olaf Schubert und Dave Davis minutenlang den deutschen Einbürgerungstest ausfüllen lässt. Am Schluss gewinnt Davis, dem Verlierer Olaf Schubert droht Ceylan mit Abschiebung, das Flugzeug stünde schon bereit. Da schaut man daheim dann verwundert auf die Anzeige, ob man nicht aus Versehen im Öffentlich-Rechtlichen gelandet ist.

Doch auch im kommerziellen deutschen Fernsehen ist so etwas möglich – solange die Quote stimmt. Sie stimmt bei Ceylan. Er kann die Zahlen auswendig aufsagen. Als sein Auftritt in der SAP-Arena ausgestrahlt wurde, habe er einen Marktanteil von zwanzig Prozent gehabt, erinnert er sich. Der Auftakt seiner Fernsehkarriere. Heute hat er bei RTL eine Show, die seinen Namen trägt. Sie erreicht regelmäßig ähnliche Quoten. Ja, sagt Ceylan dazu in seinem Programm: »Früher waren die Türken vor Wien, heute sind sie überall.«

Was sagt es über Deutschland aus, dass einer wie Ceylan heute die Zuschauermassen anzieht? Die Briten haben den Iraner Omid Djalili, der sich als komischer Mann aus Persien präsentiert und auch vor Witzen über den Dschihad nicht zurückschreckt. Und Sacha Baron Cohen, der zwar Brite ist, aber mit seinen Ethnofiguren Borat und dem Rapper Ali G. fast alle Grenzen des guten Geschmacks einreißt. Sie sind schärfer und böser als Ceylan, der ganz bewusst die Mitte der Gesellschaft sucht. Er will eher versöhnen statt spalten. Die Leute sollen durch seine Auftritte sehen, dass mit den Migranten etwas Positives dazukommt. Neulich habe bei Facebook ein Fan geschrieben, früher habe er keine türkischen Freunde gehabt. Dank ihm, Bülent, habe er jetzt zwei neue Freunde, die türkisch sind. »Ist doch toll, dass man so was anstoßen kann«, sagt Ceylan, »es geht doch oft um das Aufeinanderzugehen.«

Kaya Yanar hat einmal gesagt, er kenne keinen besseren Weg, eine Diskussion über Integration anzustoßen, als den Humor. Auch Yanar ist eher ein Versöhner in der Comedy. Lange stand Ceylan in seinem Schatten. Yanar hat mit *Was guckst Du?!* zum ersten Mal Ethnocomedy ins deutsche Fernsehen gebracht. Ceylan trat zur gleichen Zeit noch auf kleineren Bühnen auf, suchte erfolglos den Weg ins Fernsehen. Die Nische war eng, und die Fernsehverantwortlichen sagten: »Was wollen wir mit einem türkischen Comedian, wir haben doch schon einen.«

Ein typisches Phänomen. Denn der gesellschaftliche Mix ist im Fernsehen längst nicht angekommen. Viele Schauspieler mit

Migrationshintergrund sind genervt, weil sie ständig Gemüsehändler oder Taxifahrer spielen sollen. Genauso erschien es den
Fernsehmachern lange nicht plausibel, warum es einen weiteren
lustigen Türken geben könnte im Fernsehen.

Kaya Yanar und Bülent Ceylan mögen sich, und manche ihrer
Figuren haben eine gewisse Ähnlichkeit. Erst neulich standen
sich in Ceylans Show die Machotürken der beiden gegenüber
und sahen aus wie Zwillingsbrüder: Kaya Yanars Hakan und
Bülents Hasan. Yanar mit einer Perücke, Ceylan mit seinem
Originalzopf. Erst beschimpften sie sich, dann prügelten sie sich
in einer Zeitlupenchoreografie. Plötzlich fuhr Yanars Hakan
über Ceylans Zopf und sagte: »Mensch, Alder, du hast aber wei-
che Haare.«

Das ist wieder einer dieser Konsensgags über türkisches
Machotum. Aber immer, wenn es gerade sehr gemütlich zu werden droht zwischen Ceylan und seinem Publikum, gibt es diese
atmosphärischen Brüche, in denen er mal kurz die Tabugrenzen
im interkulturellen Dialog oder die deutschen Befindlichkeiten
abtastet.

Da ist dieser Moment, der völlig aus der Stimmung des
Abends in Erlangen fällt. Gerade noch mitten im Blödeln, steht
Ceylan irgendwann am Bühnenrand, hebt den Arm und verfällt
in den Führerton. Also gut, denkt man, mal wieder eine Hitler-
Parodie. Es ertönt dann dieses verdruckste »Hoho« im Publikum. In diesem Moment tritt Bülent Ceylan aus der Rolle,
strahlt die Zuschauer väterlich an und sagt: »Ihr dürft darüber
ruhig lachen. Ihr, die ihr hier im Saal sitzt, seid nicht schuld an
dem, was passiert ist.« Es wird kurz still. Zögerlich kommt der
Applaus. Hat sie da eben der Mannheimer Türke von der Erb-
schuld des Dritten Reichs freigesprochen? Natürlich ist das ein
bisschen größenwahnsinnig, vielleicht auch zwiespältig. Aber es
ist ein starker Moment der Irritation, wie man ihn im klassischen Kabarett heute häufig vermisst.

Bülent Ceylan grinst ein bisschen ratlos, wenn man ihn nach

diesem Moment in seinem Programm fragt. Er mache das seit ein paar Auftritten, sagt Ceylan und wirft den Pferdeschwanz über die Sessellehne, weil er das Gefühl habe, es an dieser Stelle machen zu müssen. Im Übrigen sei es ja auch wahr. Keiner in der Halle könne etwas direkt mit der deutschen Vergangenheit zu tun haben, schon aufgrund ihres Alters. Ceylan geht kein Risiko ein, er hat offenbar vorher genau nachgerechnet, ob es biologisch möglich ist, dass noch ein Altnazi im Publikum sitzt.

Zu viel doppelter Boden im Programm ist unerwünscht. Ceylan will auf keinen Fall missverstanden werden. Deshalb nimmt der ausländerfeindliche Hausmeister Mompfred jetzt Antirassismuspillen, und auf der Bühne prangt ein Schild der Initiative »Respekt«, auf das er im Programm extra noch einmal hinweist.

Will da einer auf Erfolgskurs möglichst keinen seiner Fans vergraulen, oder ist das interkulturelle Humorgelände tatsächlich so vermint? »Na ja«, sagt Ceylan, es kämen ja ganze Familien, und da wolle er von allen verstanden werden. Aber es stimme schon, über eine gewisse Grenze würde er nicht gehen: Religion zum Beispiel. Er grinst verlegen und sieht jetzt ein bisschen aus wie sein Comedykollege Bully Herbig: »Ich will ja noch ein bisschen leben.«

Immer wieder bekommt er unangenehme Briefe und E-Mails, aber darüber spricht Ceylan nicht so gerne. Jedenfalls fällt auf, dass bei seinen Auftritten immer ein, zwei Männer in seiner Nähe sind, auch die Autogrammstunde danach wird von Muskelmännern bewacht.

Er hat in der Sendung einmal einen Jesus-Gag gemacht. Einen Werbespot für »Kruzifix zur Brotvermehrung« im Stil des Maggi-Kochstudios. Eigentlich ein »lieber Gag«, sagt er, aber auch da haben sich Christen beschwert. Das sei nicht weiter schlimm gewesen, »die flippen nicht gleich aus«. Witze über Mohammed und das Kopftuch wolle er dagegen eher nicht ins Programm nehmen, sagt Ceylan. Er wisse nicht, ob seine Leute da jemals so entspannt sein werden wie die Mehrheitsgesellschaft.

Dass da ein anderes Humorverständnis vorherrscht, weiß man nicht erst seit den weltweiten Protesten gegen die Mohammed-Karikaturen. Ceylan merkt es auch daran, dass sich immer wieder manche aus der türkischen Community empören, wenn er diese eher harmlosen Witze über seinen Vater macht. Der Vater sei eine Respektsperson, die man nicht lächerlich machen dürfe, heißt es dann. Er kontert gerne mit einem Gag: Sein Vater sage dazu nur: »Mir egal, solange du damit Geld verdienst.«

Man weiß wenig über die Person Bülent Ceylan, er hält sein Privatleben aus der Öffentlichkeit heraus. In der Mail seiner Managerin stand freundlich, aber bestimmt, er spreche nicht über seine Familie.

Das wenige, das man weiß, erzählt er meist auf der Bühne. Sein Vater kommt immer wieder vor, etwa wenn Bülent über Weihnachten bei Ceylans berichtet. Da sagt dann die Mutter: »Türk, hol den Baum.« Tatsächlich war der Ton im Hause Ceylan wohl weniger ruppig. Und es herrschte religiöse Vielfalt. Die Mutter feierte mit den Kindern Weihnachten, der Vater erinnerte sie an die muslimischen Feiertage wie Zuckerfest und Ramadan. »Meine Eltern haben mir freigestellt, ob ich Muslim werde oder Katholik. Heute glaube ich einfach an Gott«, sagt er und freut sich über die gelungene Formulierung.

Vater Ceylan ist als türkischer Gastarbeiter nach Deutschland gekommen, die Mutter ist eine Deutsche mit ungarischen Wurzeln und katholisch. Eine bunte Mischung – »eine super Mischung«, sagt Ceylan. Sein Vater habe sich seine Frau selber aussuchen wollen, deshalb sei es wohl eine Deutsche geworden. Ceylan weiß, dass es seine Mutter in der Verwandtschaft früher nicht immer leicht hatte mit der Wahl ihres Mannes. Als die Kinder geboren wurden, sagte eine Tante: »Erst hat sie einen Türken geheiratet, und jetzt kriegen sie so ein schwarzes Kind«, womit wohl Haarfarbe und Teint gemeint waren. Die Frau habe übrigens wieder Kontakt zu den Ceylans aufgenommen, als Bülent dann später im Fernsehen zu sehen war. »Aber da wollt' mei Mudder dann nicht mehr«, sagt Ceylan im Mannheimer Tonfall.

Bülent Ceylan ist als jüngster Sohn der Familie aufgewachsen. In der Schule sei er eher still gewesen, sagt er. Er habe sich von der Masse abheben wollen, nicht trinken und rauchen, weil das gerade als cool galt. Als äußeres Zeichen, dass er anders sein wollte, trug er damals keine Jeans wie alle anderen, er trug Cordhosen. »Ich galt als Eigenbrötler und auch als Streber«, sagt er. Die türkische Herkunft habe dabei keine Rolle gespielt. »Ich hatte nicht viele Freunde, das lag aber nicht daran, dass ich Türke war, sondern an den Cordhosen und so.«

Nach dem Abitur machte Ceylan Zivildienst und erste Praktika bei regionalen Radiosendern. Er spielte in einer Band und sang in kleineren Musicals. Im Studium dann unterhielt er die Kommilitonen mit Scharping- und Kohl-Parodien, bis ihn sein Professor fragte, ob er das nicht beruflich machen wolle. Das Politikstudium hat er dann nie beendet.

Schwer zu sagen, ob Ceylan mehr für das Image der Türken oder das der Mannheimer getan hat. Eine Stadt, die vor Xavier Naidoo und seinen »Söhnen Mannheims« kaum einer als kulturelles Zentrum wahrgenommen hat und in deren Identität immer auch ein gewisser Minderwertigkeitskomplex zu spüren ist. Ceylans Bühnenfigur Anneliese etwa verkörpert diese Gemütshaltung. Jene Pelzhändlersgattin, die Ceylan mit offenem Haar und Nana-Mouskouri-Brille spielt, erzählt mit aufgesetztem Hochdeutsch und nervösen Zuckungen von den Champagnerpartys und dem traurigen Ehealltag. Eine Schönheit mit Schrammen, die mehr gelten will, sich immer ein bisschen zurückgesetzt fühlt. Anneliese ist ein bisschen wie Mannheim.

»Eine echt schöne Stadt«, sagt Ceylan ohne alle Ironie. Es klingt eher nach einer Art Ruhrpottstolz auf eine Stadt, die nicht mit Äußerlichkeiten punkten kann, aber Charakter hat. Mannheim ist Heimat für Ceylan. Hier leben seine Eltern und Freunde. Mehr, als sich Ceylan je als Türke empfunden hat, fühlt er sich als Kurpfälzer. Ein halbes Jahr in Köln hat gereicht, damit ihm das klar wurde. Nach dem Praktikum beim Jugendsender Viva wusste er, dass er wieder nach Mannheim zurück will. Dort bekommt er Inspiration und Ideen, aus denen er später Nummern und Figuren entwickelt.

Ceylan hat keine Angst vor der Provinz. Auf der Bühne merkt man das bei den Nummern über deutsche Dialekte. Die werden bei ihm nicht denunziert. Dialekt bedeutet Herkunft. Und es sei doch gut, wenn man merkt, wo die Menschen herkommen, findet Ceylan. An dem Abend in Erlangen macht er Witze über die sprachlichen Eigenheiten von Franken und Bayern und dass sie ihn neulich in Hannover nicht verstanden haben. Da lachen alle, denn da zeigt ihnen der Türke, dass sie selbst recht unterschiedlich sind.

Die zwei Stunden im Nürnberger Hotel sind um. Ein Foto zum Abschied, Ceylan setzt sich in Pose, die Lederjacke quietscht. Dann packt er den Rollkoffer und die Gitarre. Unten wartet der Tourbus. Heute Abend spielt er in Ulm. Danach geht es zurück nach Mannheim. Zwei Wochen Tourpause.

Ich fahre mit dem Zug über Ansbach und Ellwangen in Richtung Stuttgart. Mittelalterliche Burgen und ein barockes Kloster fliegen am Zugfenster vorbei, die Wiesen leuchten in der Aprilsonne unglaublich grün. Ein Junge neben mir fragt seinen Vater: »Wann sind wir endlich in Baden-Württemberg?« Bei Aalen schaut ein junger Mann in Jeansjacke und mit Rucksack in meinen Laptop. Er habe nur gerade den Namen »Bülent Ceylan« auf dem Bildschirm gelesen, entschuldigt er sich in breitem Schwäbisch und strahlt: »Der Typ ist einwandfrei.« Er habe ihn live auf dem Wacken-Open-Air gesehen. Nie hätte er ihm zugetraut, dass er 30000 Heavy-Metal-Fans rockt. Aber Bülent Ceylan habe das geschafft.

»Wahnsinn, und das als Türk'.«

ERGUN CAN

Der gelernte Schwabe

Der Bahnhof ist eine offene Wunde. Jeder Durchreisende kann es sehen, die Baustelle, die Transparente, auf denen der Ministerpräsident und die Umweltministerin wie auf Fahndungsfotos abgebildet sind, die Mannschaftswagen der Polizei. Man weiß es natürlich auch aus den Fernsehnachrichten, Stuttgart, diese eigentlich bürgerliche, sortierte Stadt, ist zum Widerstandsnest geworden. Und spätestens seit die Kämpfe zwischen Bürgern und Polizei eskaliert sind, schaut die ganze Republik auf diese Stadt. Wie kann es sein, dass ein neuer Bahnhof solchen Zorn auf sich zieht? Reklamiert da eine kritische Öffentlichkeit mehr Teilhabe an politischen Entscheidungen, oder schlagen reflexhaft die alten Kader der Achtundsechzigerbewegung, inzwischen bürgerlich und arriviert, ihre letzte Schlacht?

Als ich Ergun Can treffe, ist noch nicht klar, dass dieser Protest in ein paar Wochen die Landesregierung aus dem Amt fegen wird, zusammen mit einem Ereignis im fernen Japan, das sich am Tag unseres Treffens ereignet. Ergun Can ist wütend an diesem Morgen. Er ärgert sich über die Integrationsdebatte der letzten Monate. Ja, das auch. Aber mehr noch ärgert er sich über die Proteste, die jetzt seit Monaten in der Stadt toben. Seit 2004 sitzt er im Stadtrat, hat viele lange Sitzungen zum Thema »Stuttgart 21« mitgemacht. Er kann nicht verstehen, dass die Bürger ihren gewählten Vertretern nicht mehr zutrauen, eine Entscheidung zu treffen, die die Zukunft der Stadt bestimmt. Das sei doch alles transparent gewesen, sagt er, jeder habe an den Gemeinderatssitzungen teilnehmen, seine Bedenken vorbringen können, auch Gerichte konnte jeder anrufen, der Zweifel hatte. Und das sei ja auch alles geschehen. Zwanzig Jahre habe man gestritten. Irgendwann müsse entschieden werden.

Er ist gekränkt, auch weil er den Bürgern immer gesagt hat, wer etwas durchsetzen will, muss in die Partei gehen und sich wählen lassen. Auch seinen türkischen Landsleuten hat er das immer gesagt, die sich manchmal allzu sehr bemitleiden. Hingehen, wählen lassen und dann mitmachen. Und jetzt kommt da eine Protestschickeria und will an allen Gremien vorbei ihren Willen durchdrücken.

Beteiligen, sich einbringen, das hat Ergun Can sein Leben lang gepredigt und auch dann durchgehalten, wenn es gerade kein Lob oder öffentliche Anerkennung dafür gab. Im Fußballverein, in der Narrenzunft, bei der Freiwilligen Feuerwehr, als ehrenamtlicher Betriebsrat und nun schon seit Jahrzehnten in der SPD. Jahrelang ist er zu jeder Ortsvereinssitzung in Degerloch gegangen, wurde irgendwann zum Ortsvorsitzenden gewählt, und dann hat er auch für den Gemeinderat in Stuttgart kandidiert. Dort sitzt er sich nun seit Jahren den Buckel in Rats- und Fraktionssitzungen krumm.

Wenn Can sich aufregt, wird er selten laut, seine Erregung kann man daran erkennen, dass die Sätze immer schneller seinen Mund verlassen. Wir sitzen beim Frühstück, das seine Frau Sermin gerichtet hat. Es gibt Butterbrezeln und türkischen Käse, dazu allerlei Gemüsepasten. Can muss sich seine Brezel von seiner Frau schmieren lassen, er trägt einen Gips am linken Arm, der in einer etwas unnatürlichen Haltung vom Körper abgewinkelt ist. Die Schulter ist gebrochen, wird von zwei Metallplatten und sieben Nägeln zusammengehalten. Nun ist er sechs Wochen krankgeschrieben und weitgehend bewegungsunfähig. Es ist beim Skifahren passiert. Seit vierundzwanzig Jahren fährt er mit Freunden in die Alpen, nie ist etwas passiert. Eine internationale Truppe aus Kanadiern, Österreichern und Deutschen, sie kennen sich seit dem Studium. Diesmal ist er kurz vor dem Lift ungünstig auf die Schulter gefallen. Sechs

Wochen, so lange habe er noch nie bei der Arbeit gefehlt, sagt er und beißt in die Brezel.

Ich traf Ergun Can das erste Mal vor ein paar Jahren, als ich über die Integrationspolitik in Stuttgart recherchiert habe. Damals saßen wir im Rathauskeller bei Käsespätzle und Radler, und Ergun Can berichtete von seiner Kindheit in Schramberg, dem kleinen Örtchen tief drin im Schwarzwald. Er berichtete von seiner Karriere auf dem zweiten Bildungsweg und seiner Arbeit im Gemeinderat. Er sagte damals: »Die Schwaben erkennen es an, wenn du etwas leisten willst.« Wenn man ein Musterbeispiel für gelungene Integration braucht, ist Ergun Can genau der Richtige.

Heute, in der kleinen, praktisch eingerichteten Wohnung in einem bürgerlichen Wohnviertel von Degerloch, mischt sich Skepsis in seine Worte. Es werde immer nur über das Migranten*problem* gesprochen, sagt Can an diesem Morgen. Nur langsam setze sich die Erkenntnis durch, dass die Migranten in Deutschland mehr Chance als Risiko seien. Das Sprachpotenzial etwa. Seine Tochter zum Beispiel spreche Türkisch und Deutsch von Haus aus, habe in der Schule Englisch, Französisch und auch noch Latein gelernt. Jetzt studiert sie in Amsterdam und lernt dabei Holländisch. Die internationale Ausbildung, die vielen Sprachen, das sind gute Voraussetzungen für eine internationale Karriere. Ob sie nach dem Studium wieder nach Deutschland zurückkommt? Ein halbes Schulterzucken, mehr erlaubt der Gips nicht. Can hofft es, weiß es aber nicht. Einen Studienplatz in Hohenheim, gleich vor den Toren von Stuttgart, hat sie damals jedenfalls abgelehnt. Deutschland ist längst nicht mehr so attraktiv, das bestätigen doch die täglichen Nachrichten.

Auf der anderen Seite kenne er hier in Deutschland eine junge Frau, erzählt Can, hier geboren, hochqualifiziert, aber mit türkischem Namen. Sie war auf der Suche nach einem Job, hat viele Absagen bekommen. Eine war besonders skurril. Man könne ihr die Stelle nicht geben, da sie zwar türkischstämmig sei, aber kein Türkisch spreche. Die Pointe: Türkisch war in der Ausschreibung gar nicht verlangt gewesen. »Das zeigt mir«, sagt Can, »dass manche Leute Migranten nur dann einstellen, wenn es für das Unternehmen einen Vorteil darstellt.«

Can hat das noch anders erlebt. Er war fünf Jahre alt, als er mit seiner Familie nach Schramberg kam. Was für ein Kontrast zu Istanbul, der großen Stadt, wo Ergun die ersten Jahre seines Lebens verbracht hatte. Der Vater hatte dort einen Laden gehabt, der lange die ganze Familie ernährte. Irgendwann ging das nicht mehr, die Cans folgten vielen ihrer Landsleute nach Deutschland. 1964 kam die Familie in das kleine Städtchen in dem engen Tal, wo der Winter besonders lange dauert und die Sonne früh hinter den Hügeln verschwindet. Ergun hatte Heimweh, tagelang sprach er mit seiner ganzen Familie kein Wort.

Die Gastarbeiter, die damals in den Schwarzwald kamen, arbeiteten meist in der Uhrenfabrik von »Junghans« oder in der Keramikherstellung. Erguns Vater arbeitete auf dem Bau. Die Familie lebte über einem Gasthaus, Ergun machte häufig seine Hausaufgaben unten im Wirtsraum.

Irgendwann hat Ergun erkannt, dass man auf die Menschen zugehen muss, wenn man anerkannt werden will. Mit elf Jahren geht er in den Fußballverein und zur Leichtathletik. Sogar für die traditionelle Fastnacht, wie sie in Schramberg jedes Jahr gefeiert wird, begeistert er sich. Als Kinder schauten sie zu, wie am Rosenmontag die Männer in den traditionellen Kostümen mit Holzmasken in einem Holzzuber die Schiltach hinuntertrieben. Das Brauchtum faszinierte ihn. Später gründete er zusammen mit einem Freund eine eigene Fastnachtsgilde und lernte sogar das traditionelle Handwerk der Maskenschnitzer. Er sei wohl der einzige Muslim, der dieses urkatholische Brauchtum pflege, sagt Can. Zumindest ist ihm bisher noch kein anderer begegnet. Noch heute, immer am Faschingsdienstag, versucht er auf dem Markt in Degerloch den Stuttgartern die

Schwarzwälder Fastnachtstraditionen nahezubringen. »Aber die haben dafür nur wenig übrig«, sagt er.

Den Eltern blieb die Welt, die den Kindern immer mehr zur Heimat geworden war, fremd. Sie fühlten sich nie recht wohl in dem Land, dessen Sprache sie kaum gelernt hatten. Als der Vater Anfang der Achtzigerjahre beschloss zurückzugehen, wollten alle drei Kinder bleiben, auch Erguns jüngster Bruder, der noch zur Schule ging. Die Familie trennt sich, die Eltern leben heute von ihrer Rente in der Heimat.

Ergun Can hatte sich damals für dieses Land entschieden. Er machte eine Lehre bei »Junghans« und arbeitete dort die ersten Jahre. Am Abendgymnasium holte er das Abitur nach und ging zum Ingenieurstudium nach Gießen. Bei der SPD in Schramberg, wo er schon ein paar Jahre Mitglied gewesen ist, sagten sie damals, jetzt hätten sie noch einen Akademiker mehr in der Partei. Heute arbeitet Can als Ingenieur im Vertrieb bei einem Automobilzulieferer in der Nähe von Stuttgart.

Sie planen gerade eine Ausstellung in Schramberg. Zum Jubiläum des Anwerbeabkommens sollen Migrationsgeschichten zusammengetragen werden. Auch die der Cans. Ergun Cans Schwester Nil Cramer, die noch dort lebt, hat dafür alte Fotos zusammengesucht. Auch ein alter Film aus der *Abendschau* ist dabei. Auf dem sieht man einen jungen Mann mit südländischem Aussehen bei der Prunksitzung im Festsaal des Gasthauses Bären fröhlich zwischen feiernden Schrambergern. Damals seien nur wenige Gastarbeiter im Ort gewesen, und es habe eine echte Willkommenskultur gegeben, sagt Can, und auch die Schramberger sehen das so. Inzwischen hat sich in dem kleinen Ort vieles verändert, der einstmals größte Arbeitgeber »Junghans« rutscht seit Jahren von einer Krise in die nächste und musste viele Menschen entlassen. Die Vereine haben Nachwuchssorgen, und die Migranten bleiben lieber unter sich im eigenen Fußballverein oder Teehaus. Ergun Can kann das verstehen, aber er hält es für falsch.

Deshalb hat er einen Inländerstammtisch angeregt. Er hat dieses Modell schon einmal erfolgreich in Stuttgart erprobt. Es geht darum, hier Geborene und Zugewanderte ins Gespräch zu bringen und gemeinsam über die Ortsanliegen zu sprechen. Am ersten Abend habe es großes Interesse gegeben, erzählt Can, jetzt müssen die Schramberger dafür sorgen, dass der Stammtisch zur Institution wird.

Die Probleme sind im Großen die gleichen wie im Kleinen, sagt Ergun Can. Zwar gilt Stuttgart als vorbildlich in seiner Integrationspolitik, die der legendäre Manfred Rommel in seiner Zeit als Oberbürgermeister auf den Weg gebracht hat. Rommel ist zwar längst im Ruhestand und schreibt nur noch ab und zu Kolumnen in der Zeitung, aber er prägt das liberale Klima der Stadt bis heute. Er hat damals eine Stabsstelle für Migration eingerichtet, die direkt dem Oberbürgermeister untersteht, und einen Ausländerbeirat, der hier Internationaler Ausschuss heißt. Früh wurde verhindert, dass sich Gettos in der Stadt bilden.

Trotzdem, es bleibe noch eine Menge zu tun in der Integrationspolitik, findet Stadtrat Can, auch in Stuttgart. Längst habe sich rund um manche Stuttgarter Moschee auch eine türkische Monokultur gebildet. Noch immer ist Can nur einer von zwei gewählten Stadträten, die nicht in Deutschland geboren sind. Erst neulich hat er eine Anfrage an die Stadt gestellt, wie viele Mitarbeiter mit Migrationshintergrund in der Stadtverwaltung arbeiten. Auf die Antwort wartet er noch, aber viele können es nach seiner Erfahrung nicht sein.

Längst ist Can so etwas wie ein gelernter Schwabe. Anfang der Neunziger schickte ihn sein damaliger Arbeitgeber Siemens für zwei Jahre nach Istanbul. Er konnte in der Zeit sein Türkisch verbessern, aber er merkte auch, wie deutsch er ist. Er störte sich an der Unpünktlichkeit der Busse und der Hierarchiegläubigkeit der Türken. Er erträgt es nicht, wenn er im Urlaub in der Türkei sieht, wie der Busfahrer den Müll irgendwo in die Landschaft wirft. Er hat den Mann auf Türkisch zur Rede gestellt.

Seine Frau meint, dass er zu unsensibel gegenüber den Türken ist, er aber sagt: »Das sind die kleinen Dinge, wo wir alle was tun können.«

Doch seit einiger Zeit sieht er bei seinen Besuchen auch ein Land, das immer moderner wird. In Istanbul gibt es heute etwa junge Paare, die sich in aller Öffentlichkeit küssen. Solche Äußerlichkeiten sind für ihn auch Zeichen einer tiefgreifenden Modernisierung. Die Türkei bietet viele Möglichkeiten für gut ausgebildete junge Menschen. Ein Land, das auf seine Zukunft setzt.

Beim letzten Besuch hat ihm eine Cousine, die bei der Stadtverwaltung in Istanbul arbeitet, Details vom U-Bahn-Bau in Istanbul geschildert. Lange hatte Istanbul die wohl putzigste Untergrundbahn der Welt. Der Tunnel ist kaum über 500 Meter lang. Aber 1875, bei der Eröffnung, war die Bahn eine Sensation und Istanbul eine der ersten beiden Städte der Welt mit einer Untergrundbahn. Einhundert Jahre lang blieb die Bahn im Stadtteil Beyoglu die einzige U-Bahn-Verbindung in der Millionenmetropole. »Der Tünnel« ist schon lange mehr Touristenattraktion als Verkehrsmittel.

Doch im Jahr 2000 hat in Istanbul das neue Zeitalter für den öffentlichen Nahverkehr begonnen. Damals wurde die Metro eröffnet, ein modernes Verkehrssystem. Auch die Verbindung mit dem asiatischen Teil der Stadt ist geplant. Eine Tunnelröhre unter dem Bosporus, und das in einem Gebiet, das erdbebengefährdet ist. Der Tunnel verläuft quer zu den Erdplatten, die unter dem Bosporus zusammenstoßen.

»Da kann man jetzt sagen, das ist doch verrückt«, sagt Can. »Aber was ist die Alternative?« Man könne in so einer Stadt wie Istanbul nur auf den Nahverkehr setzen, oder es kommt zum Verkehrsinfarkt. »Wissen Sie«, sagt Can, »die Türkei hat einen Altersschnitt von achtundzwanzig Jahren. Unserer liegt über vierzig. Das sind die Gesellschaften, mit denen wir künftig konkurrieren.«

Auch deshalb ärgert ihn der Widerstand gegen den Tiefbahnhof in Stuttgart. Weil er ihn für rückwärtsgewandt hält und weil sich an solchen Projekten auch die Zukunftsfähigkeit einer Gesellschaft zeige. Risiko oder Chance. In Stuttgart befürchten die Gegner zum Beispiel, der Bahntunnel könne wegen der geologischen Gegebenheiten voll Wasser laufen. »Wir haben die besten Experten mit der Planung und dem Bau betraut, und das sollen jetzt alles Deppen sein?«, schimpft er. Wenn eine Gesellschaft, die für ihre Ingenieurskunst weltbekannt sei, ihren Fachleuten nicht mehr traue, dann sei sie dabei, ihre Zukunft zu verspielen.

Es ist Nachmittag geworden. Can ist von einem aufs andere Thema gekommen. All diese Gedanken haben sich jetzt aufgestaut, seit er hier zu Hause sitzt. In den Nächten, die nicht vergehen wollen, weil er mit dem Gips kaum Ruhe findet. Seine Frau habe schon festgestellt: »Wenn du so viel zu Hause bist, ist es auch nix.« Nicht mal runter in den Keller kann er mit dem Arm und an seinen Masken herumschnitzen.

Dafür hat er genug Zeit, über seine politischen Pläne nachzudenken. Er ist seit einigen Jahren Bundesvorsitzender des Netzwerks türkischstämmiger Migranten, eines überparteilichen Zusammenschlusses. Als Vortragsredner für die SPD könnte er schon problemlos seine Tage füllen. Aus ganz Deutschland bekommt er Anfragen. Aber er kann solche Termine nur nach Feierabend wahrnehmen. Er mache derzeit zu viel ehrenamtlich, sagt er. Er ist sogar von der katholischen Kirche in einen Beirat für Migrationsfragen berufen worden – als Muslim. Vor solchen Ehrenämtern, die an ihn herangetragen werden, kann er sich kaum retten. Das ehrt, bringt ihn aber auch an den Rand seiner Kräfte. Ein Mandat wolle er auf alle Fälle, sagt er. »Mit meiner Biografie bin ich der klassische Gegenentwurf zu diesen Kandidaten, die direkt von der Uni kommen und nichts kennen als die Partei.«

Er wolle keine Ausländerpolitik machen, seine Themen seien Wirtschaft und Bildung, da könne er mitreden als einer, der

Lehre, Hauptschule, Abendgymnasium und Studium hinter sich habe. Bei der letzten Bundestagswahl wollte er in Stuttgart kandidieren. Doch da habe es geheißen, der Wahlkreis sei zu schwäbisch und vor allem zu protestantisch, als dass man einen Kandidaten mit Migrationshintergrund hätte ins Rennen schicken können. Cans Gegenkandidat wäre damals Cem Özdemir gewesen. Can hätte sich das spannend vorgestellt, und er findet, es wäre auch ein Zeichen von Normalität, wenn Türkischstämmige aus unterschiedlichen Parteien gegeneinander antreten.

Letztlich hat er dann zurückgezogen, weil er keine Kampfkandidatur wollte, wie er sagt. Can hält einen Moment inne. Dann sagt er: »Vielleicht bin ich da auch einfach zu zurückhaltend.«

Nachtrag: Ergun Can ist seinen Gips längst wieder los, es sieht so aus, als könnte er im nächsten Jahr wieder Ski laufen. In Stuttgart regiert jetzt der erste grüne Ministerpräsident Deutschlands. Am Stuttgarter Bahnhof haben sie die Fotos ausgewechselt, nun hängen dort Winfried Kretschmann und sein SPD-Vize Nils Schmid. Ergun Can hat für den SPD-Kreisvorsitz kandidiert und verloren. Sein Gegenkandidat hieß Dejan Perc, Kind jugoslawischer Einwanderer und stellvertretender Vorsitzender der Jusos Baden-Württemberg. Can verfolgt seine politische Karriere weiter.

BENJAMIN IDRIZ

»Deutschland ist mein Schicksal«

Die Frage, ob der Islam zu Deutschland gehört, ist seit ein paar Jahren ein beliebter Evergreen der Migrationsdebatte. Darüber kann man auch deshalb so trefflich streiten, weil keiner genau weiß, was das genau heißen soll. Schon immer? Seit einigen Jahrzehnten? Kulturell? Geschichtlich? Gesellschaftlich? Faktisch? Nach Schätzungen leben heute mehr als vier Millionen Muslime im Land, von denen 500 000 bis 600 000 regelmäßig eine Moschee besuchen. Man kann sich nur wünschen, dass sie sich diesem Land auch zugehörig fühlen.

Der Islam ist uns, der Mehrheitsgesellschaft, häufig nicht geheuer. Das liegt verständlicherweise an Terroristen, die im Namen Allahs Anschläge verüben, und auch an den manchmal ausweichenden Antworten von Muslimen, wenn man sie fragt, wie sie zu diesen Taten stehen. Es liegt an Berichten über Ehrenmorde, die der Religion zugeordnet werden, und vielleicht auch daran, dass in unserer modernen Gesellschaft die Räume für gelebte Religion eng geworden sind.

Auch Benjamin Idriz ist manchem nicht geheuer. Dabei hat er seine Gemeinde geöffnet, hat eine moderne Moschee gebaut. Er hat ein sehr ernsthaftes Buch mit dem launigen Titel *Grüß Gott, Herr Imam* geschrieben, in dem er seine Vorstellungen eines Islam in einer demokratischen Gesellschaft ausbreitet. Er hat diesem Buch den vielleicht etwas zu optimistischen Untertitel »Eine Religion ist angekommen« gegeben. Idriz möchte in München ein Zentrum für einen liberalen, europäischen Islam aufbauen. Darin wird er, was bemerkenswert genug ist, von allen Fraktionen des Münchner Stadtrats unterstützt.

Auf der anderen Seite wird die Moscheegemeinde Penzberg, deren Imam Idriz ist, seit 2007 regelmäßig im bayerischen Verfassungsschutzbericht genannt. Idriz soll Kontakte zu Extremisten gepflegt haben, wirft ihm die Behörde vor, die Gemeinde soll unter dem Einfluss des als islamistisch eingestuften Verbandes »Milli Görüs« gestanden haben. Na denn, grüß Gott, Herr Imam.

Die Tür zum islamischen Zentrum Penzberg steht offen. Ein eleganter gerader Bau aus Beton und Sandstein, die blaugläserne Fensterfassade ist nach Mekka ausgerichtet. Das Minarett glitzert silbern in der Sonne, der Turm ist aus Metall und raffiniert mit Arabesken durchbrochen. Dahinter strahlen die Alpen an diesem blitzblanken Frühlingstag. Der Schriftzug, der den Besucher am Eingang empfängt, ist golden. Auf Deutsch steht dort geschrieben: »Im Namen Gottes, des Allerbarmers, des Barmherzigen, ihr Menschen. Der Edelste vor Gott ist der Gerechteste unter Euch. Gott hat das wahre Wort gesprochen.«

Es ist Mittag, Benjamin Idriz kommt im schnellen Schritt aus seiner Wohnung im Obergeschoss des Moscheebaus, winkt mich mit einem Augenzwinkern in den Gebetsraum. Wir ziehen die Schuhe aus, er legt das Gewand des Imams an und setzt den hohen Hut auf. Eine Handvoll Männer knien sich auf den weichen Teppich des mit dem blauen Licht der Fenster durchfluteten Gebetsraums. »Allahu akbar – Gott ist groß«, betet einer von ihnen vor, die anderen nach. Idriz geht seitlich nach vorne, führt das Gebet jetzt im Wechsel mit einem Gemeindevorbeter. »Sami'a-allahu liman hamidan – Allah erhört den, der ihn lobpreist.«

Nach dem Mittagsgebet serviert Benjamin Idriz Tee im Versammlungsraum einen Stock höher und wirft sich dann auf das schwarze Ledersofa. Er trägt jetzt Jeans und ein weißes Hemd. Idriz sieht müde aus, gestern war er auf einer Veranstaltung in Starnberg, am Wochenende wird er mit dem Publizisten und Islamkritiker Henryk M. Broder auf einem Podium der Akademie in Tutzing streiten. Er ist ein gefragter Mann, daran haben die Querelen mit dem Verfassungsschutz nichts geändert.

Er hat die Geschichte schon oft erzählt. Er streitet die Telefonate mit dem Mann, den die Verfassungsbehörden für einen Drahtzieher im deutschen Islamismus halten, nicht ab. Auch habe die Gemeinde vor seiner Zeit Verbindungen zu »Milli Görüs« gehabt, aber das sei lange her.

Es ist eine verwickelte Geschichte, in der weder das bayerische Innenministerium noch der Verfassungsschutz eine allzu gute Figur machen. Aber auch Idriz hat Fehler gemacht. Er hat eine Erklärung des Innenministeriums unterschrieben, in der er »Milli Görüs« verfassungsfeindlich nennt, später hat er diese Erklärung widerrufen. Auch das findet sich später im Verfassungsschutzbericht. Die Gemeinde klagte dagegen und verlor zweimal.

Idriz hat in den letzten Jahren einen Crashkurs in Sachen politische Institutionen der Bundesrepublik durchgemacht. Das hat ihn aufgerieben und auch enttäuscht. Wer ihn für einen Extremisten halte, sagt er, der könne jede Woche seine Predigten auf der Homepage der Moschee nachlesen.

Ist Idriz tatsächlich zu liberal, um wahr zu sein? Oder vor allem zu liberal für jene, für die der Islam das neue, vielleicht letzte verbliebene Feindbild in unserer Gesellschaft ist? Er hat einflussreiche Fürsprecher wie den ehemaligen bayerischen Landtagspräsidenten Alois Glück. Bundesjustizministerin Sabine Leutheusser-Schnarrenberger hat seine Gemeinde bereits besucht wie auch der ehemalige israelische Botschafter Avi Primor. Und der US-Konsul in München schaut gerne zum Fastenbrechen vorbei und sagt öffentlich, jeder könne seine Rückschlüsse daraus ziehen, dass er diese Moschee besucht.

In Penzberg wird man keinen Bürger treffen, der offen ein schlechtes Wort über die Muslime und ihren Imam verliert. Selbst den Betreibern des islamophoben Internetportals »Politically Incorrect« ist es in einer Umfrage nicht gelungen, solche Äußerungen zu provozieren. Penzberg ist eher eine nüchterne Arbeiterstadt, keines dieser heimeligen bayerischen Örtchen.

Wer ein paar beschauliche Tage im Voralpenland verbringen will, bleibt eher am Starnberger See oder fährt weiter nach Kochel. Bis in die Sechzigerjahre war der größte Arbeitgeber das Kohlekraftwerk, danach MAN und heute ein großer Pharmakonzern. Die Industrie brachte Gastarbeiter aus der Türkei, später kamen auch Flüchtlinge aus dem ehemaligen Jugoslawien. Im Rathaus sitzt schon eine Weile ein sozialdemokratischer Bürgermeister.

Idriz ist gerade zweiundzwanzig Jahre alt, als er das Amt des Imams in Penzberg antritt. Eigentlich stammt er aus Mazedonien, doch bei einem Besuch in München lernt er seine spätere Frau kennen. Sie und ihre Eltern sind während des Bürgerkriegs aus Bosnien nach Deutschland geflohen. Sie beschließen zu heiraten und hier zu bleiben. Deutschland sei sein Schicksal gewesen, sagt Idriz. Die Moschee, die Imam Idriz in Penzberg antraf, war eine dieser typischen Hinterhofgemeinden.

Die ersten Jahre in Penzberg lebte Idriz selbst in einer Parallelgesellschaft. Anders als seine Frau, sprach er damals noch kein Deutsch. Außerdem absolvierte er neben dem Gemeindedienst ein theologisches Fernstudium. Die Gemeinde in Penzberg bestand damals aus zwei Gruppen: Bosniern auf der einen Seite und türkischen Gastarbeiterfamilien auf der anderen Seite. Es gab keine gemeinsame Sprache und viele Unterschiede in der Glaubensauffassung. Die Bosnier waren liberaler als die türkischen Gemeindemitglieder, die ihre Frauen nicht einmal am Freitag in die Moschee ließen, dafür waren die Bosnier nachlässiger im Moscheebesuch. Die ersten Jahre hatte Idriz alle Hände voll damit zu tun, seine eigene Gemeinde zusammenzuführen.

Idriz führte einen Gottesdienst für Frauen ein. Dort predigte er über die Rechte, die der Koran den Frauen zuspricht, und er bestärkte sie darin, dieses Recht auch zu Hause gegenüber ihren Männern durchzusetzen. Die Frauen kamen häufiger, bald auch freitags zum Gebet. Nicht jedem der alteingesessenen Gemeindemitglieder gefiel das. Es gab häufig Diskussionen in dieser Zeit und auch eine kleinere Abspaltung konservativer Gemeindemitglieder. Aber mit viel Geduld gelang dem jungen Imam schließlich die Modernisierung seiner Gemeinde. Heute können Frauen dort gemeinsam neben den Männern in der Moschee beten.

Idriz sagt, er habe den Islam immer als Religion der Freiheit verstanden, das habe ihn sein Vater gelehrt. Denn Idriz wurde als Sohn des Imams von Skopje geboren. Die Muslime bildeten in der mazedonischen Hauptstadt eine Minderheit und eine Gegengesellschaft zum herrschenden sozialistischen Regime. Erwuchs in der abgeschlossenen Gesellschaft auf, die die Muslime im sozialistischen Jugoslawien bildeten. Mit zwölf konnte er den Koran auswendig, der Vater schickte ihn nach Damaskus auf ein religiöses Gymnasium, er wünschte sich, dass sein Sohn ihm einmal als Imam in Skopje nachfolgt. In seiner Kindheit gab es wenig Platz für Spiel und die kleinen Freiheiten, sagt er.

Welche Möglichkeiten eine freie Gesellschaft auch für Muslime bietet, hat er dann nach und nach in Penzberg begriffen. 1997, er kann sich genau an das Jahr erinnern, da öffnete sich die Gemeinde nach außen. Es war der Geburtstag des Propheten, und der Imam lud die Bürger Penzbergs zum gemeinsamen Festessen in die Stadthalle, auch der Bürgermeister und die Pfarrer der beiden christlichen Gemeinden erschienen. Es ist der Beginn eines Dialogs gewesen, der bis heute nicht abgerissen ist.

Auch als dann in der Gemeinde Pläne reiften, eine eigene Moschee zu bauen, sprach der Imam sofort mit seinen Priesterkollegen und dem Bürgermeister. Es sollte ein modernes, offenes Haus werden. Auf ein hohes Minarett verzichtete Idriz, um der Diskussion auch diese Spitze zu nehmen. Niemand hatte etwas gegen den Bau einzuwenden. Zuerst erwarben sie das Grundstück im Industriegebiet, dann wurden die Pläne gemacht. Es war klar, dass es ein einladendes Gebäude sein soll.

Das Gelände konnte die Gemeinde gerade noch selbst aus Spenden finanzieren, doch für das Gebäude reichten die Mittel nicht. Idriz versuchte, seine Kontakte, die er in Skopje, Damaskus und anderswo hat, spielen zu lassen. Er flog schließlich auch in die Vereinigten Arabischen Emirate, um Geld aufzutreiben. Auf Vermittlung eines Freundes bekam er die Chance, beim Sultan von Sharjah vorzusprechen: Sultan Al Qasimi, einerseits der konservativste Emir des Landes, andererseits einer, der sich immer für westliche Kultur interessiert hat und stolz den Doktorgrad einer englischen Universität trägt. Al Qasimi ließ sich vom Imam von Penzberg das ehrgeizige Projekt vorstellen und legte am Ende fast 400 000 Euro dazu. Der Sultan habe dafür nie etwas verlangt, sagt Idriz. Trotzdem wurde auch dieses Detail im Verfassungsschutzbericht kritisiert.

Die Eröffnung der Moschee 2005 geriet für oberbayerische Verhältnisse recht pompös. Als Ehrengast mit dabei der Sultan von Sharjah. Es gab einen Empfang im Rathaus für den Staatsgast vom Golf. Der revanchierte sich später mit einer Gegeneinladung. Bürgermeister, Imam und eine Abordnung des Stadtrats flogen zum Höflichkeitsbesuch ins Emirat.

Jetzt steht sie da, die Moschee, modern und transparent, zwischen Getränkemarkt und Autohaus. Gegenüber ein Haus, das mit einer bayerisch-barocken Lüftlmalerei mit drei Hirtenjungen verziert ist. Einer der Buben zeigt dem Gotteshaus sein bloßes Hinterteil. Aber das scheint niemanden zu stören. Im Untergeschoss der Moschee gibt es eine Bibliothek, in der auch kritische Schriften zum Islam stehen. Es gibt Seminarräume, in denen Deutschkurse und Einbürgerungsseminare stattfinden. Ein Plakat mit einer strahlenden jungen Frau lädt zu den »Penzberger Berufscafé-Gesprächen«, die jeden Donnerstag in den Gemeinderäumen abgehalten werden und wo Azubis oder Abteilungsleiter aus Unternehmen über ihre Arbeitswelt berichten.

In nur fünfzehn Jahren, seit Idriz Imam in Penzberg ist, hat der Mann mehr erreicht, als er sich jemals vorstellen konnte. Doch dabei soll es nicht bleiben. Er träumt davon, einen liberalen Islam in Deutschland zu verankern, vielleicht sogar in ganz Europa. Den Islam, so wie er ihn versteht: weltoffen, friedlich, demokratisch.

Zusammen mit einigen Muslimen und einem katholischen Theologen der Münchner Universität hat er deshalb das ZIE-M auf den Weg gebracht, das »Zentrum für Islam in Europa – München«. Hier sollen Imame auf Deutsch ausgebildet und der europäische Islam auch wissenschaftlich vorangetrieben werden. Auf der Internetseite des Projekts steht, das Zentrum soll frei von den theologischen Einflüssen der Herkunftsländer sein. Ein Zentrum für einen liberalen Islam. Idriz sagt: »Von München kann ein Zeichen ausgehen, dass ein Islam mit europäischen Erfahrungen möglich ist.«

Wie so ein Islam aussehen könnte, hat Idriz erst am Abend vorher im Gemeindezentrum Starnberg erklärt. Starnberg ist ein anderes Pflaster als Penzberg. Eine der wohlhabendsten Gemeinden Deutschlands, sie liegt im Speckgürtel von München. Der Wohlstand ist hier sehr deutsch, die muslimische Gemeinde klein. Am Bahnhof demonstrieren an diesem Abend Eltern mit ihren Kindern gegen Atomenergie, die Schilder mit der roten Sonne auf gelbem Grund sind säuberlich laminiert, dahinter in der Fußgängerzone rangieren Porsche und Tuaregs.

Geladen hat der Freundeskreis der Evangelischen Akademie Tutzing. Im Publikum sitzen viele ältere Herrschaften, darunter viele Akademiker. Aus der muslimischen Gemeinde ist keiner gekommen. Idriz spricht davon, dass die Scharia im Koran nicht vorkomme, er distanziert sich ungefragt von Gräueltaten, die im Namen des Islam verübt werden. Er erklärt, dass die Gleichberechtigung schon im muslimischen Schöpfungsbericht angelegt sei, weil die Frau nicht aus der Rippe des Mannes, sondern aus der gleichen Substanz geschaffen worden sei. Er zitiert am Ende das Grundgesetz.

Im Publikum ist es derweil immer unruhiger geworden. Jetzt melden sich die Zuhörer zu Wort, mit Zetteln, auf denen sie sich Koranzitate notiert haben. Was sagen Sie zur Erlaubnis des Korans, gegenüber Ungläubigen zu lügen? Diese Erlaubnis stehe in seinem Koran nicht, sagt Idriz, und er könne ihn immerhin seit seinem zwölften Lebensjahr auswendig. Im Übrigen gelten Christen und Juden im Islam nicht als Ungläubige. Er sagt, dass man den Koran natürlich interpretieren müsse und dass manche »dunklen Verse« nur über seine Zunge, »nicht aber in meinen Kopf kommen«. Dass er also nicht anders mit dem Koran umgehe als viele Christen mit den blutrünstigen Stellen des Alten Testaments. »Schön für Sie«, sagt da ein Zuschauer unbeeindruckt und will wissen, für wie viele der Muslime er denn spreche? Er fühle sich als Sprecher der schweigenden Mehrheit der Muslime, sagt Idriz. Jene überwiegende Mehrheit, die in keiner Gemeinde organisiert ist. Das Misstrauen im Raum bleibt greifbar.

Die Stimmung sei schlechter als direkt nach dem 11. September, sagt Idriz nach der Veranstaltung. Inzwischen rede keiner mehr vom Terror. Jetzt werde die Integrationsfähigkeit der Muslime insgesamt angezweifelt. Wie soll man das entkräften? Kann man von einer weitgehend verweltlichten Gesellschaft überhaupt erwarten, dass sie gegenüber einer Religion noch Vertrauen empfinden?

Idriz scheut deshalb auch nicht vor Terminen zurück, die vermutlich mancher katholische Priester ablehnen würde. Er traf sich etwa im Beisein der Presse mit Dietmar Holzapfel, einem der beiden Geschäftsführer der »Deutschen Eiche« in München. Die »Deutsche Eiche« ist seit Jahrzehnten ein Fixstern der Schwulenszene, neben einem Restaurant und Hotel besteht Holzapfels kleines Imperium mitten im Glockenbachviertel aus einem Saunaklub im Untergeschoss, bei dem sich die männlichen Besucher durchaus näher kommen sollen.

Idriz stellte sich der Diskussion mit dem schwulen Gastronomen, der in seiner Jugend Theologie studierte. Sie diskutieren im Gastraum über Bibelstellen und darüber, was der Koran zur Homosexualität sagt. Am Ende erklärt Idriz, er werde Homosexualität nicht propagieren, aber ob sie eine Sünde sei, die bestraft wird, könne nur Gott alleine entscheiden.

Wenn man Idriz so sprechen hört und sieht, was er in Penzberg erreicht hat, und wenn man sein Buch liest, kommt man auf den Gedanken, ihn einfach an seinen Taten und Worten zu messen. In den Augen von Staatsschützern ist das vielleicht naiv. Genauso naiv, wie zu denken, dass einer, der als Imam, aus einem konservativen islamischen Elternhaus stammend, heute in der Schwulenszene theologische Debatten führt, sich vielleicht mehr an die Gesellschaft angepasst hat, als dass er sie noch umstürzen könnte.

Deshalb stehen Idriz und seine Gemeinde nun auch wieder im aktuellen Verfassungsschutzbericht, und zwar so ausführlich wie nie zuvor. Es gibt keine neuen Fakten zu berichten. Es wird nur referiert, wie sich die Gemeinde vor Gericht gegen die Vorwürfe gewehrt habe. Aber die Erwähnung ist mehr als ein Schandfleck. Der Gemeinde wurde zwischenzeitlich die Gemeinnützigkeit aberkannt, neben den finanziellen Auswirkungen hatte das auch zur Folge, dass Schulklassen die Moschee eine Zeit lang nicht mehr besuchen durften.

Immerhin kommen jetzt Signale aus dem Innenministerium, dass nichts mehr gegen die Gemeinde vorliege. Wenn es dabei bleibt, wäre die Gemeinde Penzberg 2012 diesen Makel los. Wenn nicht, gerät auch das ZIE-M in Gefahr, selbst wenn die Fraktionen im Münchner Stadtrat bislang weiter zu dem Projekt stehen.

Ja, sagt Idriz an diesem Mittag, die Debatten und juristischen Auseinandersetzungen hätten ihn müde gemacht. Er habe das Gefühl, seine Familie zu stark zu vernachlässigen und auch seine Gemeinde. Sich um die Gläubigen zu kümmern sei doch schließlich seine Hauptaufgabe. Seit zwei Jahren hat er diese stechenden Kopfschmerzen. Vor allem in Stresssituationen und wenn der Arbeitsdruck besonders hoch ist. Tabletten helfen nur noch wenig, er sei zweimal deswegen im Krankenhaus gewesen. Die Ärzte nehmen an, dass die Schmerzen psychosomatisch sind. Vielleicht müsse er einfach mal Urlaub machen.

Das Telefon klingelt. Benjamin Idriz richtet sich auf, geht nach nebenan und hebt ab. Ein Mann aus München sagt, er habe von dem Islamzentrum gelesen, das in seiner Nachbarschaft geplant sei. Nun wolle er sich als Bürger seine eigene Meinung bilden. Ob der Imam nicht Zeit habe für ein Gespräch? Idriz seufzt, schaut in seinen Kalender. Morgen nach dem Mittagsgebet habe er Zeit. Er solle in der Moschee vorbeikommen.

Die Tür ist offen.

3

Angekommen –

wenn Herkunft kaum noch eine Rolle spielt

Es war im November, die Sarrazin-Debatte begann leicht abzuebben, da meldete sich der Berliner Autor Nicol Ljubić in der *taz* mit einem zornigen Statement zu Wort.

Er habe seit seiner Geburt die deutsche Staatsangehörigkeit, seine Mutter auch, und sein Vater, der aus Jugoslawien zunächst nach Frankreich geflohen war, habe sie für 750 Euro Verwaltungsgebühr bekommen. Weil der Vater dort arbeitete, kam Ljubić zufällig in Zagreb auf die Welt, besuchte verschiedene Kindergärten und deutsche Schulen in Europa, bevor er in Berlin heimisch wurde.

All das habe in den letzten Jahren, die er als Autor in der Öffentlichkeit stand, selten eine Rolle gespielt. Doch seit ein Bundesbanker die Deutschen das Fürchten gelehrt habe, sei das anders.

»Seit der Debatte bekomme der nichtdeutsche Teil in mir eine Bedeutung, die er vorher nicht hatte, weil er für mich zu einem Symbol wird für eine moderne Gesellschaft, wie ich sie mir wünsche«, schreibt Ljubić und ist selbst erstaunt über seine Wut. Er habe seinen Kindern bewusst seinen Namen gegeben, weil sich dieses Land endlich daran gewöhnen müsse, dass Deutsche Ljubić heißen oder Özbek.

Als ich das lese, stecke ich gerade mitten in den Vorbereitungen für dieses Buch. Ich durchforste Zeitungsarchive und das Internet nach Leuten, die schon wegen ihres Namens mutmaßlich einen Migrationshintergrund haben, krame in meinem Gedächtnis nach Menschen, die mir begegnet sind und die selbst oder deren Eltern aus einem anderen Land kommen.

Und so interviewe ich dann den Türken Taner G., der in München geboren ist, und den Schriftsteller Kermani, der einen deutschen Pass hat. Ich versammle sie unter dem Merkmal »Menschen mit Migrationshintergrund«, ohne genau zu wissen, ob das überhaupt das prägendste Teil ihrer Person ist. Reduziert ein solches Buch die Menschen nicht auch wieder auf ihren Migrationshintergrund oder »Migrationsvordergrund«, wie die Fernsehmoderatorin Dunja Hayali gerne etwas provokant sagt, weil er ja ständig Thema ist?

Wann hört das auf? In der dritten Generation oder tatsächlich erst, wenn Nicol Ljubićs Kinder ihren Namen in »Lubitsch« geändert haben, wie er befürchtet?

Die gut Integrierten fallen nicht auf. Der indischstämmige Arzt im Krankenhaus nicht und der britische Dirigent einer schwäbischen Blasmusikkapelle auch nicht. Da wird dann allenfalls der Akzent charmant gefunden.

Wenn sich diese Leute in der politischen Debatte zu Wort melden, wird ihnen gerne mal vorgehalten, sie seien ja die Vorzeigemigranten. Ihr Beispiel lasse keine Rückschlüsse auf den Stand der Migration zu.

Eine zweifelhafte Behauptung. Gelungene Integration ist in diesem Land die Regel, nicht die Ausnahme. Aber sie ist, und das liegt in der Natur der Sache, nicht so leicht sichtbar. Am ehesten vielleicht noch bei Menschen, die in der Öffentlichkeit stehen und bei denen man schon fast vergessen hat, dass sie fremde Wurzeln haben.

DUNJA HAYALI

Plötzlich steht der Hintergrund im Vordergrund

Die Redakteurin einer renommierten Zeitung ruft bei der bekannten Fernsehfrau Dunja Hayali an, man möchte sie als Muslimin ein paar Dinge fragen. Gerne, sie sei aber gar keine Muslimin, erklärt Dunja Hayali. Ihre Familie habe im Irak zur christlichen Minderheit gehört. Ach, ob denn nicht alle Perser Muslime seien, fragt da erstaunt die Redakteurin. Iraner seien Perser, erklärt Hayali geduldig. Sie dagegen sei Irakerin. Iraker sind Araber, und deshalb sei auch sie selbst Araberin. Und Deutsche natürlich. Aber eben keine Perserin.

»Und Muslimin«, ergänzt die Redakteurin.

»Nein, immer noch nicht«, sagt Hayali, jetzt schon etwas genervt, weil ihr völkerkundlicher Schnellkurs so gar nicht auf fruchtbaren Boden fällt. »Wir wollten aber mit Muslimen reden«, sagt die Redakteurin jetzt enttäuscht. Dann mache das Interview leider keinen Sinn. Die Redakteurin legt auf.

Vielleicht sagt dieser Dialog, den Hayali der *Zeit* zur Veröffentlichung überlassen hat, mehr über den Berufsstand des Journalisten aus als über den Stand der Migrationsdiskussion in Deutschland. Aber Dunja Hayali findet das Erlebnis durchaus symptomatisch.

»Das ist ein Teil des Problems«, sagt sie, »dass viele, selbst angeblich Gebildete, nicht Islam von Islamismus unterscheiden können, Schiiten nicht von Sunniten und diese wiederum nicht von orientalischen Christen.« Da klingt natürlich auch die gekränkte Nachrichtenfrau durch, die merkt, dass sie mit dem öffentlich-rechtlichen Bildungsauftrag offenbar an Grenzen stößt.

Wir sitzen im »Salon Schmück«, mitten in Kreuzberg. Draußen vor dem Gastraum mischen sich an diesem Mittag Anzugträger, Punks und Obdachlose. Dunja Hayali liebt den
Wrangelkiez, den Mix unterschiedlichster Nationen und Milieus. Ein bisschen Multikultiseligkeit im einstigen Problem-
viertel.

Keiner, der Dunja Hayali interviewen will, kommt am »Salon
Schmück« vorbei. Interviews verlegt sie mit Vorliebe hierhin.
Als sie vorhin in Trainingsjacke und Jeans das Café betrat, galt
ihr erster Gruß dem Haushund. Dann ein kurzer Schnack mit
der Küchenkraft. Das »Schmück« ist ihr Wohnzimmer. Dafür
liebt sie Kreuzberg, hier zückt keiner die Handykamera, wenn
sie morgens ungeduscht mal eben Brötchen holen geht. »Hier
ist egal, was du bist«, sagt sie.

Als sie 2007 beim ZDF anfing, waren die Zeitungen ganz aus
dem Häuschen, dass das ZDF nun eine Moderatorin mit Migrationshintergrund verpflichtet. Da war sie knapp dreiunddreißig
Jahre alt, und es war das erste Mal, dass ihre Herkunft wirklich
zum Thema gemacht wurde. »Verrückt, nicht?«, sagt Dunja
Hayali und lacht.

Man darf sich die Kindheit und Jugend von Dunja Hayali sehr
geborgen vorstellen. Der Vater ist als Arzt in der kleinen Gemeinde Datteln im Kreis Recklinghausen sehr angesehen. Die
Mutter ist die Sprechstundenhilfe. Dunja hat zwei Geschwister.
Das auffällige zeltförmige Haus der Eltern hat eine stets offene
Tür für Freunde. Nationalität spielt dort keine Rolle und die
Religion auch nicht. Dunja ist als Kind Messdienerin, bricht
allerdings mit der Kirche, als ihr am Heiligabend das neue Fahr-
rad vor dem Gotteshaus geklaut wird. Die Eltern akzeptieren
ihre Entscheidung.

»Die Religion hat uns sicher einiges erleichtert«, sagt sie
und meint damit, nicht muslimisch aufgewachsen zu sein. Die
Kämpfe, die sie als Teenagerin kämpfen musste, waren über-
schaubar, wahrscheinlich die gleichen wie in deutschen Familien

auch. Spätes Ausgehen und Übernachtungen bei Freunden hatte schon die elf Jahre ältere Schwester durchgekämpft. Die Feiern im Hause Hayali waren unter den Schulkameraden in jeder Hinsicht legendär.

Als Anfang der Neunzigerjahre eine Welle der Ausländerfeindlichkeit hochbrandete, Asylbewerberheime brannten, haben die Mitschüler gesagt: »Wenn es noch schlimmer kommt, verstecken wir dich bei uns im Keller.« Das war ein bitterer Witz, mehr nicht.

Eine ganz normale Kindheit in Deutschland also? Fast. Einmal, erinnert sie sich, habe der Vater zu ihr gesagt: »Denk daran, dass du hier immer Ausländerin bist.« Sie hat sich dagegen gewehrt. Schließlich war sie in Datteln geboren und zur Schule gegangen, hat dort jede Menge Freunde. »Ich habe damals so in meiner Ich-bin-hier-zu-Hause-Glocke gelebt, dass ich das überhaupt nicht verstanden habe«, sagt sie.

Der Satz des Vaters blieb damals einfach so im Raum stehen. Vielleicht wäre es gut gewesen, wenn der Vater ihn seiner Halbwüchsigen näher erläutert hätte. Dunja Hayali erklärt sich die Äußerung heute so: Er habe damals wohl gemeint, sie müsse darauf gefasst sein, dass manche Menschen ihr den Erfolg neiden könnten, weil sie denken, dass sie eigentlich nicht hierher gehört.

Der Vater sollte damit nicht recht behalten. Sie kann sich nicht an Anfeindungen oder Ausgrenzung erinnern. Auch später an der Sporthochschule und bei ihren ersten Jobs in der Medienwelt war ihre Herkunft kein Thema. Da war es schon schwerer, als weibliche Fußballreporterin in der Männerwelt ernst genommen zu werden. Aber auch das ist ihr schließlich gelungen.

Als sie dann von Klaus Kleber für das *heute journal* verpflichtet wurde, hat er sie gleich darauf vorbereitet, »dass da was kommen könnte«. Doch dass die mediale Welle mit einer solchen Wucht kam, hat Dunja Hayali dann doch überrascht.

»Neues aus Bagdad«, »Migration als Zusatzqualifikation« oder »Bagdad ist auch Heimat«, das sind nur ein paar der dezenteren Schlagzeilen, die sie sich gemerkt hat. Sie hat zu Hause noch den dicken Stapel mit Interviews. Geduldig hat Dunja Hayali damals die immer gleichen Fragen beantwortet. »Was bedeutet es für Sie, dass Sie nun jeden Tag der Fernsehnation die Welt erklären dürfen? Und was bedeutet es für das ZDF mit seinem geringen Anteil an Einwanderern vor der Kamera?«

Spätestens da wurde deutlich, dass die Stelle des täglichen Welterklärers im ZDF im Ansehen der Fernsehnation womöglich noch vor dem Papst rangieren könnte. Und ihr war klar, dass sie nun für viele eine Symbolfigur war.

Dunja Hayali genießt es nicht gerade, prominent zu sein. Statussymbole sind ihr bis heute nicht wichtig, Leute, die mit dicken Uhren und großen Autos protzen, findet sie tendenziell unsympathisch. Auf dem Teppich bleiben, das hat sie von zu Hause mitgenommen.

Ihre Eltern haben die Entscheidungen ihrer Tochter akzeptiert, dass sie nicht auf ein Tennisinternat gehen wollte, obwohl sie das Zeug zu einer Profikarriere gehabt hätte. Ihr Vater hat lange gehofft, dass sie einmal Medizinerin wird wie er. Das habe er sich wohl noch bis vor vier, fünf Jahren gewünscht. Heute ist er trotzdem stolz auf seine Tochter. »Offenbar haben meine Eltern alles richtig gemacht«, lacht Hayali.

Bis hin zu der Entscheidung, auf Dauer in Deutschland zu bleiben. Manchmal denkt Dunja Hayali darüber nach: Was wäre wohl gewesen, wenn ihr Vater, wie das eigentlich geplant war, kurz vor ihrer Geburt mit der Familie zurück in den Irak gegangen wäre? »Vielleicht wäre ich dann heute verheiratet und hätte fünf Kinder«, wer weiß das schon? Oder sie wäre längst nicht mehr in dem Land wie ihre Verwandten, die heute über den Globus verteilt leben, weil die Situation für Christen im Irak seit dem Einmarsch der US-Armee immer schlimmer geworden ist. Zum Glück haben dem Vater schon damals alle Verwandten im

Irak abgeraten, und auch Dunjas Mutter wollte auf keinen Fall zurück.

Es sind diese Zufälle, die Leben lenken. Dunja Hayali lebt jetzt mit einer Frau, der Sängerin Mareike Arning, hier in Kreuzberg zusammen und gehört, ob sie will oder nicht, zur Prominenz des Landes.

Irgendwann hat sie gelernt, mit der Rolle umzugehen. »Ich nutze meine Prominenz heute gnadenlos aus«, sagt sie. Sie engagiert sich gegen Rechtsextremismus und für Integrationsinitiativen, geht an Schulen mit hohem Migrantenanteil und spricht mit den Jugendlichen dort. Eine Menge Einsatz für die gute Sache. Als Gutmenschentum würden Zyniker dieses Engagement vielleicht abstempeln. Aber Dunja Hayali kümmert das nicht, sie hat gemerkt, wie viel man dabei bewirken kann. Das sei das wirklich Schöne daran, prominent zu sein: Man könne die Aufmerksamkeit auf bestimmte Themen lenken.

Also hat sie sich in die Migrationsdebatte eingemischt, hat Interviews im Fernsehen gegeben und hat einen bemerkenswerten Beitrag in der *taz* geschrieben. Darin ärgert sie sich über das Wort der Kanzlerin: »Multikulti ist tot.« »Was wollte sie mir damit sagen?«, fragt Dunja Hayali. »Dass es keine Vielfalt in Deutschland gibt? Bin ich nicht deutsch, obwohl ich in Deutschland geboren bin? Bin ich fremd im eigenen Land? Sicher nicht. Es geht also um Identität«, schreibt Hayali.

Um wessen Identität, Frau Hayali? »Na, um die deutsche«, antwortet sie, wuschelt sich einmal durch die schwarzen Haare. Vielleicht sei die Migrationsdebatte eigentlich Teil der Selbstvergewisserung der deutschen Volksseele. »Vielleicht geht es ja bei der Ablehnung von Einwanderern auch darum, im eigenen Land den Überblick zu behalten, indem man in ›Die‹ und ›Wir‹ unterscheidet«, sagt Hayali.

Die Welt werde doch immer heterogener. Wer versteht noch die Euro-Rettungsschirme, kommt nun die Inflation oder nicht? Und wie muss man die Aufstände in Tunesien, Syrien und Jemen einordnen? Sie sitzt selbst fast täglich als Moderatorin des Morgenmagazins an der Mündung des Nachrichtenstroms, der sich jeden Tag über die Fernsehnation ergießt, und versucht, als Journalistin einzuordnen und zu erklären. Aber oft kommt auch sie als Profi an ihre Grenzen.

Nun kann man mit der Globalisierung heute so ungefähr alles erklären. Doch offensichtlich ist, dass die Frage nach der eigenen Identität immer dann mehr in den Mittelpunkt rückt, je unübersichtlicher die Lage wird. So gesehen ist es nicht verwunderlich und auch legitim, wenn sich die Deutschen fragen, was ist das eigentlich, »deutsch«.

Man kann das besonders gut erkennen, wenn man über die deutsche Schuld am Holocaust nachdenkt. Dieses Geschichtskapitel prägt das deutsche Selbstverständnis mehr als vieles andere und reicht heute noch tief in aktuelle politische Debatten. Doch welches Verhältnis haben Menschen zu dieser Geschichte, die zwar einen deutschen Pass besitzen, aber auch fremde Wurzeln?

Natürlich sei es wichtig, immer wieder an den Völkermord der Nazis zu erinnern, sagt Hayali, als einen wichtigen Teil der Geschichte dieses Landes. Aber in ihrer Familie kann es schon aufgrund der Herkunft niemanden geben, der Täter oder Opfer dieses Regimes war. Sie sei Deutsche, ganz klar, aber die historische Last des Tätervolks empfinde sie persönlich nicht. Deshalb kann sie auch ganz befreit mit einem ihrer besten Freunde, einem Juden, über Juden- und Araberklischees lachen, sagt sie. »Da würde mancher schwer schlucken, wenn er das hört.«

Man könnte von der Gnade der fremden Geburt sprechen. Dieser entspannte Umgang mit deutschen Tabus, die es aus gutem Grund gibt, muss Herkunftsdeutsche verunsichern. Hier wird an einem besonders empfindlichen Punkt deutlich: Mit der wachsenden Zahl von Bundesbürgern fremder Herkunft brechen auch altbekannte bundesrepublikanische Debattenmuster auf, die lange identitätsstiftend waren. Tabus fallen, weil sie von den neuen Deutschen nicht als solche empfunden werden. Das kann auch aufgeklärte Geister verunsichern.

Es ist Nachmittag geworden im »Salon Schmück«. Inzwischen sind die Punks und Anzugträger von den Latte-Macchiato-Zirkeln der Kiezmütter verdrängt worden. Dunja Hayali ist optimistisch. »In zwanzig Jahren wird diese Integrationsdebatte kein Thema mehr sein«, sagt sie und wuschelt sich noch mal durchs dichte Haar. Dann seien fremde Wurzeln in diesem Land etwas völlig Normales. »Bis dahin müssen wir eben durchhalten.«

NAVID KERMANI

Die deutsche Sprache als Heimat

Wie viele Identitäten kann ein Mensch haben? Der Schriftsteller Navid Kermani hat zumindest zwei Staatsbürgerschaften. Damit hat er Glück. Da der Iran seine Bürger in der Regel nicht aus ihrer Staatsbürgerschaft entlässt, erlaubte ihm der deutsche Staat, beide Pässe zu behalten. Eine Ausnahmeregelung, denn Deutschland ist bei Doppelstaatsbürgerschaften vergleichsweise streng. Geteilte Identitäten könnten zu Loyalitätskonflikten führen, so fürchtet man, und es wird von jungen Migranten verlangt, dass sie sich mit dem achtzehnten Lebensjahr für eine ihrer beiden Staatsbürgerschaften entscheiden.

Man kann es aber auch sehen wie der amerikanische Philosoph Michael Walzer: »Wenn ich mich sicher fühle«, schreibt er, »werde ich eine komplexere Identität annehmen, mich mit mehr als einer Gruppe identifizieren. Ich werde Amerikaner, Jude, Ostküstenbewohner, Intellektueller und Professor sein. Man stelle sich eine ähnliche Vervielfältigung der Identitäten überall auf der Erde vor, und die Erde beginnt, wie ein weniger gefährlicher Ort auszusehen. Wenn sich Identitäten vervielfältigen, teilen sich Leidenschaften.«

Vielfältige Identitäten als Waffe gegen Extremismus und Fundamentalismus? Darüber könnten Innenpolitiker einmal nachdenken.

Der Schriftsteller Navid Kermani besitzt viel Leidenschaft – und eine Menge Identitäten, in denen sie aufgehen kann. Zuallererst die Sprache. Deutsch sei für ihn Heimat, sagt Navid Kermani. Genauer, das geschriebene Deutsch, denn er spricht noch immer lieber Persisch. Im Ausland sucht er daher zuerst nach deutschen Zeitungen. Und wenn es um sein eigenes Schreiben geht, gibt es für den Schriftsteller ohnehin nur eine Sprache. »In dieser Hinsicht bin ich regelrechter Nationalist«, hat er in seinem Buch *Wer ist wir?* geschrieben, in dem er seine Aufsätze zum Thema Identität und Migration zusammengefasst hat. »Diese geschriebene deutsche Sprache ist meine Heimat, nur sie atme ich, nur in ihr kann ich sagen, was ich zu sagen habe.« Wenn er Buchhandlungen entdeckt, die seine Bücher unter Migrantenliteratur einsortiert haben, bittet er inzwischen darum, sie dort rauszunehmen. Er sei ein deutscher Schriftsteller – so deutsch wie Franz Kafka.

Wir sitzen im Frühstücksraum eines Stuttgarter Hotels, in dem ihn die Veranstalter eines Literaturabends untergebracht haben. Navid Kermani löffelt ein bescheidenes Müsli und lässt den Rest des reichhaltigen Büfetts links liegen.

Er hat wenig Zeit. Auf seinem Schreibtisch zu Hause in Köln warten tausend Seiten Manuskript, die überarbeitet werden wollen. Es ist sein großer Roman. Der Abgabetermin des Verlags drängt. Länger als eine Stunde könne er ohnehin nicht über sich reden, sagt er, sonst bekomme er Kopfschmerzen. Die Zeit läuft also.

Er schaut auf die Zeitung am Tisch nebenan, sofort ärgert er sich. »Islam gehört nicht zu Deutschland«, steht da mal wieder in großen Lettern. Er ist zornig über diese Debatte.

»Was soll meine Tochter als Muslimin denken«, fragt er, »wenn sie das wochenlang an allen Kiosken liest?«

Er hat sie auf eine katholische Grundschule geschickt. Sie war eine Zeit lang Vorbeter in der Morgenmesse. Er sagte dazu halb scherzhaft, dass es ihm als gläubigem Muslim lieber gewesen wäre, wenn die christliche Seite etwas konservativer in der Auswahl der Ministranten wäre. Aber er ließ sie gewähren.

Und jetzt sagt man ihr, garniert mit einigen spitzfindigen historischen Erörterungen, sie gehöre leider nicht dazu.

»Wir waren mit der Integrationsdebatte schon mal weiter«, findet Navid Kermani. Zumindest, was den Islam angeht. Seine

Enttäuschung ist spürbar. Vor fünf Jahren zum Beispiel, damals rief Innenminister Wolfgang Schäuble zur Islamkonferenz. Schäuble und seinem Team sei dieser Dialog ein Herzensanliegen gewesen, sagt Kermani, der als unabhängiger Muslim dabei war. Das habe man gemerkt. Anerkennend, fast freundschaftlich spricht er über den CDU-Politiker, der mit seinem klaren christlich-konservativen Standpunkt als Erster das direkte Gespräch mit Vertretern des deutschen Islam gesucht hat. Damals habe sich auch in der CDU etwas bewegt, sagt Kermani.

Doch mit Schäubles Wechsel ins Finanzministerium geriet der Dialog ins Stocken.

Und heute? Kermani winkt ab. Außer der ebenso bekannten wie umstrittenen Äußerung, der Islam gehöre historisch nicht zu Deutschland, sei aus dem Innenministerium bisher wenig zu hören gewesen. Die letzte Konferenz endete im Streit. Die Aufbruchsstimmung sei damit erledigt, glaubt Kermani.

Wieder ein Rückschlag für die Migrationspolitik in Deutschland, jenem Land, in dem er geboren ist, in dem er sich auch immer wieder politisch engagiert hat.

Navid Kermani ist als Sohn eines iranischen Arztes im Siegerland aufgewachsen. Es gab kein Gefühl der Fremdheit dort. Das Gefühl, nicht so recht dazuzugehören, habe er zum ersten Mal nicht wegen seiner persischen Wurzeln und seines Aussehens erlebt, sondern im Fußballverein. Dort merkte er, dass er als Arztsohn aus einer privilegierten Schicht stammt, die den anderen Kindern fremd war.

Politisiert wird er durch seine älteren Brüder. Er fand es selbstverständlich, sich in seinem Geburtsland für Umweltschutz und gegen Atomkraftwerke zu engagieren. »Ich war immer eher grün als links«, sagt er. Als sie dann einmal in Bonn das Verteidigungsministerium wegen des NATO-Doppelbeschlusses blockieren wollten, kam plötzlich die Frage auf, welchen Pass Navid habe. Damals war es nur der iranische, und die Organisatoren warnten, wenn er von der Polizei verhaftet werde, drohe die Abschiebung. Kermani glaubt heute nicht, dass das tatsächlich hätte passieren können. Aber allein die Möglichkeit, dass er, obwohl in diesem Land geboren, für diesen Regelverstoß mit der Ausweisung bedroht wurde, während jeder Deutsche nur mit einer Anzeige zu rechnen hatte, das sei schon ein seltsames Gefühl gewesen.

Ein anderes Mal war er als Stipendiat der »Studienstiftung des deutschen Volkes« im Libanon, als seine Aufenthaltserlaubnis für Deutschland auslief und er befürchtete, nicht mehr nach Deutschland zurückzudürfen. Gleichzeitig lief auch das Visum für den Libanon aus. Der Fall Kermani passte irgendwie nicht in die Bürokratien dreier Länder. Mit einem deutschen Pass wäre das nicht passiert.

Er sei selten so stolz gewesen wie in jenem Moment seiner Einbürgerung »als Doppelbürger«, schreibt Kermani in *Wer ist wir?*. »Das war so unaufgeregt wie das Wort ›Verfassungspatriotismus‹ und so verblüffend nüchtern, wie ich das sehe.« Er kann nicht verstehen, dass aus der Tatsache, dass er den iranischen und den deutschen Pass hat, Loyalitätskonflikte entstehen sollten. Heimatgefühle halten sich nicht an Reisedokumente. Für Kermani bilden die beiden Pässe, die er heute besitzt, seine Identität einigermaßen ab.

»Ich empfinde meine Zugehörigkeit zu zwei Kulturen und Sprachen als große Bereicherung, das ist ein Privileg«, sagt er und schiebt die Müslischüssel beiseite. Sein Familienleben folgt häufig iranischen Gepflogenheiten. Seine Eltern, mit denen er Persisch spricht, siezt er, wie es in deren Heimat üblich ist. Seine Frau, die Journalistin Katajun Amirpur, ist selbst Tochter eines Persers und einer Deutschen. Das mache vieles einfacher. Auch die Kinder wachsen mit beiden Sprachen und Kulturen auf. Und wenn er nach seiner Heimat gefragt wird, fällt Navid Kermani zuerst sein Wohnort Köln ein.

Kermani spricht hastig an diesem Morgen, manchmal wechseln seine Sätze mittendrin noch einmal die Richtung. Für ihn sei diese Integrationsdebatte beendet. Man könne nicht dauernd das Gleiche sagen. Er sei Schriftsteller, verdammt noch mal, kein Politiker, und er könne nicht dauernd Aktivist sein.

Doch man kann sich nicht immer aussuchen, an welchen Debatten man teilnimmt.

Kermani schreibt Romane und Kinderbücher, kluge Essays mit einer bemerkenswerten thematischen Bandbreite. Wenn er wissenschaftliche Texte zu Papier bringt, tut er das mit einer verständlichen und trotzdem poetischen Sprache, wie man sie bei deutschen Wissenschaftlern nur selten findet.

Umso verwunderlicher ist es, dass es ausgerechnet einer seiner Texte war, der Kermani vor einiger Zeit unfreiwillig mitten in die Islamdebatte gestürzt hat: die Betrachtung einer Kreuzigungsdarstellung des Barockmalers Guido Reni in der römischen Kirche San Lorenzo. Am Anfang spricht Kermani als Muslim und Islamwissenschaftler von den Vorbehalten, die er gegen jede Kreuzigungsdarstellung habe. Es fallen harte Worte wie »Gotteslästerung« und »Idolatrie«, die religiöse Verehrung eines Abbildes. Doch mit diesem Bild, schreibt er, sei es plötzlich anders gewesen.

»Und nun saß ich vor dem Altarbild Guido Renis in der Kirche San Lorenzo in Lucina und fand den Anblick so berückend, so voller Segen, dass ich am liebsten nicht mehr aufgestanden wäre. Erstmals dachte ich: Ich – nicht nur: man –, ich könnte an ein Kreuz glauben.«

Der Text über Renis *Kreuzigung* vereint vieles von dem, was Kermanis Schreiben ausmacht: eine warme, bildhafte Sprache, die von abstrakten Dingen sehr konkret und persönlich zu erzählen weiß. Er handelt von der Möglichkeit, sich von einer fremden Symbolwelt spirituell berühren zu lassen. Er kann als Suche nach dem Gemeinsamen der Religionen gelesen werden.

Nach der Veröffentlichung in der *Neuen Zürcher Zeitung* gab es keine besondere Aufmerksamkeit um Kermanis Kruzifix-

betrachtung. Erst als dem Schriftsteller der »Hessische Kulturpreis« verliehen werden sollte, kam es zum Streit darüber.

Angehörige und Vertreter von vier Religionsgemeinschaften
sollten den Preis des Landes Hessen bekommen: der Mainzer
Bischof Karl Lehmann, der ehemalige Ratspräsident der evangelischen Kirche Peter Steinacker, Salomon Korn vom Zentralrat
der Juden und eben Navid Kermani als muslimischer Schriftsteller. Doch die Kirchenleute mochten sich nicht einfügen in
das Ringparabel-Idyll, das sich die hessische Staatskanzlei aus-
gedacht hatte. Lehmann und Steinacker nahmen Anstoß an Kermanis »Kruzifix«-Text. Und Lehmann wollte den Preis unter
diesen Umständen nicht annehmen.

Es ist unklar, ob man in der hessischen Staatskanzlei plötzlich
die Einwände des Bischofs gegen Kermanis Text teilte oder aber
lieber auf den muslimischen Schriftsteller als auf die Gottes-
männer verzichten wollte. Jedenfalls wurde Kermani der Preis
kurzerhand wieder aberkannt.

Ein Missverständnis? Eine Überreaktion dünnhäutiger Kleri-
ker? Eine reflexhafte Reaktion, geprägt von dem Streit um die
Mohammed-Karikaturen, die damals die muslimische Welt er-
regten?

Heute sind sich alle einig, dass Kermani der falsche Mann war,
um mangelnden Respekt vor dem christlichen Glauben anzu-
prangern. Es gab Gespräche, alle entschuldigten sich. Es sei so
nicht gemeint gewesen. Aber wie dann?

»Leute wie Sie meinen wir doch nicht.« Kermani hört den
Satz ständig. Wenn es um Integrationsverweigerer geht oder um
die angebliche Demokratieferne des Islam und der Muslime. Er
habe noch niemanden gefunden, der ihm einen der Ausländer
vorführen konnte, die gemeint sind, sagt Kermani.

Offenbar verstehe die Politik nicht, wie verletzend diese aus-
grenzenden Debatten sind und wie schwer es ist, einmal gefal-
lene Äußerungen zurückzunehmen.

Kermani hat den »Hessischen Kulturpreis« dann doch bekommen. In seiner Dankesrede, die er vor der versammelten Festgemeinde hielt, schlug er, wie es sich für einen solchen Tag gehört, auch versöhnliche Töne an: Den Konflikt um die Preisverleihung habe er nicht als Zeichen tiefer Gräben zwischen den Kulturen verstanden. Eine multikulturelle und damit multireligiöse Gesellschaft könne niemals konfliktfrei sein. Entscheidend sei, dass die Konflikte friedlich ausgetragen würden. »Gerade die Reaktion der Öffentlichkeit hat meinen Eindruck bestätigt, dass Deutschland heute weltoffener und vielfältiger geworden ist«, sagte Kermani damals. Und auch der hessische Ministerpräsident klatschte Beifall.

Unsere Stunde ist um. Kermani hat zwar kein Kopfweh, ist aber nervös, er muss zurück zu dem Buch. Alles, was sich im Moment außerhalb des Schreibens ereignet, empfindet er als Störung. Selbst literarische Veranstaltungen wie die am Vorabend im Stuttgarter Literaturhaus. Dort traf er auf seinen französischen Kollegen Jean Echenoz, den Autor surrealer Romane, die meist nur wenig mehr als hundert Seiten lang sind. Und Kermani, der gerade über seinem Mammutwerk sitzt, stellte ihm die Frage: »Warum sind Ihre Romane so kurz?« Echenoz gab den lässigen Franzosen und beschrieb sein eigenes Schreiben voll Selbstironie.

Kermani wirkte dagegen wie einer, der unter seiner Schreibarbeit wirklich leidet und von einem Kollegen gerne echten Rat gehabt hätte. Mit den spielerischen Antworten des Franzosen konnte er nichts anfangen. Navid Kermani wirkte an diesem Abend wie ein sehr deutscher Schriftsteller.

NAZAN ECKES

Der Selbstversuch

Iraner seien bestens integriert und meist erfolgreich in akademischen Berufen. Darauf hat Navid Kermani in unserem Gespräch hingewiesen und dann verschmitzt hinzugefügt, an der höheren Intelligenz könne es nicht liegen, das könne er als Betroffener und aus eigenem Erleben sagen.

Es ist wohl kein Zufall, dass mit Navid Kermani und Dunja Hayali zwei in dieser Gesellschaft Karriere gemacht haben, die aus Medizinerfamilien stammen. Die Bildungskarrieren auch von Migrantenkindern sind vom Elternhaus vorgezeichnet, und das gilt für Deutschland ganz besonders. Kermani erinnert sich an den ersten Elternabend in der Grundschule seiner Tochter. Damals hat er anhand der Eltern, die er dort kennenlernte, eine Liste gemacht, welche Kinder später aufs Gymnasium gehen würden. Er hat in den meisten Fällen recht behalten. Es waren die Kinder aus Akademikerhaushalten, und darunter waren nur wenige Ausländerfamilien.

Nazan Üngör, wie die Fernsehmoderatorin Nazan Eckes vor ihrer Ehe mit dem Unternehmer Claus Eckes hieß, kommt nicht aus einem solchen Akademikerhaushalt. Ihr Vater kam als Chemiearbeiter nach Deutschland, die Mutter lernte er im Heimaturlaub kennen, seine Familie hatte sie als Ehefrau für ihn ausgesucht. Sie kam mit nach Deutschland, hat aber nie gut Deutsch gelernt. All das klingt nach bildungsferner Schicht und schlechter Aufstiegsprognose.

Aber Nazan Eckes hat es ins Hauptabendprogramm des Privatsenders RTL geschafft. Sie moderiert an der Seite von Hape Kerkeling *Let's Dance*, die Mittagsnachrichten, das Boulevardmagazin *RTL Explosiv* und berichtet bei Formel-1-Rennen aus der Boxengasse. Freundlich und immer gut vorbereitet macht sie eine fast unwirklich perfekte Figur. Ein beruflicher Aufstieg, der lange für ein Gastarbeiterkind undenkbar gewesen ist. Nazan Eckes ist mit ihrer Prominenz heute Vorbild für ihre Landsleute, das sagen sie ihr immer wieder. Vor allem für türkische Frauen.

Eigentlich vertragen sich Haltung und Unterhaltung nicht besonders gut. Eine Fernsehkarriere ist ein zerbrechliches Gebilde. Wer will schon Zuschauer mit politischen Botschaften langweilen oder verschrecken. Ein falscher oder missverständlicher Satz, und die Karriere kann beendet sein. Das weiß man nirgendwo besser als im kommerziellen Fernsehen, das von Quoten und Werbebuchungen lebt.

Umso erstaunlicher ist es auf den ersten Blick, dass sich jemand wie Nazan Eckes in die Sarrazin-Debatte eingeschaltet hat. Sie habe lange gezögert, sagt sie, und es dann doch getan. Weil sie glaube, dass die Zeit gekommen ist, nicht mehr zu allem Ja und Amen zu sagen. Dies sei eine Diskussion, die sie und ihre Familie betrifft.

Und deshalb saß sie dann kurz vor Weihnachten in der Talkshow von Sandra Maischberger und stritt mit Hans-Olaf Henkel und Thilo Sarrazin darüber, ob sich Deutschland nun abschafft und ob Nazan Eckes und ihre Landsleute dazu beitragen. Sie trug an diesem Abend ein rot glänzendes Kleid, die Haare waren streng nach hinten geknotet. Und während Thilo Sarrazin seine Statistiken rezitierte, rutschte Nazan Eckes unruhig auf den Sitzmöbeln herum.

Als Profi kennt sie die Dramaturgie solcher Sendungen. Sie weiß, dass die Botschaft am Schluss der Sendung beim Zuschauer haften bleibt. Also erkämpfte sie sich das Schlusswort und sagte: Sie selbst fühle sich als moderne türkische Frau und trotzdem sehr deutsch. Und dann, direkt zu Thilo Sarrazin: »Und Sie sind ein sehr altmodischer, deutscher Mann.«

Das saß. Hier der Bildungsbürger, der einer Republik mit einer künstlich-homogenen deutschen Gesellschaft nachhängt.

Und dort die Deutschtürkin, die von einem modernen Deutschland mit unterschiedlichsten Wurzeln träumt.

Für die stets so kontrollierte Nazan Eckes war der Anwurf an Sarrazin geradezu ein Wutausbruch. Von ihren Eltern hat sie gelernt, Respekt gegenüber Älteren zu zeigen, aber bei Sarrazin war das an diesem Abend einfach nicht mehr möglich.

Es ist Nachmittag in Köln. Nazan Eckes hatte das Restaurant »Bosporus« vorgeschlagen, eines der ersten türkischen Gourmetrestaurants in Deutschland. Nicht weit vom Bahnhof, in einer Straße, in der sich türkische Gemüsehändler an türkische Elektrogeschäfte reihen.

Die Tische sind weiß eingedeckt für den Abend, ein Kellner rückt die Gläser noch einmal zurecht, das Restaurant ist leer, im Hintergrund läuft leise türkische Musik. Es ist eine Szene wie aus einem Film. Nazan Eckes kommt herein, legt den Mantel mit Pelzkragen ab, bestellt auf Türkisch ein Wasser, sonst nichts. Sie ist zierlicher, als sie im Fernsehen wirkt, äußert sich druckreif. Eine perfekte Erscheinung.

Sie habe das Integrationsthema lange weggeschoben, sagt sie. »Ich dachte mir immer, das hat nichts mit mir zu tun. Ich bin niemand, der sich ausgrenzt, ich bin niemand, der einen Ehrenmord gutheißt oder seine Kinder nur Türkisch sprechend aufziehen würde.«

Doch dann hat sie ein Buch geschrieben mit dem flotten Titel *Guten Morgen, Abendland*. Es fängt an mit dem Satz: »Das Zusammenleben von Deutschen und Türken ist wie eine arrangierte Ehe. Wir wurden verkuppelt, weil es wirtschaftlich notwendig war, und jetzt leben wir irgendwie nebeneinander her.« Neben so feinen Beobachtungen erzählt das Buch in einer einfachen – beim Fernsehen würde man wohl sagen zielgruppengerechten – Sprache von einer Parallelgesellschaft, mit der viele Deutsche lange nichts zu tun haben wollten, weil sie dachten, dass sie nur eine Übergangserscheinung sei. Denn schließlich waren die Arbeiter aus der Türkei nur Gäste, von denen man erwartete, dass sie irgendwann gehen – was sie auch selbst lange glaubten.

Nazans Vater, Necmettin Üngör, kam aus dem 200-Seelen-Dorf Ikizafer ins blitzblanke Deutschland, sein Bruder gab ihm noch den Rat, immer ein gebügeltes Hemd zu tragen, weil dort alles so ordentlich sei. Nazan Eckes erzählt von den Träumen und Sehnsüchten ihres Vaters, die viele türkische Männer damals nach Deutschland getrieben haben, von der fremden Welt, die sie vorfanden, und wie sie sich langsam mit ihr arrangierten – die einen mehr, die anderen weniger.

Necmettin Üngör arbeitete als Chemiearbeiter; eines der ersten deutschen Worte, das er von den deutschen Kollegen lernte, war »Scheiße«. Dabei sollte es nicht bleiben.

Vater Üngör war klar, dass er die Sprache seines Gastlandes erlernen muss, wenn er hier vorankommen will. Er belegte Volkshochschulkurse, bei seinen Landsleuten stieß er damit auf Unverständnis. Bei seinen Kollegen und den Arbeitgebern galt Üngör bald als unbequemer Mitarbeiter, weil er sich nicht als »Kanake« beschimpfen ließ und schlechte Arbeitsbedingungen kritisierte.

Es ist der Stolz, der dem Vater half, seinen Platz in der fremden Gesellschaft zu finden. Auch seine Zuverlässigkeit. »Meine deutschen Tugenden habe ich von meinem türkischen Vater«, sagt Eckes und lacht, »ich kann nichts dafür.«

Bald holt Vater Üngör seine Ehefrau nach Deutschland. Nazan Eckes zitiert einen Brief ihrer Mutter, ein anrührendes Dokument, wie sich eine Frau in einer fremden Kultur einrichtet, ohne je in ihr wirklich zu Hause zu sein. Sie tut es ihrem Mann zuliebe und für ihre Kinder. Das Bild einer starken Frau. Eckes berichtet vom Kampf der Eltern, zerrissen zwischen ihrer Heimatkultur und der Gesellschaft, in der sie leben, die ihnen jedoch wenig Hilfestellung gibt.

Sie erzählt, wie ihre Eltern die Töchter mehr aus Pflichtgefühl als aus Überzeugung zum Koranunterricht bei einer streng gläubigen Bekannten schicken. Die Töchter fühlen sich unwohl und weigern sich schließlich, weiter dort hinzugehen. Die Eltern gestehen dies den Töchtern zu. Sie vertrauen darauf, dass aus ihren Kindern auch ohne strenge religiöse Unterweisungen etwas Anständiges wird.

Das ist vielleicht die allgemeingültige Lehre, die sich aus diesen Familienanekdoten ziehen lässt: dass Eltern Vertrauen benötigen, ihre Kinder auch Wege einschlagen zu lassen, die ihnen selbst fremd sind.

»Meine Eltern, meine Geschwister und ich, wir sind heute noch eine Fünferbande«, sagt Nazan Eckes, die sich bei allen wichtigen Entscheidungen berät. Nie würde sie zum Beispiel im Fernsehen etwas tun, für das sich ihre Eltern schämen müssten.

Als die Debatte um Integration und Parallelgesellschaften in Deutschland hochkocht, ist Nazan Eckes mit ihrem Buch schon da. Sie wollte mit ihrer Prominenz für die Mehrheitsgesellschaft eine Tür öffnen in die vermeintlich so verschlossene Welt türkischer Familien. Jetzt konnte man das Buch auch als Debattenbeitrag lesen. Als jugendliches Fernsehgesicht erreiche sie ganz andere Schichten als die intellektuellen Diskussionszirkel.

»Klar«, sagt Eckes und nippt am Wasserglas, »für die eigene Integration muss man selber eine Menge tun.« Sie wollte schon als kleines Mädchen mindestens so gut Deutsch sprechen wie ihre Mitschüler, wollte sich mit den richtigen Leuten in der Schule anfreunden, um akzeptiert zu sein. Das gelang ihr, und wenn man sieht, wo Nazan Eckes heute angekommen ist, könnte man meinen, das sei der jungen Frau alles nie besonders schwergefallen. Doch das Buch zeigt auch eine Nazan, die gelegentlich daran zweifelte, ob sich dieser Einsatz auch lohnt. Um herauszufinden, wo sie wirklich hingehört, startete sie eine Art amourösen Selbstversuch. Wohl auch um zu überprüfen, ob es nicht in der Heimat der Eltern doch einen leichteren Weg gab, erwachsen zu werden.

Auf der Fähre, die die Familie Üngör beim alljährlichen Urlaub von Venedig in die Türkei brachte, traf sie den jungen Cem. Er arbeitete auf dem Schiff. Ein Jahr lang schrieben sich die beiden heimlich Briefe und trafen sich im nächsten Jahr wieder auf der Fähre. Im Urlaub gestand Nazan ihrer Mutter, dass sie sich in den Matrosen Cem verliebt habe, dass sie ihn heiraten wolle und mit ihm in die Türkei ziehen.

Nazans Mutter war entsetzt, vom Vater ganz zu schweigen. Die Eltern hatten ihren Töchtern immer gesagt, sie sollen erst ihren eigenen Weg finden, bevor sie heiraten. Doch die Eltern waren so klug, die Tochter selbst herausfinden zu lassen, was sie will.

Trotz großer Bedenken ließen sie Nazan zusammen mit ihrer jüngeren Schwester nach Istanbul fliegen. Die beiden sollten die Familie kennenlernen. Als der Ehemann in spe Nazan und ihrer Schwester gleich bei der Ankunft die Pässe abnahm, kamen erste Zweifel. In den folgenden Tagen wurde Nazan dann der Familie vorgeführt und nach ihren Plänen befragt. Studieren wolle sie, berichtete sie den Verwandten von Cem. Ach, das müsse doch nicht sein, erwiderten die, man würde sie schon bei Freunden im Unternehmen unterbringen.

Nazan Eckes kann keine dieser Horrorgeschichten von Gewaltandrohung und Verschleppung erzählen. Es waren eher die kleinen Irritationen, die ihr klargemacht haben, dass selbst moderne türkische Familien noch immer in einer Tradition leben können, die weit entfernt ist von ihrem eigenen Leben in Deutschland. Nazan Eckes sagt: »Heimat war da plötzlich für mich ein klarer Begriff: die Wohnung meiner Eltern, die Freunde, die Schule, all das ist Heimat. Und das wurde mir in diesem Moment mit einem Schlag bewusst.« Cem rückte die Pässe wieder heraus, und die beiden Mädchen flogen nach Hause.

Nazan Eckes nimmt den letzten Schluck aus ihrem Wasserglas. In dem leeren Restaurant laufen die letzten Vorbereitungen für den Abend. Nazan Eckes muss lachen, wenn sie an Cem und ihre Selbsterforschung in Istanbul denkt. Wahrscheinlich spielten ihre Gefühle zu Cem von Anfang an eine Nebenrolle. Es sei eher ein Test gewesen und die Sehnsucht, dort zu leben, wo man sich und seine Herkunft nicht dauernd erklären muss. In Istanbul wurde ihr klar, dass es diesen Ort wohl nicht gab.

All das habe damals erst einmal eine große Verwirrung hinterlassen, sagt sie. Plötzlich fühlte sie sich weder in Deutschland noch in der türkischen Kultur richtig zu Hause. Geholfen haben ihr da wieder die preußischen Tugenden des Vaters. »Es war eine ganz klare Ansage, ein Befehl an mich selbst: Identifiziere dich jetzt mit diesem Land.« Sie machte das Abitur, schnupperte als Praktikantin beim Musiksender Viva in die Fernsehwelt, in der Herkunft für die Karriere weniger wichtig ist als etwa bei einer Beamtenlaufbahn, und ist dabei geblieben.

Mit einem Türken war sie seit Cem nie wieder zusammen, was immer das bedeuten mag. Sie hinterfragt es nicht. Relativ früh heiratete sie den Unternehmer Claus Eckes, ließ sich nach sieben Jahren Ehe scheiden. Seit ein paar Jahren ist sie mit dem österreichischen Model und Maler Julian Khol zusammen.

Der harte Integrationskurs ist für sie längst abgeschlossen. Heute könne sie auch wieder stärker ihre türkische Seite leben, sagt sie, vielleicht hat auch das Buch dazu beigetragen. Sie habe es sich ganz gut eingerichtet, ohne ganz zur einen oder anderen Kultur zu gehören. Das hat viel Energie gekostet. »Denn eigentlich bin ich eher hopp oder topp.«

In letzter Zeit reist sie wieder häufiger nach Istanbul. Für Reportagen und Fotoshootings. Und es kommen immer mehr Angebote aus der Türkei für Shows und auch für Auftritte als Schauspielerin. Jetzt hat sie auch eine Managerin am Bosporus.

Bahnt sich da eine Zweitkarriere an? »Vielleicht«, sagt Eckes, »ich wäre jedenfalls dumm, wenn ich das nicht versuchen würde.« Sie lächelt. Es sei ein Gefühl, als könnte man noch ein-

mal von vorne anfangen. Aber eben mit zehn Jahren Berufs-
erfahrung im Handgepäck.

Vielleicht erfindet sich Nazan Eckes dabei auch ein bisschen
neu. Das Fernsehen in der Türkei ist bunt und zielt oft auf den
schnellen Effekt. Fehlerfreies Formulieren ist weniger gefragt,
dafür eher Schlagfertigkeit und Spontaneität. Nazan Eckes
jedenfalls, die sonst so kontrolliert ist, freut sich darauf: »Ich
habe große Lust, ein wenig loszulassen.«

NATALIE SCHMITKE

»Irgendwann hat man Vorteile«

Wir könnten das Interview auch via Skype am Computer-bildschirm führen, schlägt Natalie Schmitke vor. Sie lebt seit ein paar Monaten in London, ihre Eltern in Köln wird sie in nächster Zeit wohl nicht besuchen. Ich bin von der Idee weniger begeistert. Dann schreibt sie irgendwann per E-Mail: »Am besten kommen Sie einfach in London vorbei.«

Nathalie Schmitke ist eine der Stipendiatinnen der »Vodafone Stiftung«, eines der wenigen Studienförderprogramme, das es speziell Migranten ermöglicht, auf Privatuniversitäten zu studieren. Natalie Schmitke, der Name lässt es nicht vermuten, kommt aus Sibirien, mit elf Jahren kam sie mit ihrer Familie nach Deutschland. Damals sprach sie kaum ein Wort Deutsch. Mit ihrer Ausbildung gehört sie zu einer jungen Elite, die sich für Spitzenpositionen in der Wirtschaft empfiehlt. Ihre erste Karrierestation ist die Niederlassung der Investmentbank »J.P. Morgan« in der Bankenmetropole London. Sie schreibt weiter: »Was ich da genau mache, erkläre ich Ihnen, wenn wir uns treffen.«

Ankunft in Heathrow. Police Constabler Tharek Mokbul begrüßt die Reisenden wie selbstverständlich mit ausgebreiteten Armen: »Welcome!«, steht in geschwungener Handschrift auf dem Plakat. Mokbul ist ein realer Polizeioffizier, der bei der »Islington Police« unter anderem Antiterrortrainings für Unternehmen leitet, wie ich später über Google herausfinde. Er ist Teil einer Imagekampagne des Flughafens. Sie zeigt ein bisschen was von der Selbstverständlichkeit, mit der die Briten ihre Multikulturalität leben.

Sicher, man sollte auf solche Lilalaunekampagnen nicht hereinfallen. Doch von der Selbstverständlichkeit, mit der Constable Mokbul neben einem »Beefeater«, einem Taxifahrer und einer Musicaltänzerin die Passagiere in Heathrow willkommen heißt, davon könnten deutsche Werbeagenturen, bei denen Migranten meist nur bei Kampagnen für Zivilcourage oder gegen Rassismus aufs Plakat dürfen, eine Menge lernen.

England ist kein Integrationsparadies. Zu tief gehen die sozialen Risse durch das Land. Hier waren es die islamistischen Terroranschläge vom Juli 2005, die die Briten in eine Debatte darüber geführt haben, warum eine der ältesten Demokratien so wenig attraktiv ist für junge, in England aufgewachsene Muslime. In London lebt ein Großteil der Einwanderer Britanniens. Allerdings fein säuberlich in Stadtviertel sortiert. Brick Lane für die Pakistani, Dalston für die Kariben, und gleich hinter dem Piccadilly Circus liegt Chinatown, das heute schon fast wie ein Mottopark für Touristen wirkt.

Der britische Staat geht, mehr als viele andere in der Welt, im öffentlichen Leben auf die kulturellen Bedürfnisse seiner Zuwanderer ein. Zu sehen ist das etwa an muslimischen Polizeibeamtinnen, die ein Kopftuch als Bestandteil ihrer Uniform tragen dürfen. Und für zivilrechtliche Auseinandersetzungen können Muslime im Vereinten Königreich, wenn dies beide Seiten wollen, ein Schiedsgericht anrufen, das auf Grundlage der Scharia entscheidet.

Für uns wirkt das vielleicht befremdlich. Hat da ausgerechnet der traditionsreiche britische Staat, einer der ältesten Rechtsstaaten der Welt, vor fremden Einflüssen kapituliert? Auch im Vereinigten Königreich gerät das Konzept, verschiedene Kulturen gelten zu lassen, immer wieder, zuletzt bei den Unruhen im Sommer 2011, in die Kritik.

Der Soziologe Ralf Dahrendorf, der bis zu seinem Tod an der »London School of Economics« gelehrt hat und, wenn man so will, als Migrant von der Queen geadelt wurde, sah das ganz anders. Er hielt die englische Art der Integration für die einzig erfolgreiche. Die Briten hätten Parallelgesellschaften in der privaten Sphäre akzeptiert, erklärte Dahrendorf. Nur im öffentlichen Raum gäbe es Regeln, die für alle gelten. Da helfe dann der Jude dem Muslim, wie das etwa bei dem Bombenanschlag 2005 geschehen sei. Doch das private Leben der Nationalitäten finde nicht nur in »verschiedenen«, sondern auch zum Teil »feindlichen« Welten statt.

Verschiedene, teils feindliche private Welten? Ist wirklich nicht mehr zu erreichen in einer modernen Gesellschaft? Es klingt nach einem ernüchternden Fazit. Doch aus dem Mund von Dahrendorf, einem der großen Denker des Liberalismus, darf man das so nicht verstehen. Im Gegenteil, jeder Zwang zur Assimilation wäre für ihn, wie für jeden echten Liberalen, ein unerlaubter Eingriff des Staates in die Rechte des Einzelnen. Der britische Weg der Integration, so muss man Dahrendorf wohl verstehen, zeugt vom Respekt vor dem Individuum.

Die getrennten Londoner Welten liegen manchmal eng beisammen. Auf der Portobello Road öffnet jeden Samstag ein gigantischer Flohmarkt mit Ständen aus allen erdenklichen Ländern und Kulturen. Nur wenige Ecken weiter ist London dann wieder ziemlich weiß und bürgerlich, helle Stadtvillen, gepflegte Vorgärten. Auf einem Spielplatz toben die Kinder junger, wohlhabender britischer Familien über den Spielplatz.

Natalie Schmitke passt bestens in dieses gehobene Middleclass-Ambiente. Ihr blasser Teint, die elegante, aber dezente Kleidung, das Halstuch. All das wirkt alles sehr britisch.

Wir sitzen in einem Frühstückscafé, das berühmt ist für seine »Eggs Florentine«. Ein Kollege von ihr hat es empfohlen. Natalie bedient gekonnt die Umgangsformen der Geschäftswelt. Sie fragt kurz, ob die Reise angenehm gewesen sei und ob man schon etwas von London sehen konnte. Sie schwärmt von der Stadt, von den verschiedenen Bezirken und dass man jeden Abend die Möglichkeit hat, genau nach seinen Bedürfnissen auszugehen. Mal lässig, mal ein bisschen chic.

Es sind erst ein paar Monate vergangen, seit sie hier ist. Der erste Job nach ihrem Bachelorstudium in Betriebswirtschaftslehre, einem Auslandssemester, diversen Praktika und einem Vorbereitungskurs in New York. Jetzt arbeitet sie von morgens bis meist spät am Abend bei der Investmentbank J. P. Morgan. »Als kleine Analystin«, sagt sie. Natalie Schmitke ist zuständig für die Fusion großer Unternehmen. Analysen schreiben, Powerpoint-Vorlagen erstellen. Ein hektisches, aber auch ein vielfältiges Geschäft. Dabei erhält sie Einblick in unterschiedliche Branchen aus allen möglichen Ländern. »Das ist sehr international, absolut«, sagt sie. In ihrer Abteilung sind lauter junge Leute, viele aus Deutschland.

Sie lebt mit zweien ihrer Kollegen in einer Wohnung. Es ist ihre erste WG, während des Studiums habe sie immer alleine gewohnt. Das ist den Londoner Mieten geschuldet. Auch so frisst das Wohnen einen guten Teil des eigentlich recht ansehnlichen Gehalts. Doch es mache ihr auch Spaß, den Alltag mit den Kollegen zu organisieren, sagt Natalie. Neben dem aufreibenden Job bei J. P. Morgan bleibe wenig Zeit und da sei es gut, dass die Mitbewohner einen ähnlichen Tagesrhythmus haben.

Bei internationalen Unternehmen in einem interessanten Job arbeiten, dabei die Welt sehen, das hatte sie sich schon in der Schulzeit vorgestellt. Und ja, gutes Geld zu verdienen, das ist ein willkommener Nebeneffekt. Noch während der Schule informierte sie sich auf einer Bildungsmesse über Universitäten. Nachdem sie die ganzen Broschüren durchgeblättert hatte, blieb nur eine übrig: die der WHU, jene feine private Wirtschaftshochschule für Unternehmensführung in Vallendar bei Koblenz, in der eine junge Elite herangezogen wird. Das Studium dort ist international ausgerichtet, es gibt ein Auslandssemester und engen Kontakt zu den späteren potenziellen Arbeitgebern.

Stolze 5500 Euro kostet ein Semester in Vallendar, Natalies Eltern hätten das nicht finanzieren können. Aber die WHU musste es einfach sein. Sie sagt: »Wenn ich das Stipendium nicht bekommen hätte, hätte ich wohl einen Kredit aufgenommen.«

Natalie Schmitke macht den für eine Vierundzwanzigjährige beneidenswerten Eindruck, als wisse sie immer sehr genau, was sie will. Das sehe nur so aus, sagt sie etwas eingeschüchtert. Eigentlich sei sie eher einer dieser Last-Minute-Typen. Beim Lernen für Klausuren oder der Anmeldung für Sommerkurse, immer lasse sie alles auf die letzte Minute kommen. Die Bewerbung für die Stelle in London etwa wurde erst in der Nacht vor dem Abgabetermin fertig.

Aber so ganz kann sie den Eindruck, ziemlich zielstrebig zu sein, nicht zerstreuen. Es wirkt bei ihr nicht verbissen. Vielleicht hat sie nur dieses beneidenswerte Talent, Chancen zu erkennen und sie dann auch zu ergreifen.

Der Weg von der winzigen Wohnung in Omsk, in der sie mit ihren Eltern als Kind lebte, bis hier in die Londoner City ist weit. Und man kann ihn wohl nur zurücklegen, wenn man dieses Talent besitzt. Stipendien, Förderungen, all das habe es in Russland nicht gegeben, sagt Schmitke. »Da kam man nur voran, wenn man die richtigen Leute kannte.«

Wenn Natalie Schmitke an ihre Kindheit in Sibirien denkt, fallen ihr zuerst die heißen Sommer und die eisig kalten Winter ein, der viele Schnee, die Ferien und die Wochenenden bei den Großeltern auf dem Land. Damals hieß die Familie noch Zaretskij, Natalies Eltern arbeiteten bei einer Versicherung. Ihr Vater war eigentlich studierter Ingenieur, die Mutter Mathematik- und Physiklehrerin. Aber in Omsk gab es in der Zeit nach Gorbatschow auch für Gebildete wenige Chancen. Die Marktwirtschaft hatte nur einige wenige reich gemacht. In der Provinz lebten die alten sozialistischen Strukturen weiter. Natalies Eltern sahen keine Perspektive für sich und schon gar nicht für ihre Kinder.

Wer in dieser Zeit das Land verlassen konnte, der tat es. Einige aus der Familie und auch Freunde in Omsk waren bereits nach Deutschland gegangen, weil sie sich auf ihre deutsche Herkunft berufen konnten. Das deutsche Vertriebenengesetz bestimmt, dass als Deutscher gilt, wer sich während seiner Zeit in der Fremde »zur deutschen Kultur bekannt hat«, sofern dieses Bekenntnis durch »Abstammung, Sprache, Erziehung, Kultur« bestätigt wird. Dies wird von den deutschen Behörden anhand von Tests und Dokumenten überprüft.

Auch Natalie hat deutsche Wurzeln. Die Urgroßeltern der Mutter waren im frühen neunzehnten Jahrhundert aus Deutschland nach Russland gegangen. Auf Einladung der russischen Regierung, die Handwerker und Landarbeiter brauchte. Lange lebte die Familie in der deutschen Community. Natalies Großvater hatte bis zum fünfzehnten Lebensjahr kein Russisch gesprochen. Lange kam er mit diesem altertümlichen dialektgefärbten Deutsch durch, das ihn seine Eltern gelehrt hatten.

Nach dem Zweiten Weltkrieg habe sich für ihren Opa wie für viele Deutsch-Russen die Situation stark verändert, erzählt Natalie Schmitke. Deutsche wurden in der Sowjetunion Stalins oft pauschal als faschistische Kollaborateure angesehen. Viele Deutschstämmige nahmen damals russische Namen an, um nicht aufzufallen. Doch Natalies Großvater weigerte sich, den Namen abzulegen, er hieß weiterhin Schmitke. Das sollte sich später als Vorteil für die Familie erweisen.

Nach Schätzungen leben heute etwa 2,5 Millionen Russlanddeutsche in Deutschland. Die Richtlinien wurden seit der Einreise der Schmitkes immer weiter verschärft. Seit 2005 müssen auch die russischen Angehörigen einen Sprachtest vorweisen. Das Vertriebenengesetz wurde häufig kritisiert, weil es völkischen Geist atme. Das ist nicht ganz von der Hand zu weisen. Man könnte auch sagen, es war eine Belohnung für Deutsche, die sich manchmal über ein Jahrhundert hinweg in der Fremde nicht integriert, sondern eine Parallelgesellschaft gebildet haben.

Für die Zaretskijs öffnete das Gesetz die Tür für eine bessere Zukunft. Mit dem Nachweis, dass der Großvater einen deutschen Namen trägt, war die deutsche Staatsbürgerschaft leichter zu bekommen. Am 10. August 1998 reisten die Großeltern, Natalie, ihr Bruder und die Mutter als anerkannte Deutsch-Russen ein. Der Vater, der keine deutschen Vorfahren hat, durfte als Angehöriger mitreisen.

Viel später hätte das nicht passieren dürfen, sagt Natalie. Denn nur eine Woche danach stürzte Russland in die Krise, der Rubel wurde abgewertet, die Ersparnisse der Familie hätten dann wohl nicht mehr gereicht. Doch da war die Familie schon im Durchgangslager in Friedland, sie nahmen die deutsche Staatsbürgerschaft an. Und den Mädchennamen der Mutter. Aus den Zaretskijs wurden die Schmitkes – der besseren Integration und auch der geringeren Schreibprobleme wegen.

Ihre Eltern und sie hätten sich vorher nie besonders deutsch gefühlt, sagt Natalie Schmitke, während sie ihre Eggs Florentine löffelt. Das sollte in Deutschland zunächst nicht anders sein.

Im Bus zum Auffanglager in Friedland, wo die meisten Aussiedler zunächst landeten, wurde ihr klar, wie fremd das Land ist, in das sie da kommt. Die elfjährige Natalie war eigentlich ein aufgeschlossenes und fröhliches Mädchen. In Deutschland war sie plötzlich stumm. Sie hatte zwar ein wenig Deutsch gelernt, in der Schule und zusammen mit ihren Eltern, als die Ausreise näher rückte, doch jetzt verstand sie kein Wort.

Natalie kann sich an eine Mathematikstunde erinnern, es ging um Brüche, das hatten sie in Russland schon lange gehabt. Natalie kannte die Antworten, doch sie konnte sie auf Deutsch nicht sagen. Ein Gefühl, als hätte es ihr plötzlich die Sprache verschlagen. Doch die Lehrer erkannten ihre Fähigkeiten. Das stumme Mädchen galt als intelligent und aufgeweckt, man traute ihr zu, es trotz der Sprachdefizite auf dem Gymnasium zu schaffen.

Sie hatte Glück, die Direktorin steckte sie in eine aufgeschlossene Klasse, die Lehrer unterstützen Natalies Versetzung am Ende des Schuljahres, obwohl ihre Sprachkenntnisse eigentlich noch zu schlecht waren. Natalie fing an, Volleyball zu spielen, wurde bald zu Kindergeburtstagen eingeladen, ihre Eltern gaben ihr deutsche Bücher. Auch deutsches Fernsehen hilft, das Land und die Menschen besser zu verstehen. So gewann sie Stück für Stück ihre Sprache zurück. »Ich bin halt nicht die, die still in der Ecke sitzt«, sagt sie. Und man denkt, vermutlich braucht es neben dem Sprachgefühl auch ein gewisses Talent, auf Neues zuzugehen, um in einer neuen Heimat wirklich anzukommen.

Heute ist bei ihr vom Russischen nur noch das rollende »R« und gelegentlich ein schleifendes »H« geblieben, das könnten aber auch Überbleibsel von alemannischem oder bayerischem Dialekt sein. Tatsächlich wird sie meist für eine Süddeutsche gehalten, sagt Natalie. Das war dann am Ende auch in der Schule so. Keiner sah in ihr mehr die Russin. Und wenn sie unangenehme Erfahrungen machte, dann eher mit einigen der Machojungs türkischer Herkunft, von denen es in der benachbarten Hauptschule einige gab. So kann man Schimpfworte wie »Scheißdeutsche« auch als Anerkennung für gelungene Integration verstehen.

Doch das sind nur Episoden. »Eigentlich«, sagt sie, »hatte ich seit der Schule immer Vorteile durch meine Herkunft.« Da ist das Stipendium, das ihr das Studium ermöglicht, und an der Universität haben sie die Gastdozenten mit Jobangeboten überhäuft. »Sie sprechen Russisch? Dann kommen Sie doch zu uns, wir machen in Moskau gerade ein Office auf.« Heute, bei J. P. Morgan, ist sie die Einzige in ihrer Abteilung, die Russisch spricht. Gleich am Anfang war sie bei einer Verhandlung dabei und sollte kontrollieren, ob der offizielle Dolmetscher, den die Gegenpartei gestellt hatte, auch alles, was gesprochen wird, übersetzt. Spannende Einblicke, Natalie ist geehrt von dem Vertrauen, das ihr entgegengebracht wird.

Die Eltern konnten in Deutschland dagegen nicht wieder in ihren akademischen Berufen arbeiten, ihre Universitätsabschlüsse wurden nicht anerkannt. Der Vater arbeitet heute in einer Chemiefabrik, die Mutter ist Buchhalterin in einer Firma. Aber enttäuscht seien sie deswegen nicht, sagt Natalie. Es ginge ihnen viel besser als früher. »Sie haben es ja auch für uns gemacht.«

Einmal noch sind sie als Familie zurückgefahren. Freunde besuchen und vielleicht auch zurückschauen, ob es die richtige

Entscheidung gewesen war. Die Schmitkes haben schnell gemerkt, wie fremd ihnen das Land und auch ihre eigene Generation geworden war. Für viele Russen waren sie die Ausgewanderten, denen im Westen ohnehin alles geschenkt worden war. Die Heimat zu verlassen, das könnten sie sich nie vorstellen, sagten viele Russen in ihrem Alter, erinnert sich Natalie, und sie meint, da auch übersteigerten Nationalismus herausgehört zu haben. Sie sagt: »Mit den Deutschen aus meiner Generation, da merke ich, dass wir nicht die gleichen Kinderbücher gelesen und die gleichen Fernsehserien geschaut haben. Aber mit den Russen kann ich mich irgendwann nur noch über Kindersendungen unterhalten.«

Sibirien ist heute sehr fern, da sind nur noch die Gerüche, von den russischen Gerichten der Oma, die diese heute an Feiertagen in ihrer Wohnung in Köln zubereitet.

Wir schlendern noch ein wenig durch Kensington, vorbei an den Stadthäusern in Richtung Hydepark. Heute Abend komme ihr Freund nach London, erzählt Natalie. Sie kennen sich seit dem Studium, und jetzt hat auch er in London Arbeit gefunden, ebenfalls bei einer Investmentbank. Sie werden bestimmt noch einige Jahre in der schnelllebigen Bankenbranche arbeiten, gerne noch eine Weile in London. Vielleicht später Station machen in New York oder Südamerika. Aber irgendwann wolle sie wieder in Deutschland leben, schon wegen der Eltern. Und weil dieses Deutschland, wo alles so zuverlässig funktioniere, dafür manchmal auch ein bisschen langweilig sei, weil dieses Deutschland eben doch ein guter Platz sei, um eine eigene Familie zu gründen.

»Absolut«, schiebt Natalie noch hinterher, wie sie das immer tut, wenn sie von etwas sehr überzeugt ist.

4

Der Fremde als Feind –

wenn Vorurteile zuschlagen

In der Nacht vom 10. auf den 11. Juli 2001 schlugen und traten drei Skinheads auf den Mosambikaner Alberto Adriano im Dessauer Stadtpark ein, so lange, bis er bewusstlos dalag. Der Familienvater starb drei Tage später im Krankenhaus an seinen Verletzungen. Die Täter wurden verhaftet und verurteilt. Sie gaben als Motiv Fremdenhass an.

Damals recherchierte ich die Geschichte des Haupttäters, um herauszufinden, was jemanden zum Mörder aus Rassenhass macht. Ich besuchte ihn im Gefängnis und spürte einen seiner ehemaligen Mitbewohner auf.

Der junge Mann, der sich ebenfalls zur Herrenrasse zählte, lebte zusammen mit seiner Freundin in einem baufälligen Haus bei Dessau, zeitweise ohne Strom und fließendes Wasser. Ein Bild von Verwahrlosung. Zwei Menschen am Rande der Gesellschaft, die sich einer vermeintlich starken Gruppe zugehörig fühlten. Seine Freundin sagte irgendwann: »Uns ist klar, dass wir bei Hitler als Erste dran gewesen wären.«

Das ist der äußerste rechte Rand, eine kleine, gefährliche, oft kriminelle Gruppe, über deren Integration man mal diskutieren müsste. Wirklich beunruhigend wird es aber immer dann, wenn sich die Grundstimmung in der Mitte der Gesellschaft verändert. So wie es in manchen europäischen Nachbarländern zu beobachten ist, wo sich diese Stimmung bereits in Wahlergebnissen niederschlägt. Und diese Gefahr drohte auch im gerade vereinten Deutschland Anfang der Neunzigerjahre, als fast täglich Asylbewerberheime brannten und rechte Parteien in die Parlamente einzogen. Die Volksparteien reagierten auf diese Stimmung mit einer weitgehenden Abschaffung des Asylrechts, wie es Deutschland bis dahin kannte. Es blieb der bisher einzige

Fall, bei dem es dem rechten Mob gelang, Einfluss auf Gesetze zu nehmen.

Die Fremdenfeindlichkeit der Mitte wird meist fein säuberlich abgestuft. Das Fremde, das uns kulturell nahesteht, nehmen wir häufig nicht als fremd war. Der Ire, Engländer oder US-Amerikaner erfährt nur selten Ablehnung. Italiener, in den Fünfzigerjahren noch als »Spaghettifresser« beschimpft, gelten inzwischen eher als Experten für Dolce Vita. Witze über Holländer sind gesellschaftlich akzeptiert. Franzosen werden für ihren charmanten Akzent gelobt. Mag sein, dass sich im deutsch-elsässischen Grenzgebiet hin und wieder Deutsche ein Häuschen kaufen, aber kein Französisch lernen wollen. Doch das ist dann wohl eher wieder ein Fall von Parallelgesellschaft.

Jene Fremdenfeindlichkeit aber, die gerne mit der Floskel eingeleitet wird, »man wird doch wohl mal sagen dürfen …«, ist Xenophobie, die sich liberal gibt. Sie vergiftet das Klima auf leisen Sohlen. René Goscinny, einer der beiden Väter von *Asterix und Obelix*, zieht auf geniale Weise diese Haltung ins Lächerliche, indem er den Dorfältesten der bekannten gallischen Siedlung, Methusalix, einmal sagen lässt: »Du kennst mich doch, ich hab' nichts gegen Fremde. Einige meiner besten Freunde sind Fremde. Aber diese Fremden da sind nicht von hier!«

Der Einfluss fremder Kulturen kann eine Zumutung sein. Denn sie stellen vorherrschende Traditionen infrage. Somit kann eine diesbezügliche Abschottung sogar das Kennzeichen einer weiterentwickelten, freilich auch etwas selbstzufriedenen Gesellschaft sein. Der italienische Maler und Schriftsteller Alberto Savinio schreibt in seinem Buch *Stadt, ich lausche deinem Herzen*: »Eine geschlossene Kultur ist eine sehr reife und in sich abgeschlossene Kultur, die von außen nichts mehr erwartet und von ihren Besitztümern lebt.« Für Savinio ist sie »die einzige Form der Kultur, die mich interessiert … Kultur bedeutet strenge Anwendung eines bestimmten Komplexes von Kenntnissen. Sie bedeutet Ausschluss, Ignoranz, den

Unwillen, zur Kenntnis zu nehmen, was nicht zu diesem Komplex gehört.«

Man kann Abschottung also auch kulturell begründen. Wir haben eine mitteleuropäische Hochkultur geerbt, die lange als Vorbild für den Rest der Welt galt, eine offene Gesellschaft und einen nie da gewesenen Wohlstand. Was soll da also noch Positives von außen kommen, könnte man fragen. Was, wenn wir in einer multikulturellen Gesellschaft mehr zu verlieren haben, als wir durch Einwanderer je gewinnen könnten? Savinio formuliert dieses Unbehagen, das womöglich mancher europäische Bildungsbürger empfinden.

Es sind wohl auch diese Gedanken, die immer wieder den Ruf nach einer Leitkultur aufkommen lassen, an die sich bitte alle zu halten haben.

Das Zusammenleben mit anderen Kulturen ist Übungssache. Es funktioniert, historisch betrachtet, dort besser, wo die Bevölkerung durch Handelsstraßen oder Häfen traditionell mit fremden Kulturen konfrontiert ist und von ihnen auch profitiert.

»Dem Einheimischen sind eigentlich die fremdesten Fremden nicht fremd«, hat Karl Valentin einmal geschrieben. »Der Einheimische kennt zwar den Fremden nicht, kennt aber am ersten Blick, dass es sich um einen Fremden handelt.«

Wenn es dabei bleibt, beginnen die Probleme.

RANGA YOGESHWAR

»Das Gesetz der Schwerkraft
gilt auch in Bombay«

Ranga Yogeshwar ist bestimmt kein Opfertyp, wenn es so etwas überhaupt gibt. Er ist erfolgreich und selbstbewusst, ein beliebtes Fernsehgesicht, ein anerkannter Journalist. Doch vor Jahren wurde er Opfer eines rassistischen Angriffs, wurde verletzt. Aber Ranga Yogeshwar hat sich gewehrt – das sei sehr wichtig für ihn gewesen, sagt er.

Darüber wollten wir reden, doch dann kam die Katastrophe von Fukushima. Dem Eindruck nach ist Yogeshwar jetzt Tag und Nacht auf dem Bildschirm, er ist schwer erreichbar. Dann findet er doch noch eine Lücke im Terminkalender, aber es gibt für Yogeshwar trotzdem eigentlich nur ein Thema: Fukushima.

Hennef, zwischen Köln und Bonn, atmet noch den Charme der alten Bonner Republik. Im Café gibt es Windbeutel, und gleich neben dem Haus der Yogeshwars grüßen Gartenzwerge und Plastikrehe über den Jägerzaun. Neben dem unauffälligen Wohnhaus am Rande von Hennef steht ein Kubus aus Stein und großen Glaswänden. Es ist sozusagen der Arbeitstrakt im Hause Yogeshwar, ein Niedrigenergiehaus mit Solarzellen und Wärmetauscher – selbstverständlich, das ist Ehrensache für den Wissenschaftsjournalisten.

Ranga Yogeshwar öffnet die Tür zum Arbeitstrakt. Es gibt einen direkten Durchgang zum Wohnzimmer, wo der Flügel steht, und einen Zugang zum Balkon. Das ist wichtig. Denn Ranga Yogeshwar raucht, gar nicht so wenig, auch wenn ihm das ein bisschen peinlich ist.

Die erste Zigarette ist geraucht, es ist frisch auf der Terrasse. Wir gehen wieder zurück ins Arbeitszimmer mit der Nussholzschrankwand und dem blau-goldenen Gemälde über dem Sofa.

Hier saß er die letzten Wochen, tagsüber und häufig auch nachts, an den drei Computerbildschirmen und interpretierte die neuesten Messdaten aus Fukushima. Wenn er nicht gerade im Fernsehstudio war und zum Beispiel mithilfe eines Eddings und eines Wasserglases die Kernschmelze erklärte.

Er hat viel Lob für die unaufgeregten Erklärungen erhalten. Yogeshwar sei zum »Ablassventil einer überhitzten Debatte« geworden, schrieb etwa die Sonntagszeitung der *FAZ* über ihn. Yogeshwar mag das nicht. Er findet es absurd, wenn sich Journalisten angesichts dieser Katastrophe mit der Frage aufhalten, ob er nun eine gute oder schlechte Figur gemacht habe. Da seien die Perspektiven der Mediengesellschaft wohl endgültig verrutscht, findet er.

Rangar Yogeshwar wurde vor fünfundzwanzig Jahren Journalist, weil er etwas verändern wollte. Er wurde als Sohn eines indischen Ingenieurs und einer luxemburgischen Künstlerin geboren. Er ging in Indien und Luxemburg auf die Grundschule, besuchte danach ein Musikgymnasium. Anschließend studierte er in Aachen experimentelle Physik.

An der Uni organisierte er damals schon eine Ringvorlesung über die Risiken der Atomkraft und veröffentlichte darüber ein Buch, auf das er heute noch stolz ist, weil es alle Katastrophen benennt, die bis dato eingetreten sind. Später, als Wissenschaftler im Kernforschungszentrum Jülich, hielt er am Tag des Friedens einen Vortrag über das gleiche Thema, obwohl der damalige Innenminister Zimmermann allen Staatsbediensteten mit Kündigung drohte, die sich an diesem Tag am Arbeitsplatz politisch betätigen.

Vielleicht war das auf Dauer ein bisschen viel Sendungsbewusstsein für einen Wissenschaftler. Jedenfalls nahm er sich eine Auszeit, ging ins Land seines Vaters, in dem er als Kind ein paar Jahre gelebt hatte, und wanderte ein Jahr am Fuß des Himalajas. Yogeshwar wollte sich darüber klar werden, was er mit dem, was er weiß und kann, anfangen soll. Am Abend vor dem Heimflug hörte er auf *BBC World News,* dass in Russland eine Reaktorkatastrophe passiert sei. Yogeshwar hatte bereits Kontakte zum WDR geknüpft und mit den Gedanken an eine Karriere als Fernsehjournalist gespielt. Doch Tschernobyl sollte seine Karriere beschleunigen. Wenige Tage später stand er zum ersten Mal vor der Kamera.

Damals gab es nicht viele Migranten im deutschen Fernsehen. »Außer mir vielleicht noch Roberto Blanco«, sagt Yogeshwar. Jetzt sollte der studierte Kernphysiker die ängstlichen Fragen rund um Kernbrennstäbe, Millirem und Becquerel beantworten. Als er da so stand, ohnehin schon ziemlich aufgeregt, drückte ihm ein Aufnahmeleiter drei Krawatten in die Hand. Er sollte sich eine aussuchen. Yogeshwar lehnte ab. Als der Aufnahmeleiter zurück im Regieraum war, hörte Yogeshwar ihn über das offene Mikrofon zum Regisseur sagen: »Der Yogeshwar is ja 'ne liebe Jung, aber der sieht doch aus wie ein Neger. Dem glaubt man nich. Der soll doch ne Krawatte anziehen, dann wirkt er ein bisschen seriöser.«

Yogeshwar erzählt das lachend, er kann den kölschen Singsang des Aufnahmeleiters gut nachmachen. Und er will das auch nicht als Beispiel für Rassismus verstanden wissen. Aber das Erlebnis hatte ihn zu einem Entschluss verholfen.

Bis heute trägt er keine Krawatte, wenn er vor die Kamera tritt. Es ist ein gewisser Trotz, zugleich auch ein Glaubensbekenntnis für ihn als Journalisten und als Wissenschaftler: »Ich muss Glaubwürdigkeit auf eine andere Weise herstellen als durch ein Kleidungsstück.«

Heute ist er eins der beliebtesten und glaubwürdigsten Fernsehgesichter. Die Zuschauer mögen seine Art, komplizierte Dinge einfach auszudrücken, ohne platt zu werden. Die ruhige Stimme, die manche Silben etwas überbetont und beim Zuschauer so den Eindruck unterstützt, gerade etwas sehr Bedeutendes zu erfahren. Das wirkt gelehrig, aber nicht oberlehrerhaft. Als Präsentator des Wissenschafts-Quickies vor der

Tagesschau, dem *Wissen vor 8*, erklärt er täglich einem Millionenpublikum in fünfundvierzig Sekunden Phänomene des Alltags. Warum dreht sich der Knödel im Topf? Warum fallen schlafende Vögel nicht vom Ast? Was hat die Erfindung des Fahrrads mit dem Vulkan zu tun? Wissensfragen für mal eben zwischendurch. Yogeshwar ist stolz, dass er die Wissenschaft damit aus dem Hobbykeller fast in die Primetime gebracht hat.

Andererseits misstraut er seinem Medium wie vielleicht jeder gute Journalist. Er kennt die Oberflächlichkeit des Fernsehens, und er spürt immer wieder dessen Macht. Die einfachen Antworten kommen im Fernsehen einfach besser an als die komplexen. Das macht es Populisten leichter.

Yogeshwar hat das Buch von Thilo Sarrazin gelesen, jede Seite, wie er betont. Er hat einzelne Fußnoten überprüft und sich beim Chefredakteur der renommierten Zeitschrift *nature* über den Leumund der zitierten Wissenschaftler erkundigt. Das Urteil von Yogeshwar dazu ist ernüchternd. Sarrazin habe in wesentlichen Passagen Wissenschaftler zitiert, die heute im akademischen Diskurs nicht mehr aktuell sind. »Ich kann mich des Eindrucks nicht erwehren, dass es zuerst die Thesen gab und dann mühsam dafür wissenschaftliche Belege gesucht wurden.« Das habe mit Wissenschaft, wie er sie verstehe, nichts zu tun.

Jetzt reden wir also doch über Integration. Wieder eine Zigarette auf dem Balkon. Einer der Söhne kommt kurz vorbei, der Hund legt sich zu unseren Füßen.

Sarrazins Buch muffele nach nassem Loden und Dackelhaaren, hat er dem ehemaligen Bundesbanker im Fernsehen gesagt. Hier auf der heimischen Terrasse bekommt man von Ranga Yogeshwar, was würde man auch anderes erwarten, sogleich die wohldurchdachte Analyse zur Migrationsdebatte zu hören. Er gliedert seine Punkte auf in eins, zwei, drei, spricht dabei langsam und eindringlich, wie man das von seinen Fernsehauftritten her kennt. Hin und wieder vergewissert er sich mit einem »Ja?«, dass ihm der Zuhörer auch noch folgt.

Da sei erstens die geringe Erfahrung der Deutschen mit Fremden, ein Nachteil gegenüber Kolonialmächten wie Frankreich oder England, sagt Yogeshwar. Es gäbe einige wenige Bilder vom ferneren Ausland, die uns prägen. Da schnurrt dann ein ganzer Kontinent wie Afrika auf die Schlagwörter Hunger, Krieg und Aids zusammen, und der Nahe Osten wirkt wie ein einziger Hort islamischer Fundamentalisten.

Da sei zweitens die Verunsicherung der Menschen in unruhigen Zeiten wie heute, in der vom Klima über das Finanzsystem bis zur Energieversorgung alles im Fluss sei. Für diese und viele andere Probleme würden nun Sündenböcke gesucht.

Und man verweigere drittens den Blick darauf, dass, wenn von einem Migrantenproblem die Rede ist, meist ein soziales Problem gemeint sei, das man auch in der deutschen Bevölkerung findet.

Und dann, letzter Punkt, habe es nie eine tiefergehende Debatte darüber gegeben, was Integration überhaupt bedeutet.

Yogeshwar hat solche Dinge auch schon im Fernsehen gesagt, zuletzt in knapper Form auch bei der Sendung mit Sarrazin. Er erhält normalerweise wenig Post mit rassistischen Schmähungen. Doch wenn er sich zu diesem Thema äußere, sagt Yogeshwar, ändert sich der Ton der Zuschauermails. Dann nehmen die rassistischen Zuschriften zu. »Das ist interessant«, sagt er nüchtern und überlegt, ob er als politischer Kommentator im deutschen Fernsehen genauso akzeptiert wäre. »Mein Vorteil ist wohl, dass die Schwerkraft in Bombay genauso gilt wie in Deutschland.« Hilfreich war vielleicht auch, dass man heute bei Indien nicht mehr so sehr an Armut und Hunger denkt, sondern eher an Computer und Software, da passt ein indischstämmiger Wissenschaftsjournalist ganz gut ins Klischee.

Schmähbriefe sind die mildere Form, in der sich Rassismus äußern kann. Rangar Yogeshwar steht nicht mehr im Telefonbuch und hält seine Adresse auch aus dem Internet heraus. In Regionen, die für rechte Gewalt bekannt sind, setzt er keinen Fuß mehr. Einen Freund, der in Mecklenburg nahe der polnischen Grenze wohnt, besucht er nicht, weil bekannt ist, dass es in den Dörfern dort eine aktive rechte Szene gibt. Das hat er auch in der Talkshow des Mitteldeutschen Rundfunks gesagt und dafür aus Ostdeutschland nicht nur Zustimmung geerntet.

Ranga Yogeshwar hat immerhin erlebt, was es bedeutet, allein wegen seines fremden Aussehens in Gefahr zu geraten. Es ist nicht in Deutschland passiert, und es ist schon eine ganze Weile her. Ranga Yogeshwar verbrachte ein Wochenende mit seiner Frau in Prag. Sie kamen aus der Oper, waren auf dem Rückweg ins Hotel. Ranga Yogeshwar wollte in der U-Bahn-Station nahe der Oper gerade ein Ticket entwerten.

»Ich weiß noch, dass ich mich geärgert habe, dass die Tickets nicht aus Karton, sondern aus Papier waren und deshalb nicht gut in den Automaten passten.« Plötzlich spürt er einen Schlag auf seinen Kopf. Yogeshwar hatte viel Stress gehabt in dieser Zeit und dachte zuerst, es könnte ein Gehirnschlag sein, der ihn erwischt hat. Doch dann sieht er sich einer Gruppe Skinheads gegenüber, zehn oder zwölf, Yogeshwar kann das nicht mehr so genau sagen. Sie waren die Rolltreppe hochgekommen und haben sich auf den Mann mit den dunklen Haaren gestürzt.

Alle schlugen sie auf Yogeshwar ein. Er kann sich heute noch gut daran erinnern, dass er nur zwei Gedanken gehabt hat. Dass sich seine Frau um Himmels willen in Sicherheit bringen soll, und ganz Naturwissenschaftler, dachte er an Konrad Lorenz und die Theorie des Schwarms. Der Schwarm schützt das einzelne potenzielle Beutetier, weil sich ein möglicher Angreifer nur schwer für ein Opfer entscheiden kann. Aber anders als bei Lorenz, waren es an diesem Abend in der U-Bahn die Angreifer, die als Schwarm auftraten. Das Opfer war allein.

Yogeshwar suchte sich einen Angreifer heraus und schlug zu. Bei seiner Statur sei das nicht besonders effektiv gewesen, aber es war psychologisch wichtig, sagt er. »Ich sagte mir, ich bin kein Gratisopfer.« Dieser Umstand habe ihm später geholfen, mit der Attacke psychisch besser fertig zu werden.

Am Ende konnte sich Yogeshwar zusammen mit seiner Frau in ein Tickethäuschen flüchten. Die Meute sprühte noch Pfefferspray durch den Türspalt und machte sich dann aus dem Staub. Yogeshwar hatte Prellungen am ganzen Körper davongetragen und eine Wunde nahe am Auge. Er sah übel aus.

Ranga Yogeshwar kann von dem Abend in der Prager U-Bahn heute wie von einem seiner wissenschaftlichen Experimente berichten. Er sagt: »Was dann mit mir passiert ist, ist interessant … Sie fühlen sich dann … Man denkt in diesem Moment …« Selbst beim Schildern dieser existenziellen Situation bleibt bei Yogeshwar immer der Analytiker spürbar. Hat er danach Angst gehabt? Nein, zum einen, weil er sich gewehrt habe, und zum anderen, weil er von klein auf gelernt habe, dass die Angst keine Macht über einen gewinnen dürfe. Ranga Yogeshwar erzählt von seiner Großmutter mütterlicherseits, die immer gegen die Nazis gewesen sei, und vom Großvater, der dafür ins KZ ging. »Bei uns galt immer die Haltung: Sag deine Meinung. Das Schlimmste, was man haben kann, ist Angst.«

Was dann nach dem nächtlichen Angriff passierte, war vielleicht genauso demütigend wie der Angriff selbst. Yogeshwar und seine Frau gingen zu einer Polizeiwache, die nur ein paar Meter vom Tatort entfernt lag. Die Beamten dort gaben sich desinteressiert und verwiesen den sichtbar Verletzten an die Hauptwache. Auch dort wollte niemand eine Fahndung auslösen oder auch nur eine Anzeige aufnehmen.

Noch in der Nacht packten die Yogeshwars ihre Sachen und flogen mit der ersten Maschine nach Hause. Erst dort ließ sich Ranga Yogeshwar von einem Arzt behandeln.

Es war die Zeit, in der auch Migranten in Deutschland mit fremdenfeindlicher Gewalt konfrontiert waren. Es war die Zeit der Brandanschläge von Mölln und Solingen. Die Medien waren sensibel, und Yogeshwar kam seine relative Prominenz zu Hilfe. Es erschien ein Bild mit dem verletzten Gesicht des Fernsehmoderators im Kölner *Express*. Daraufhin berichteten auch die tschechischen Medien über den Überfall auf den deutschen Fernsehmann in Prag.

Yogeshwar erhält einen Entschuldigungsbrief des tschechischen Präsidenten, in dem der eine Untersuchung der Vorfälle verspricht. Dabei stellte sich heraus, dass die Schläger Yogeshwar offenbar für einen Roma gehalten haben. Das erklärt auch das Desinteresse der Polizei. Denn die Beamten in Tschechien hielten damals eher die Roma als die rechten Schläger für ein Problem und kooperierten zum Teil sogar mit ihnen.

Das Telefon unterbricht Yogeshwars Erzählung. Ein Journalist bittet um Tipps, wo er an die Originaldaten der japanischen Atombehörde kommt. Yogeshwar dirigiert ihn mit einer Engelsgeduld über die Webseite. Das Telefonat zieht sich. Im Hintergrund gestikuliert seine Frau, er soll noch etwas essen, bevor er heute Mittag wieder vor der Kamera steht.

Yogeshwar kommt mit vor die Tür, eine rauchen. Dann muss er weiter, die Welt nach Fukushima erklären. Er wird sich auch diesmal keine Krawatte umbinden.

ZECA SCHALL

Unter Schwarzen

Es ist keine Schande, schwarz zu sein. Aber es ist enorm ungünstig«, hat Bert Williams, der erste große schwarze US-Entertainer, einmal gesagt. Williams war Anfang des 20. Jahrhunderts ein Star in den USA, hatte seine eigene Show am Broadway – und doch musste er sich immer wieder der Apartheidsgesellschaft der USA unterordnen.

Der Satz von Bert Williams hat auch heute wenig von seiner Gültigkeit verloren. Fremdenfeindlichkeit funktioniert fast immer über Äußerlichkeiten. Wer einmal nachvollziehen will, wie vielfältig Vorurteile gegen fremd Aussehende auch heute noch zutage treten, kann das mit Günter Wallraffs Film *Schwarz auf Weiß* tun. Wallraff, als Somalier Kwami Ogonno verkleidet und geschminkt, zeigt in seiner Dokumentation die versteckten und offenen Vorbehalte gegenüber Schwarzen im Deutschland von heute.

Als der Film 2009 in die Kinos kam, wurde in den Feuilletons darüber gestritten, ob es nicht geschmacklos sei, dass Wallraff sich als Weißer das Gesicht anmalt. Man hat ihm vorgeworfen, mit seiner Maske in der Tradition der sogenannten Minstrel-Shows zu stehen, jener Bühnenprogramme, die in den USA um die Jahrhundertwende populär waren und in der Weiße mit geschwärztem Gesicht die Stereotypen der Afroamerikaner parodierten. Als käme es nicht darauf an, mit welcher Absicht man ein bestimmtes Mittel einsetzt. Und warum durfte Günter Wallraff vor fast dreißig Jahren in die Rolle des Türken Ali schlüpfen, jetzt aber soll es anstößig sein, mit aufklärerischer Intention einen Somalier zu spielen?

Diese kulturbeflissenen Überlegungen treten zurück, wenn man Wallraff als Kwami Ogonno sieht. Die Kamera dokumentiert die nackte Angst einer Uhrenverkäuferin vor ihrem afrikanischen Kunden, den kaum verheimlichten Rassismus von Hundetrainern und Campingplatzbesitzern bis hin zur offenen Gewaltandrohung in einer Bar. Und manchmal dokumentiert der Film auch unbeholfene Fürsorge von Bürgern gegenüber dem Fremden. *Schwarz auf Weiß* zeigt, wer als Schwarzer in Deutschland lebt, lebt unfrei.

Der gebürtige Angolaner Zeca Schall zum Beispiel meidet dunkle Plätze und inzwischen auch Dorffeste. Denn er ist bereits zweimal von Männern angegriffen worden. Schall hat davon Narben im Gesicht zurückbehalten. Und er ist offen angefeindet worden, zeitweise stand er unter Polizeischutz.

Zeca Schall ist CDU-Politiker und hat eine gewisse Berühmtheit erlangt, als er im Wahlkampf 2009 mit dem damaligen thüringischen Ministerpräsidenten auf einem Plakat zu sehen war. Darüber stand: »Gut gemacht Thüringen«.

Damals ist der NPD-Mob mit Lautsprecherwagen durch seine Heimatstadt Hildburghausen gezogen, hat ihn als »Quotenneger« beschimpft und Plakate mit der Aufschrift »Zeca go home« aufgehängt. Darüber wurde weltweit berichtet, Übertragungswagen von CNN bis Radio Vatikan waren wochenlang vor Ort.

Zeca Schall erfuhr damals viel Solidarität, er stand plötzlich im Rampenlicht. »Eigentlich hat mir die NPD sogar geholfen«, sagt er. Denn als Politiker ist er um Aufmerksamkeit und ein Echo in den Medien froh.

Hildburghausen, ein kleiner Ort in Thüringen, gleich hinter der Grenze zu Bayern. Renovierte Bürgerhäuser, ein gepflasterter Marktplatz. Kneipen heißen hier »Remmi-Demmi«, und an der Pinnwand im Rathaus wird ein »Flotter Flitzer« angeboten. Wir sitzen in einer Teestube der Passage gleich hinter dem Marktplatz. Wenige Kunden kommen in den Laden, rings um das Geschäft stehen Büroräume leer.

Eigentlich sei die Lage im Ort ganz zufriedenstellend, sagt

Schall. Die Wirtschaft profitiert heute von der Nähe zur ehemaligen deutsch-deutschen Grenze, viele Hildburghausener fahren zur Arbeit nach Coburg oder Bamberg. Insgesamt sei Thüringen auf einem guten Weg. Kein Wunder, lacht er, immerhin regiert seit der Vereinigung die CDU das Land. Industrieansiedlung, Kindertagesstätten, Schall zählt die Verdienste seiner Partei beim Aufbau des Landes seit der Wende routiniert auf.

Es ist ausgerechnet Aschermittwoch, als wir uns in der Teestube treffen. Meist kein guter Tag für differenzierte politische Argumentationen, besonders wenn es um die Themen Migration und Integration geht.

Alle Medien melden an diesem Tag, Horst Seehofer habe auf seiner Aschermittwochsrede in Passau gefordert, das Bekenntnis zur deutschen Sprache in die bayerische Verfassung zu schreiben. Das eine Schnapsidee zu nennen verbietet sich nur deshalb, weil beim politischen Aschermittwoch vor allem Bier ausgeschenkt wird. Es fehle der CSU die verfassungsändernde Mehrheit im Landtag für solche symbolischen Aktionen. Und dann sagt er noch, dass sich die CSU sträuben werde »bis zur letzten Patrone«, wenn Menschen in unsere »Sozialsysteme zuwandern« wollten.

Eigentlich müsste es Zeca Schall an diesem Tag besonders schwerfallen, Unionspolitiker zu sein. Falls das so ist, lässt er sich das nicht anmerken. Zu Seehofer sagt er lächelnd: »Ja, mit ihm haben wir auch schon geredet. Er unterstützt unser Anliegen, die NPD zu verbieten.«

Schall selbst war heute bei der zentralen Veranstaltung der Landes-CDU in Erfurt, er trägt noch den schwarzen Anzug und die Krawatte. Dort ging es offenbar sachlicher zu, zumindest schafft es Ministerpräsidentin Christine Lieberknecht mit ihrer Rede nicht in die Hauptnachrichten. Dort gibt es heute nur die polemischen Höhepunkte der Bundespolitiker. Frau Lieberknecht habe wichtige Themen angesprochen, sagt Schall, es seien viele da gewesen. Ein erfolgreicher Vormittag für die Partei.

Man kann sich kaum einen loyaleren Parteimann vorstellen als Zeca Schall. Fragt man ihn, ob er sich mit seinem Thema in der Union nicht manchmal alleingelassen fühle, erinnert er an Adenauer, der in den Fünfzigerjahren Millionen von Aussiedlern integriert habe. Daran knüpfe Angela Merkel heute mit dem Integrationsgipfel an, sagt Schall, die verlorenen Jahre der Kohl-Ära dazwischen lässt er unerwähnt. Stattdessen kritisiert er, dass die rot-grüne Regierung unter Gerhard Schröder bei der Integration viel angekündigt und nichts erreicht habe. Nicht einmal die doppelte Staatsbürgerschaft für hier geborene Ausländer habe der politische Gegner durchsetzen können. Man muss ihn erst daran erinnern, dass es sein Parteifreund Roland Koch gewesen ist, der die Gesetzesänderung über den Bundesrat mit einer schmuddeligen Unterschriftensammlung verhindert hat. Dann lächelt Schall wieder.

Es gibt eigentlich nichts, was Zeca Schall versäumt hätte, um als integriert zu gelten. Hildburghausen sei seine Heimat, sagt er. Hier lebt er seit über zwanzig Jahren, hat die Wende miterlebt, ist Mitglied in der Freiwilligen Feuerwehr und der CDU. Hier hat er geheiratet, hier gehen seine beiden Kinder zur Schule. Die Leute kennen ihn als Politiker. Ja, und natürlich auch als einen der wenigen Schwarzafrikaner hier in der Gegend.

Als Zeca Schall 1988 nach Hildburghausen kam, hieß er noch Zeca Fuseca und war Student auf einer Agrarhochschule in Angola. Der sozialistische Bruderstaat hatte ihn dort als Vertragsarbeiter angeworben, ein deutscher Arzt hatte ihn untersucht, seine Tauglichkeit festgestellt. Dann war er zusammen mit einigen Hundert jungen Angolanern ins sozialistische Deutschland geflogen.

Hildburghausen war damals Frontstadt im Kalten Krieg. Die deutsch-deutsche Grenze verlief am Rande des Landkreises. Schall lebte im Wohnheim für Vertragsarbeiter. Gleich hinter dem Haus lag die Kaserne der Grenzpolizei. »Dort oben war alles voll mit Soldaten und Panzern«, sagt er.

Damals gab es Gerüchte, dass US-Truppen jenseits der Grenze, in Coburg, angolanische Aufständische ausbilden würden. Da wurden die Grenztruppen nochmals verstärkt. Erinnerungen aus dem Kalten Krieg, es kommt einem heute vor, als berichte Zeca Schall aus einem sehr fernen Land. »Wir fanden das damals normal«, fügt er hinzu. Im von Bürgerkriegen zerrütteten Angola hatten Stacheldraht und Gewehre seit Langem zum Alltag gehört.

Die DDR-Vertragsarbeiter waren die Gastarbeiter des sozialistischen Deutschland. Offiziell sollten sie zur Völkerverständigung mit den Bruderländern beitragen. Die Vertragsarbeiter sollten ihrerseits Kenntnisse erwerben und damit später den Fortschritt in der Heimat vorantreiben. Ihr Aufenthalt war von vornherein zeitlich begrenzt. Das war die Theorie. Tatsächlich wurden sie oft für Tätigkeiten eingesetzt, die DDR-Bürger nicht verrichten wollten. 190 000 lebten 1989 im Land, die meisten kamen aus Vietnam, aber auch viele aus Kuba, Mosambik und Angola. Sie wurden in Wohnheimen, oft kleinsten Zimmern kaserniert. Die Regeln waren streng. Kontakt zur Bevölkerung war unerwünscht, Schwangerschaften führten zur sofortigen Ausreise.

Zeca Fonseca hatte es einigermaßen gut erwischt. Er machte im »VEB Schrauben- und Normteilewerk« eine Ausbildung zum Dreher, in dort angebotenen Kursen lernte er Deutsch. Eigentlich wollte Zeca Fonseca nur ein halbes Jahr bleiben. Doch in der katholischen Kirchengemeinde fand er Anschluss an deutsche Familien – er lernt seine spätere Frau kennen.

Als die Bürger im November 1989 auf die Straßen gingen, hatte er zuerst Angst. Wenn Unruhe aufkommt, kommt es bald zu Gewalt und Bürgerkrieg, so hat er es in seiner Heimat erlebt. Er hatte damals bereits seinen Vater im angolanischen Bürgerkrieg verloren. Später wurde auch seine Mutter getötet.

Viele von Schalls Landsleuten haben da bereits die offenen Grenzen genutzt und sind hinüber in den Westen. Manche reisten von da aus weiter bis nach Kanada oder in die USA. Auch

Zeca Fonseca dachte ans Auswandern. Doch da war seine Frau schon mit der ersten Tochter schwanger. Er blieb, heiratete und nahm den Namen seiner Frau an. Aus Zeca Fonseca wurde Zeca Schall.

Im Frühjahr 1990 gab es die ersten freien Volkskammerwahlen, im Herbst kam dann die Wiedervereinigung. Zeca Schall lernte in dieser Zeit den CDU-Landtagsabgeordneten Jörg Kallenbach kennen, der nahm ihn mit zu Parteiveranstaltungen, er wurde Mitglied, klebte Plakate und half an den Infoständen. Zeca Schall fand Freude an der politischen Arbeit.

Die Bundesrepublik ließ die Verträge mit den Ländern, die bisher ihre Arbeiter ins sozialistische Deutschland geschickt hatten, auslaufen. Wer noch in Deutschland war, wurde zurückgeschickt. Schall durfte dank seiner Ehe bleiben, er beantragte die deutsche Staatsbürgerschaft, sieben Jahre später bekam er sie. Die Einbürgerung dauerte auch deshalb so lange, weil sich Schall weigerte, seinen angolanischen Pass abzugeben.

Die CDU sei seine Familie, sagt Schall. Noch am Tag seiner Einbürgerung war er eingetreten. Seitdem gibt sie ihm ein Zugehörigkeitsgefühl und Sicherheit. 2009, erzählt er, als die NPD in Hildburghausen aufmarschierte, seien sogar Parteifreunde aus Nordrhein-Westfalen gekommen, um ihn zu unterstützen.

Aber wie das so ist in einer Familie, auch wenn man nach außen Geschlossenheit zeigt, muss man sich intern seinen Platz erkämpfen. Zeca Schall engagiert sich seit Jahren für sein Thema Integration, er ist auf vielen Veranstaltungen im Land. Eine Stelle als integrationspolitischer Sprecher der Landes-CDU, auf die er sich beworben hatte, wurde dann aber doch nicht geschaffen.

Für das Superwahljahr 2009 hatte er seine Arbeit gekündigt, eine Fortbildung in der Berliner Arbeitsstelle für Ausländerfragen besucht und sich dann voll ins politische Geschäft geworfen. Als er dann im Wahlkampf auf dem Plakat neben Ministerpräsident Althaus zu sehen war, da machte sich Zeca Schall Hoffnungen darauf, bald als Integrationsbeauftragter am Kabinettstisch zu sitzen. Es ist schwer zu sagen, wie realistisch diese Hoffnungen damals tatsächlich waren. Mit dem Ausscheiden von Althaus aus der Politik und der Großen Koalition in Erfurt zerplatzten diese Träume jedenfalls erst einmal.

Zaca Schall arbeitet jetzt wieder als Maschinentechniker, allerdings bei einer Zeitarbeitsfirma. In der Partei engagiert er sich weiter ehrenamtlich, wird einmal im Jahr von der Kanzlerin mit anderen politisch aktiven Migranten ins Kanzleramt geladen. Aber er hat weder Amt noch Mandat. »Bei der Kreistagswahl haben wir zu wenig Wahlkampf gemacht«, sagt er. Die alten Parteihasen hatten gesagt, das klappe auch so, die CDU sei im Kreis so stark. Schall hat dann ganze zweiundvierzig Stimmen bekommen. Statt ihm sitzt jetzt ein Vertreter der NPD in dem Gremium. »Wir haben daraus gelernt«, sagt Schall tapfer. Es wird aber nicht ganz klar, wer nun was daraus gelernt hat.

»Man kann nur hoffen, dass die Partei den Zeca jetzt nicht wieder vergisst«, sagt ein Parteifreund. Es klingt nicht so, als wäre er optimistisch. Welche Chancen hat ein Schwarzer bei einer Wahl in Hildburghausen, in Thüringen, überhaupt in Deutschland? Darauf mag keiner so direkt antworten.

Vielleicht sei Politik als Beruf für Zeca Schall ja auch gar nicht das Richtige. Vielleicht fehle ihm ein wenig der Realitätssinn, wie ein anderer Parteifreund hinter vorgehaltener Hand sagt. Vielleicht ist er zu wenig wortgewandt oder zu still. Doch sollte das so sein, hat es ihm anscheinend bisher keiner offen gesagt. Zeca Schall hofft weiter. »Ich möchte nach zwanzig Jahren auch mal etwas anderes machen als Plakate kleben«, sagt er. Er wird sich wieder bewerben.

Wir bezahlen unseren Tee. Die Besitzerin der Teestube klagt beim Rausgeben darüber, dass immer weniger Kunden kommen und dass sie jetzt im Rathaus sogar dafür bezahlen muss, wenn sie ein Werbeschild auf den Marktplatz stellen will, um ein paar

Kunden mehr in den versteckten Laden zu locken. Zeca Schall sagt, da müsse sie beim nächsten Mal nur den richtigen Bürgermeister wählen. Er empfiehlt seinen Parteifreund Holger Obst. Der solle beim nächsten Mal antreten, dann würde das alles anders.

Dann ist Zeit für die zweite Aschermittwochsveranstaltung des Tages. Diesmal die vom CDU-Ortsverein Hildburghausen.

Zeca Schall hat den schwarzen Anzug gegen einen Trachtenjanker ausgetauscht, das passt zur hellen Holzvertäfelung im Nebenzimmer des Gasthauses »Hassfurther«. Er sitzt etwas abseits, lauscht den Begrüßungsworten seines Freundes, des Ortsvorsitzenden Holger Obst. Dann kommt eine satirische Rede auf den Bürgermeister, der der Linkspartei angehört, die Stadt seit vierzehn Jahren regiert und, glaubt man dem Büttenredner, ein Alkoholproblem hat.

Danach folgt die allgemeine Aussprache. Es solle auch mal um ein paar politische Grundsatzfragen gehen, hatte der Ortsvorsitzende Obst angeregt. Aber die Mitglieder bewegt halt doch eher die Verschmutzung des Parks, wofür »die Jugend« am Ort verantwortlich gemacht wird. Es klingt, als wäre von Außerirdischen die Rede, die man nur vom Hörensagen kennt. Der Altersschnitt der anwesenden Orts-CDU liegt bestenfalls bei fünfzig. »Rowdytum« sei zu DDR-Zeiten noch als Straftatbestand im Gesetz verankert gewesen, sagt einer. Allgemeine Ostalgie bemächtigt sich der Debatte.

Ich muss daran denken, was Zeca Schall am Mittag in der Teestube gesagt hat: »Die Menschen vergessen schnell.« Er könne sich noch gut daran erinnern, dass es vor der Wende in Hildburghausen nur schlecht geteerte Straßen gegeben habe und alle Häuser mit Holz oder Kohlen geheizt worden sind. Kein Vergleich zu heute. Die blühenden Landschaften, die Helmut Kohl einst versprochen hatte, seien gekommen, hat der treue Parteigänger Schall gesagt. Es habe eben nur ein wenig länger gedauert.

Zeca Schall könnte jetzt das Wort in der Holzstube des »Hassfurther« ergreifen. Er könnte an Helmut Kohl erinnern und vielleicht noch ergänzen, dass ein verschmutzter Park womöglich der Preis der Freiheit ist, die sie alle 1989 erstritten haben.

Aber Zeca Schall sagt nichts. Er lächelt.

TANER G.

Ein gestrauchelter Held

Man hat sich längst daran gewöhnt, dass Ausländer als Opfer in den Medien vorkommen. Man hat das verbrannte Haus der Familie Genc in Solingen vor Augen, fünf Menschen kamen bei dem Brandanschlag 1993 ums Leben. Man sieht die verängstigten Gesichter in den Wohnheimen von Hoyerswerda und Rostock-Lichtenhagen. Oder aber die Medien zeigen Migranten als Täter. Mehmet etwa, den Münchner Intensivtäter, der zum Symbol für gewalttätige Ausländer wurde.

In der Nacht auf den 13. Januar 2001 in der Münchner Zenettistraße war die Rollenverteilung anders. Damals retteten sechs türkische Jungs einen Griechen vor den Springerstiefeln von Neonazis. Eine Geschichte, die damals quer durch die deutschen und türkischen Medien ging. Wochenlang waren die Helden der Zenettistraße in den Schlagzeilen.

Einer von ihnen war Taner G., der damals besonders im Mittelpunkt stand. Alle wollten sie Interviews von ihm, der gut reden konnte, fast alle haben sie bekommen. Auch ich, der ihn einen Tag auf der Medientour begleitete. Taner G. wurde auf Stadtfesten und Kulturfestivals auf die Bühne geschickt, kurz bejubelt, und dann ging es gleich weiter zum nächsten Termin. Taner genoss das. Doch schon damals war sein Leben aus dem Lot geraten, er hatte es vielleicht nur noch nicht gemerkt.

Kürzlich war zu lesen, dass Taner G. vor Gericht gestanden hat. Es ging um Betrug mit Fußballtickets. Er wurde dafür verurteilt. Ich suche seine Adresse, finde einen Facebook-Eintrag. Als ich per E-Mail frage, wie es ihm geht und ob er zu einem Treffen Lust hat, schreibt er sofort: »Ruf doch mal an.«

Wir treffen uns am Münchner Hauptbahnhof. Taner steigt aus einem weißen BMW. Er ist fülliger geworden seit damals, das weiße Poloshirt spannt ein wenig über dem Bauch. »Der Wagen gehört der Firma«, sagt er, grinst und klickt ihn mit einer lässigen Handbewegung zu.

Wir setzen uns in einen Imbiss direkt an den Gleisen. Taner bestellt Chickenwings und schaut alle paar Minuten aufs Handy. In einer Stunde komme Marcel mit dem Zug an, der Sohn des Fußballtrainers Christoph Daum, »ein echt guter Freund von mir«, sagt Taner. Heute Abend spielt München gegen Mailand, da wollen sie zusammen hin. Im Münchner Zentrum fingen die Fans von Mailand gerade an, die Stadt auseinanderzunehmen, sagt er. Das hat ihm eben ein Freund gesimst, ein Spieler von »1860 München«. Taner kennt sich aus in der Fußballwelt, sieht sich als ein Teil von ihr.

Taner hat die Geschichte von jener Januarnacht 2001 sicher schon hundert Mal erzählt. Es war nach einem lustigen Abend mit Freunden in der »Taverna Palet« passiert. Als die Freunde auf die Straße hinaustraten, hörten sie schräg gegenüber laute Stimmen und sahen, wie Skinheads auf einen am Boden liegenden Mann eintraten. Ohne lange zu überlegen, rannten die Freunde los. Taner bekam selbst eins auf die Nase, konnte aber den Schwerverletzten in einen Hauseingang ziehen. Als die Polizei kam, flohen die Skinheads. Taner ging nach Hause, erzählte seinen Eltern nichts von dem Vorfall – er habe sie nicht zu sehr beunruhigen wollen.

Taner und seine Freunde haben in dieser Nacht dem Deutsch-Griechen Artemios das Leben gerettet. So richtig klar wurde ihnen das aber erst am nächsten Tag.

Da rief sie Oberbürgermeister Christian Ude ans Krankenbett von Artemios, sprach Taner und den Freunden offiziell den Dank der Stadt aus und gratulierte ihnen zum vorbildlichen Handeln. Als die Bilder in den Zeitungen erschienen, wusste plötzlich jeder in München, wer Taner G. ist.

Von da an war für Taner nichts mehr wie vorher. Alle wollten die Helden der Zenettistraße sehen, sprechen, fotografieren. Taner ging zu *Vera am Mittag* und *Fliege*, er war einer von Günther Jauchs *Menschen des Jahres*. An Schulen hielt er Vorträge über Zivilcourage. Sie erkannten ihn auf der Straße, klopften ihm auf die Schulter, und die türkischen Jungs riefen: »Taner, unser Held!« Immer mehr Wichtigtuer drängelten sich neben ihn ins Blitzlichtgewitter.

Das ist damals nur die öffentliche Seite. Gleichzeitig wurde er bedroht. Auf Neonaziseiten im Internet fand sich seine Privatadresse. Das sei aber keinesfalls eine Aufforderung zur Gewalt, schrieben sie dazu. Taner und seine Familie fühlen sich bedroht. Die Wohnung der Eltern, mit denen Taner damals noch zusammenwohnte, ist im Parterre. Taner litt jetzt unter Schlafstörungen.

Auf Rat der Polizei gab er den Lottoladen auf, weil er in dem Geschäft für potenzielle Angreifer auf dem Präsentierteller sitze. Taner stand plötzlich ohne Einnahmen, aber mit Schulden da. Die Ablöse für den Laden war noch nicht abbezahlt. Von dem Laden lebte nicht nur er, sondern zu einem guten Teil auch seine Eltern.

Die Polizei konnte ihn nicht rund um die Uhr schützen, die Beamten empfahlen ihm die Öffentlichkeit als Schutz. Also besuchte er noch mehr Pressekonferenzen und Podiumsdiskussionen, ließ sich mit Politikern fotografieren, die Hilfe versprachen und von denen sich viele nie wieder meldeten.

Im Stadtrat wurde nun vorgeschlagen, die Jungs für ihre Tat mit dem Preis »München leuchtet« zu ehren. Gleichzeitig kamen erste Gerüchte auf, dass die Helden angeblich gar nicht so heldenhaft seien. Es wurde behauptet, einer aus der Gruppe habe eine Vorstrafe, wegen Körperverletzung. Tatsächlich war die Tat längst verjährt und aus allen Führungszeugnissen gestrichen. Trotzdem kam diese Information auf ungeklärten Wegen an die Öffentlichkeit.

Manchem schien die Heldenverehrung zu weit zu gehen.

Neid mag eine Rolle gespielt haben. Vor allem aber war die Geschichte für München nicht nur angenehm. Legt sie doch offen, dass es mitten in der Stadt, die sich gerne so kuschelig und weltoffen präsentiert, eine veritable Neonaziszene gibt und dass man mit dunklem Teint nicht erst bis Ostdeutschland reisen muss, um in Gefahr zu geraten.

Nach längerem Hin und Her im Stadtrat bekamen Taner und die anderen Retter die Ehrenmedaille der Stadt. Nun war in der Boulevardpresse zu lesen, dass auch Artemios, das Opfer der Nazis, nach bürgerlichen Maßstäben keine ganz weiße Weste haben soll. Kränkende kleine Nadelstiche aus der Mehrheitsgesellschaft, so empfindet das Taner. Ist die Rettung weniger wert, weil einer vorbestraft ist oder das Opfer der Skinheads vielleicht kein Heiliger?

Taner heute zu treffen ist, als wäre man nur einmal kurz weggewesen. Er erzählt offen von einer Operation im vergangenen Jahr und wie viel Angst er davor gehabt hat. Er ärgert sich über die Kampagne für Zivilcourage. Warum hängen überall in der Stadt die Stars wie Daniel van Bouyten oder Karl-Heinz Rummenigge? Was haben die mit ihrem Millionenvermögen mit Zivilcourage zu tun? »Eigentlich müssten wir da stehen«, findet er. »Schließlich haben wir damals unsere Knochen hingehalten, wir könnten da wirklich etwas drüber erzählen.« Er würde gerne wieder in Schulen sprechen, sagt er. Aber ein Vorbestrafter als Vorbild?

Es sind diese Momente im Gespräch bei Chickenwings und Cola, bei denen nicht ganz klar ist, ob Taner nicht noch immer Anschluss an den Ruhm von damals sucht. Seinen Geburtstag letztes Jahr feierte er wieder in der »Taverna Palet«. Die ist zwar längst aus der Zenettistraße an den Ostbahnhof gezogen, aber noch immer hängen da die Zeitungsausschnitte von Taner und den anderen Rettern hinter Glas.

Die Jahre nach dem Vorfall waren nicht einfach. Taner G., der Held, war im normalen Berufsleben schwer vermittelbar. Er hat keine Berufsausbildung, aber abgesehen davon, wollte auch keiner den Helden einstellen. In einer Absage einer Bewerbung hieß es, das Sicherheitsrisiko sei zu groß. Seine Schwester habe sich damals Sorgen um ihn gemacht, erzählt Taner. Er sei wie gelähmt gewesen vor Angst, doch noch die Rache der Rechten zu spüren zu bekommen. Dann die Leere nach dem letzten Fernsehinterview. Und die Frage, wie geht es nun weiter?

Taner hatte immer von einer Fußballkarriere geträumt, dafür hat es nicht gereicht. Aber immerhin hatte er schon vor der Nacht in der Zenettistraße einen Traumjob, für den ihn jeder türkische Junge beneidet. Er war Stadionsprecher, wenn die türkische Mannschaft in Deutschland spielte. Den Job hatte er auch in der schweren Zeit behalten. Er half ihm, neue Kontakte zu knüpfen. Taner hielt sich mit dem Weiterverkauf von Fußballtickets über Wasser, organisierte gegen Provision auch Karten für die Fußball-WM in Deutschland. Irgendwann verkaufte er auch welche, die er noch gar nicht besessen hatte. Der Deal platzte, die Geschäftspartner verklagten ihn, obwohl er bis auf einen Restbetrag den Schaden beglichen hat. Drei Jahre später kam es zum Prozess, Taner wurde auf Bewährung verurteilt. Da war die Presse wieder da und schrieb über den »tiefen Fall eines Helden«.

»Tja, das war ein Riesenfehler«, sagt er, »jetzt bin ich auch noch vorbestraft. Ein vorbestrafter Türke in München – eine ganz schlechte Kombination.« Taner ist in München geboren, man hört auch diese leicht bayerische Färbung, doch den deutschen Pass will er nicht. Wozu?, fragt Taner. Er hatte auch mal daran gedacht, in die Türkei zu gehen. »Dort kann man mehr verdienen, wegen des Geldes müsste ich längst da sein.« Aber auch dort sei er Ausländer. »Eigentlich bräuchte ich einen Pass als Staatenloser.« Ein bitterer Witz von einem, der sich nicht angenommen fühlt, jedenfalls nicht so, wie er sich das vorstellt.

Keine Frage, Taners Leben hat in jener Januarnacht in der Zenettistraße eine Unwucht bekommen. Seit damals sei es nur noch bergab gegangen, sagt er. Wahrscheinlich hätte er ohne all das immer noch seinen Lottoladen und ein geregeltes Leben. Auch das mit den Tickets wäre ihm sicher nicht passiert.

Aber wem soll man die Schuld daran geben? Am Ende ist es wohl auch ein Teil der Wahrheit, dass man von der mutigen Tat nicht sein Leben lang zehren kann.

Natürlich wiege es nicht die Fehler auf, die er begangen habe, sagt Taner. Auch wenn die Richterin, die ihn für die Sache mit den Tickets verurteilt hat, seine Glanztat bei der Urteilsbegründung ausdrücklich erwähnte. Lächerlich fand er das. Das eine habe mit dem anderen doch nichts zu tun.

Andererseits hat sich Taner gern im Glanz der Prominenz gesonnt. Das hat ihm damals keiner deutlicher gesagt als sein Vater, der ihn auf dem Höhepunkt seiner Medienpräsenz aus der Wohnung werfen wollte: »Was bist du für ein arrogantes Arschloch, lässt dich für eine Selbstverständlichkeit loben«, sagte der Vater, »das war doch nur deine Menschenpflicht.«

Taner grinst. Die Ansage seines Vater habe er sich zu Herzen genommen. Ja, die Eltern, die hätten immer zu ihm gehalten. Sie und Christian Ude, der Münchner Oberbürgermeister. Der war keiner von denen, die weg waren, als die Scheinwerferlichter ausgingen. Ude hat versucht zu helfen. Dank seiner Fürsprache hatte Taner zum Beispiel mehr Zeit, seine Schulden abzuzahlen.

Heute arbeitet Taner für eine Sportagentur. Anfangs betreute er verletzte Spieler, brachte sie zum Arzt, erledigte Botengänge. Jetzt organisiert er Trainingslager für Ligamannschaften in Deutschland und der Türkei. Na ja, sagt er, als Freelancer, aber immerhin.

Es scheint, als hätte Taner vielleicht nicht den Platz in der Glitzerwelt gefunden, den er sich wünscht, aber immerhin hat er einen gefunden. Er präsentiert die Handynummer von Hamit Altintop in seinem Handy, die Nummer eines anderen Spielers organisiert er mit einem Anruf. Taner sagt stolz: »Einen besseren Organisator als mich kannst du dir nicht vorstellen.« Taner mittendrin, nicht nur dabei. Den Schweinsteiger, den hat er schon gekannt, als der noch kein Profi war. Der sage zwar immer »Hallo Türke« zu ihm, aber irgendwie meint der das ja nett. In der Türkei hat er auch Christoph Daum kennengelernt. »Ein guter Trainer – aber vor allem ein toller Mensch«, schwärmt Taner. Als er wegen der bösartigen Geschwulst an der Schilddrüse im Krankenhaus lag, schickte ihm Daum eine SMS: »Der Sieg heute ist nur für dich.« »Weißt'«, sagt Taner, »das ist groß. Mir 'ne SMS zu schicken, das hätte der Daum ja nicht nötig.«

Er schiebt den Teller mit den abgenagten Hühnerknochen beiseite. Die Fußballwelt sei anders als der Rest der Gesellschaft. Dort wüssten die meisten, was er hinter sich habe, auch das mit der Vorstrafe, aber es interessiere keinen. Die meisten seien ja selbst keine Engel. Man spreche nicht darüber. Ich erinnere mich an unser erstes Treffen. Damals erzählte Taner stolz, dass er einen bekannten Fußballer mit mehreren Handys ausgestattet hatte, damit der seine Liebschaften sauber auseinanderhalten konnte. Das sei noch gar nichts, meint Taner. »Wenn ich mal ein Buch schreibe, dann hab ich in der Türkei und in Deutschland Einreiseverbot.« Um große Worte war er ja nie verlegen. »Sportdirektor oder Manager bei einem Erstligaklub, das ist mein Ziel«, sagt Taner. Ob er schon eine Ausbildung dafür macht, Sportmanagement, Betriebswirtschaft oder so? Taner winkt ab: »Ich lerne die Abläufe und Regularien mit dem, was ich gerade mache. Die Regularien, die sind ja sehr wichtig, alles andere kommt dann schon.«

Im Moment gehe es ihm gut. Alles okay, so wie es ist, sagt er. Die Schulden sind bald abbezahlt, er hat seit sieben Jahren dieselbe Freundin, die immer hinter ihm gestanden hat und die er dafür ewig lieben werde. »Passt scho'«, sagt er. Manch einer auf der Straße erkennt ihn noch, klopft ihm auf die Schulter. »Weißt', wenn du einmal in der Zauberkiste drinnen warst, erkennt dich immer einer.«

Ob er das wieder tun würde, was er damals getan hat, wurde er häufig von Journalisten gefragt. Und er hat auch schon mal darauf geantwortet: nein – weil es danach alles nur schlechter und schwieriger gemacht habe.

Aber auch das ist wieder nur eine Seite einer Geschichte, die so viele Narben hinterlassen hat.

Einmal noch, erzählt Taner, habe er Artemios getroffen. Er sei in Tränen ausgebrochen und habe ihn umarmt und ihm immer wieder gedankt. Taner wird ein bisschen feierlich: »Allein dafür war es das alles wert.«

Dann wieder ein Blick aufs Handy. Gleich kommt Marcel.

TAREK AL-WAZIR

»Es funktioniert nicht mehr«

Der Schlossplatz in Wiesbaden sieht aus wie eine Spielzeugstadt. Vorn das Rathaus in rotem Sandstein, dahinter der akkurat geweißelte, etwas geduckte Landtag, ringsum Kopfsteinpflaster. Vor dem Landtag hängt an diesem Tag eine rotweiß-schwarz gestreifte Flagge, in der Mitte stehen arabische Schriftzeichen in Grün. Die Dame am Eingang sagt: »Hier können Sie nicht rein, gleich kommen die Gäste.« Woher sie kommen, weiß sie auch nicht, nur dass sie wichtig sind.

Tarek Al-Wazir, in Jeans und kurzärmligem, bügelfreiem Hemd, lehnt sich bis zur Hüfte aus dem Fenster seines Büros im ersten Stock. Die Mitarbeiter schauen erschrocken, aber er entziffert in dieser Lage die arabischen Schriftzeichen: »Allahu Akbar« steht da. Damit ist der Fall klar: Die irakische Staatsfahne ist das, die alte. Und er klärt auf: »Die Regierung im Irak wollte ja eine neue Fahne einführen, aber da gab es Proteste. Jetzt haben sie wieder die von Saddam Hussein.«

Arabische Fahnen vor dem hessischen Landtag, für den CDU-Landtagsabgeordneten, der Tarek Al-Wazir einmal in der Kantine angesprochen hat, wäre das wohl ein böses Vorzeichen gewesen. Al-Wazir war frisch in den Landtag gewählt, als der Mann, der unter den Politikern als das galt, was man früher ein »Original« genannt hat, sagte: »Sie legen doch ein gutes Wort für mich ein, wenn die Moslems die Macht übernehmen.«

Ein kleiner Scherz, sollte man meinen. Aber dann erlebte Al-Wazir die Unterschriftensammlung von Roland Kochs CDU gegen die doppelte Staatsbürgerschaft, und er wurde mit dem Zwischenruf eines Landtagskollegen konfrontiert: »Geh doch zurück nach Sanaa.« Später beteuerte der zwar, er habe gerufen: »Ein Student aus Sanaa«, auch wenn diese Bemerkung wenig

Sinn ergeben würde. Weder war Al-Wazir damals Student, noch hatte er im Jemen, dem Land seines Vaters, studiert.

Es gab eine Zeit, da gehörten rassistische Untertöne in Hessen zum politischen Instrumentarium. Die CDU war dort immer konservativer gestimmt als anderswo, geprägt von Galionsfiguren wie Manfred Kanther oder noch früher Alfred Dregger. Selbst Teile der FDP waren eher national als liberal. Und spätestens als Daniel Cohn-Bendit Anfang der Neunzigerjahre das Amt für multikulturelle Angelegenheiten in Frankfurt einrichtete, war die Frontstellung klar.

»Es gab diese Zeit«, sagt Tarek Al-Wazir und zieht die Augenbrauen hoch, wie er das immer macht, wenn er einen Satz besonders betont. Aber eben nicht nur in Hessen. Sofort kann er eine kleine Geschichte der rassistischen Wahlkampagnen herunterbeten. Am Anfang war Franz-Josef Strauß, der den Weg der Asylbewerber aus der DDR stoppen wollte, mit dem Schlagwort: »Das Loch in der Mauer stopfen.« In den Achtzigern versuchten es ausgerechnet die SPD-Spitzenkandidaten Dieter Spöri in Baden-Württemberg und Oskar Lafontaine im Saarland mit einer Kampagne gegen Aussiedler. Allerdings merkte die SPD schnell, dass sie mit solchen Themen nicht punkten konnte.

Doch in Hessen gab es diese Art Kampagnen länger als anderswo. Roland Koch kam 1999 mit einer Unterschriftensammlung gegen die von der rot-grünen Bundesregierung eingeführte doppelte Staatsbürgerschaft ins Amt. Damals gingen die Leute auf den Marktplätzen an die CDU-Stände und fragten: »Wo kann man hier gegen Ausländer unterschreiben?« Das vorläufig letzte Mal, dass aus Sicht Al-Wazirs der politische Gegner eine Kampagne, wenn auch mit subtiler Fremdenfurcht, versucht hat, war im Wahlkampf 2008, als die CDU plakatierte »Ypsilanti, Al-Wazir und die Kommunisten stoppen«.

Wo da die Fremdenfeindlichkeit sei, könnte man sich bei oberflächlicher Betrachtung fragen. Schließlich waren das doch die Namen der Politiker, die die Regierung Koch stürzen wollten. Dass Rot-Grün sich damals von der Linken tolerieren lassen wollte und trotzdem keine stabile Regierung bilden konnte, ist ein anderes Lehrstück der parlamentarischen Demokratie.

Tarek Al-Wazir hat die Kampagne mit seinem Namen durchaus persönlich genommen. Sie sei lange vorbereitet gewesen, berichtet Al-Wazir, in keiner Pressemitteilung der CDU jenes Wahljahres habe der Hinweis auf die »Al-Wazir-Grünen« und die »Ypsilanti-SPD« gefehlt. »Ich hab mich am Anfang immer gefragt, was soll das?« Es war der subtile Versuch, mit den fremd klingenden Namen Ressentiments zu wecken, davon ist Al-Wazir überzeugt. Als Koch dann noch versuchte, aus dem Angriff eines Griechen und eines Türken auf einen Rentner in der Münchner S-Bahn mit einer Ausländerkriminalitätskampagne Kapital zu schlagen, sei die Richtung klar gewesen. Koch entgegnete auf die Vorwürfe, er betreibe Wahlkampf mit Ressentiments, die Polarisierung der Politik diene der Demokratie, weil sie die Unterschiede der Parteien für den Wähler deutlich werden lasse. Doch am Ende verlor Koch die Wahl.

»Es hat nicht funktioniert«, freut sich Al-Wazir, »damit hat Hessen der Demokratie einen echten Dienst erwiesen.« So schnell werde das keiner mehr versuchen.

Bei zwanzig Prozent Migrationsanteil in der Bevölkerung lassen sich mit der Angst vor fremdländischen Namen keine Wahlen mehr gewinnen, glaubt Al-Wazir. Mit den Zahlen habe sich auch die Stimmung im Land verändert. Jeder hat heute Kontakt zum türkischen Gemüsehändler, und das längst nicht mehr nur in großen Städten.

Intelligente Menschen, die dumme Vorurteile benutzen, um damit Stimmung zu machen, fände er fast noch schlimmer als Rassisten, die es nicht besser wissen, sagt Al-Wazir. Hinter Kochs Wahlkampagnen steckte Dirk Metz, Freund, Pressesprecher und Wahlkampfmanager von Roland Koch. Der PR-Profi und leidenschaftliche Schalke-Fan beriet später auch noch den kurzzeitigen baden-württembergischen Ministerpräsidenten Stefan Mappus in seinem erfolglosen Wahlkampf. Tarek Al-

Wazir muss lachen. Er traf Metz neulich im Zug auf dem Weg ins Stadion und bat ihn grinsend, doch bitte weitere CDU-Regierungen zu beraten, etwa David McAllister in Nordrhein-Westfalen, damit auch dort die Union endlich die Mehrheit verliert. Es ist nicht überliefert, ob Dirk Metz das Fußballspiel danach noch genießen konnte.

Eine typische Al-Wazir-Bemerkung. Hier eine ironische Nebenbemerkung, da eine Spitze gegen den politischen Gegner und dann schauen, ob sie vom Gesprächspartner verstanden wird. Seine Mitarbeiterin sitzt daneben, grinst an den richtigen Stellen und macht sich gelegentlich Notizen.

Politik hat für Tarek Al-Wazir etwas Spielerisches. Er ist nun seit über zehn Jahren Fraktionsvorsitzender im Hessischen Landtag, redet meist frei, strahlt eher Gelassenheit als Ehrgeiz aus. Er gilt schon seit Jahren als eines der größten politischen Talente seiner Partei, aber bisher hat er dem Ruf aus der Bundespolitik stets widerstanden.

An der Pinnwand neben seinem Schreibtisch hängt ein Foto seiner beiden Kinder in jemenitischer Landestracht inklusive Schmuckdolch. Sie und seine Frau hat er stets als Grund genannt, wenn er Ämter in Berlin ablehnte.

Tarek Al-Wazir ist einer der Oberrealos seiner Partei, verteilt gerne auch mal einen Seitenhieb gegen altlinke Parteifreunde wie Claudia Roth und Christian Ströbele, die in den Neunzigern noch für offene Grenzen eingetreten sind. Er hat damals zusammen mit Matthias Berninger, der später mal Staatssekretär im Gesundheitsministerium war und heute als Manager für einen internationalen Lebensmittelkonzern für schwunghaften Umsatz von Schokoriegeln sorgt, die Grüne Jugend gegründet. Aus dieser Zeit kennt er auch Cem Özdemir, ein Realo wie er, der damals noch in roten Röhrenjeans herumgelaufen ist und eine lederne Sozialarbeitertasche trug. »Der Cem war damals viel mehr Öko, als ich es je war.«

Für seine Mutter, die heute beim Netzwerk Attac engagiert ist, ist Al-Wazir wohl eher ein Rechter. Vielleicht ist es auch die linksalternative Prägung im Elternhaus, die ihn heute immun macht gegen jegliche Ideologien. Seine Erfahrungen im Jemen wiederum relativieren für ihn auch manche verbissen geführte Debatte. Keiner in der Familie seines Vaters habe eine Krankenversicherung, sagt Al-Wazir, und wir in Deutschland diskutieren, ob man Patienten eine Praxisgebühr von zehn Euro im Quartal zumuten kann.

Tarek Al-Wazir ist als Sohn einer linksalternativ geprägten Lehrerin und eines Geschäftsmanns aus dem Jemen geboren. Er hat selbst mehr als einmal berichtet, wie schwer es für seine Eltern damals war, ihn als Tarek Al-Wazir ins Geburtsregister eintragen zu lassen. Am Vornamen müsse eindeutig zu erkennen sein, ob es sich bei dem Kind um einen Jungen oder ein Mädchen handelt. Das war damals für deutsche Ohren bei dem Namen Tarek offenbar nicht gewährleistet. Der Beamte empfahl Fritz als zweiten Vornamen, akzeptierte dann aber auch Mohammed.

Die *taz* hat mal spekuliert, ob Fritz Knirsch einen anderen Lebensweg genommen hätte als Tarek Al-Wazir. Knirsch ist der Mädchenname seiner Mutter.

Die Eltern trennen sich früh, der Vater geht zurück in den Jemen, hält aber Kontakt zum Sohn. Tarek wird von der Mutter auf Protestmärsche gegen den NATO-Doppelbeschluss mitgeschleift, er verbringt Wochenenden im Protestdorf gegen die Startbahn West. Der halbwüchsige Tarek versteht sich mit seinem Stiefvater nicht, da kommt es gelegen, dass sein Vater ihn für die Sommerferien einlädt, in den Jemen zu kommen. Aus der Friedensbewegung direkt in das Land mit der weltweit wohl höchsten Dichte an Handfeuerwaffen, das ist Schock und Faszination zugleich. Tarek wird seiner weit verzweigten Familie vorgestellt, er lernt rasch mit einer Kalaschnikow zu schießen und das Autofahren, weil das eben jeder Junge dort lernt, sobald er über das Lenkrad schauen kann. Aus dem Besuch in den Sommerferien werden zwei Jahre. Er geht auf eine internationale Schule, lernt Arabisch, zumindest so, dass er sich im Alltag verständigen kann. Die Al-Wazirs sind eine bekannte Familie im Land. Er hat einmal gesagt, wenn er in Sanaa einen Unfall gebaut hat, habe sein Vater innerhalb weniger Minuten davon erfahren. Er merkt, dass er dort immer nur Teil eines größeren Ganzen ist.

Tarek Al-Wazir entscheidet sich für den Individualismus und erleidet nach der Rückkehr einen Kulturschock in umgekehrter Richtung. Es ist Sommer in Deutschland, als er zurückkommt, und er traut sich plötzlich nicht mehr, Mädchen in kurzen Röcken anzusehen. Tarek, der Junge aus Offenbach, schaut plötzlich mit den Augen eines jemenitischen Einwanderers auf Deutschland.

Al-Wazir sagt, er könne den Kulturschock, den arabische Familien erleben, wenn sie nach Deutschland kommen, daher durchaus nachfühlen. Vielleicht ist ja das auch der größte Unterschied, mit denen Menschen aus ländlich geprägten Gesellschaften zurechtkommen müssen: Direkt aus dem Familien- und Dorfverbund müssen sie sich plötzlich in einer hochindividuellen Gesellschaft völlig neu orientieren. Das gelinge nicht allen.

Während seiner Zeit im Jemen habe er seinen jemenitischen Wurzeln einen Grund gegeben, sagt Al-Wazir. Er hält seitdem Kontakt zu seinem Bruder – Halbbruder würde er nie sagen, denn im Jemen ist jeder, der der Sohn des eigenen Vaters ist, ein Bruder. Tarek Al-Wazir ist mit einer jemenitischen Frau verheiratet. Ein unglaublicher Zufall, findet er. Sie hatten sich während seiner Zeit in Sanaa kennengelernt und später in Deutschland wiedergetroffen. Bedingung für die Ehe sei gewesen, dass sie gemeinsam überall auf der Welt leben, nur nicht im Jemen. Für seine Frau sei das schwerer als für ihn, sagt Al-Wazir. »Sie ist viel jemenitischer als ich.«

Er beobachtet die jemenitische Politik besonders in den unruhigen Zeiten wie derzeit. Fast immer ist ein Al-Wazir an der Regierung beteiligt, ein Onkel oder ein Großcousin. Er blickt mit Zuneigung und ein wenig Trauer auf das Land seines Vaters, das nie zu seiner Heimat geworden ist. Trauer darüber, wie wenig es dem Jemen gelingt, aus seinem Potenzial zu schöpfen, gerade wenn man es mit dem wohlhabenden und friedlich prosperierenden Nachbarland Oman vergleicht.

»Da können Sie den Unterschied zwischen good und bad gouvernance sehen«, sagt Al-Wazir und ist dann wieder auf der politischen Ebene.

Sein Großonkel hat 1945 die jemenitische Revolution gegen die Monarchie angeführt und hat das mit dem Leben bezahlt. Danach waren die Al-Wazirs Verfolgte im eigenen Land. Sein Vater ist im Gefängnis aufgewachsen. Im Vergleich dazu sind die Niederungen der hessischen Landespolitik vielleicht weniger geschichtsträchtig. Aber sein Vater hat einmal gesagt, er sei froh, dass er Politik in Deutschland mache, wo ein solches Amt in der Regel nicht mit Todesgefahr verbunden ist. Diese Perspektive relativiert vieles.

Während die Vorfahren Revolutionen anzettelten, beschäftigt sich der Landtagsabgeordnete Al-Wazir mit Biosphärenreservaten, der Behebung der Winterschäden auf den hessischen Straßen und manchmal auch mit der Einführung von islamischem Religionsunterricht. Tarek Al-Wazir wirkt, als käme er ganz gut zurecht mit dem parlamentarischen Kleinklein. Er hat sich gut eingerichtet in der Landespolitik. Aber das muss ja nicht immer so bleiben.

Tarek Al-Wazir gilt seit Jahren als Aspirant auf ein Amt in Berlin. Seine Kinder werden größer. Und jetzt, wo es schon einmal einen Vizekanzler mit vietnamesischen Wurzeln gibt, ist ja vielleicht auch einer mit jemenitischen Wurzeln denkbar.

Bei den Grünen zitiert man dieser Tage gerne den frisch gekürten ersten Ministerpräsidenten der Grünen. Winfried Kretschmann hat in fast jedes Mikrofon gesagt, er habe nie davon geträumt, Ministerpräsident zu werden: »Das Amt müsse zum Mann kommen.«

Tarek Al-Wazir grinst seine Mitarbeiterin an und sagt dann etwas zu laut: »So ist es.«

5
Härtefälle –

Notizen
von den Nahtstellen
der Gesellschaft

In meiner Heimatstadt logierten gegenüber der Wohnung eines Freundes jahrelang die Zeugen Jehovas. Ein ehemaliges Ladengeschäft, mit abblätterndem Putz und einem Schaufenster, an dem eine Jalousie als Sichtschutz heruntergelassen war. Doch auf dem polierten Messingschild stand »Königreichsaal«. Als die Gemeinschaft irgendwann ein eigenes Grundstück am Rande der Stadt gefunden hatte, errichtete sie dort einen neuen, moderneren Saal. Das alte Gebäude stand eine Weile leer. Irgendwann zog ein italienischer Kulturverein ein. Für die Nachbarn hatte sich damit nicht viel geändert. Die Zeugen Jehovas waren ihnen so fremd, wie es jetzt die braun gebrannten Männer waren, die den ehemaligen Gebetssaal in den Farben von Inter Mailand dekorierten und auf dem Dach eine Satellitenschüssel installierten. Man lebte friedlich nebeneinander her.

Was ist eigentlich so schlimm an Parallelgesellschaften?, fragte kürzlich ausgerechnet der Islamkritiker Henryk M. Broder in einem Beitrag für *Spiegel Online*. Nur primitive Gesellschaften und totalitäre Regime duldeten sie nicht. Freie Staaten dagegen, meinte Broder, hätten sie sogar kultiviert. Chinatown, Little Italy, die Fahrt mit der New Yorker U-Bahn sei eine Reise von einer Parallelgesellschaft in die nächste. Daran sei nichts zu beanstanden, Hauptsache, alle halten sich an Recht und Gesetz.

Lange war es der Mehrheitsgesellschaft gleichgültig, wenn Einwanderer und Gastarbeiter ihre eigenen Fußballvereine gründeten, Teestuben eröffneten, Hausaufgabenhilfen organisierten oder sogar Schulen gründeten. Heute blickt sie argwöhnisch auf diese Gründungen. Wollen sich Volksgruppen abschotten? Lehnen sie unsere Gesellschaftsordnung ab? Nicht unbedingt. Eher nutzen Einwanderer Bekanntes und Verlässliches, auf das sie in der Fremde zurückgreifen können. Manchmal sind solche Vereine auch die Reaktion auf gefühlte oder tatsächliche Zurückweisungen der Mehrheitsgesellschaft. Eine Studie der Caritas hat festgestellt, dass weniger als ein Viertel der Migranten in Deutschland in Vereinen ihrer Volksgruppe organisiert sind. Von denen, die sich dort organisieren, suchen die meisten Geselligkeit mit Landsleuten, praktische Hilfe oder finanzielle Unterstützung.

Kluge Integrationspolitiker nutzen diese Strukturen, um in die Community hineinzuwirken. Sie nutzen muslimische Frauenvereine, um Stadtteilmütter auszubilden oder Sprachförderung für Kinder zu organisieren. So können parallele Kulturen zu Nahtstellen zwischen Migranten und der Mitte der Gesellschaft werden.

Henryk M. Broder hat ein schönes Bild gefunden: »Parallelen treffen sich im Unendlichen, dort, wo die Differenzen gegen Null gehen.«

MUSTAFA AKÇAY

»Wir arbeiten an Lösungen«

Noch einmal Neukölln. Gar nicht weit von der Wohnung des Sängers Muhabbet liegt das Büro des »Türkisch-Deutschen Zentrums«. Hier bemühen sie sich um die Rettung des Berliner Problembezirks. Ein schäbiges Treppenhaus, ein enger Eingang, gleich am Empfang hängt ein Schwarz-Weiß-Porträt von Atatürk. Eine Frau mit gemustertem Kopftuch bietet Tee an und geht dann ins Nachbarzimmer, um Mustafa Akçay den Besuch anzukündigen.

In den letzten Monaten konnte man auf die Idee kommen, die Migrationspolitik der Republik findet nur hier in Neukölln statt. Da war der umtriebige Bezirksbürgermeister Heinz Buschkowsky ständig in Talkshows und berichtete von den Problemen im Kiez. Richterin Kirsten Heisig, die hier bis zu ihrem Tod Amtsrichterin war, heizte mit ihrem Buch *Das Ende der Geduld* die kontroversen Debatten weiter an. Und natürlich Thilo Sarrazin, der als Finanzsenator von Berlin auch für das Geld in diesem Bezirk verantwortlich war. So ist Neukölln zu so etwas wie dem Vorzeigekiez für gescheiterte Integration geworden.

»Klar, wir haben unsere Probleme hier«, sagt Mustafa Akçay. Er sitzt in seinem winzigen Büro, auf dem Schreibtisch, in den Regalen, überall liegen Broschüren, Papiere und Unterlagen. Man findet kaum ein paar freie Quadratzentimeter, um das Teeglas abzustellen.

Akçay ist ein rundlicher älterer Herr, sein Bariton ist sonor. Seit dreißig Jahren lebe er in Deutschland, erzählt Akçay, er wollte eigentlich nur Deutsch als Fremdsprache studieren und dann wieder zurück in die Türkei. Drei Mal hat er die Koffer gepackt, drei Mal seine Bücher an Freunde verschenkt. Jetzt ist er noch immer hier, hat zwei Söhne, der eine studiert in München, der andere geht auf das Albert-Schweitzer-Gymnasium, von dem gleich noch die Rede sein wird.

Mustafa Akçay ist stellvertretender Vorsitzender des »Türkisch-Deutschen Zentrums« in Berlin, eines Vereins, der sich im Kiez von Neukölln mit Integrationsprojekten engagiert. Wir wollten über die Probleme im Kiez sprechen. Er habe nur wenig Zeit, hat Akçay am Telefon gesagt und einen gemeinsamen Spaziergang zu den Brennpunkten seines Stadtteils abgelehnt. Jetzt sitzt er gemütlich hinter den Papierbergen, und es wird klar, die Zeit war wohl nicht der einzige Grund, weshalb er den Rundgang abgelehnt hat. Akçay schnaubt kurz, als man ihn darauf anspricht: »Wenn ich jetzt sage, was hier alles nicht gut läuft, dann liefere ich Leuten wie Sarrazin Argumente. Und meine Leute sagen, ich bin ein Nestbeschmutzer.« Die Debatte der vergangenen Monate habe die Spielräume für eine offene Diskussion über die Probleme zwischen Mehrheitsgesellschaft und Migranten eingeengt.

Thilo Sarrazin. Während des gesamten Gesprächs in Akçays Büro scheint der ehemalige Berliner Finanzsenator unsichtbar anwesend zu sein. Kein Wunder, ohne seinen Namen kommt seit vergangenem Jahr kein Gespräch über Migration und Integration aus. Eigentlich sind sie Parteigenossen, Akçay und der Exbundesbanker. Und in einem der vielen Zeitungsartikel, die schon nach Sarrazins erstem Interview über Neukölln 2009 erschienen sind, wird Akçay mit den Worten zitiert: »Vielleicht fünf bis zehn Sätze zu viel hat Sarrazin gesprochen, aber grundsätzlich trifft seine Analyse zu.«

Heute würde Akçay das nicht mehr so wiederholen. Denn Sarrazin hat seitdem noch viel mehr Sätze geschrieben und gesagt, mit denen er nicht einverstanden ist. »Sarrazin hat nichts Neues in seinem Buch geschrieben«, findet Akçay. Er habe Probleme benannt, aber keine Lösungen vorgeschlagen. Er sei aus seiner Sicht nicht unbedingt ein Rassist, aber weitergeholfen habe er der Integrationsdebatte auch nicht.

Akçay macht lange Pausen, während er redet, überlegt sich gut, was er sagt und was nicht. Er lädt zu einem kurzen Gedankenspiel ein: Was wäre denn, wenn der ehemalige Bundesbanker recht hätte mit seiner Behauptung, Migranten muslimischer Herkunft seien weniger intelligent als die Ursprungsbevölkerung, die Akçay feixend »Biodeutsche« nennt? »Nur mal angenommen, Sarrazin hätte auch recht damit, dass sich diese Dummheit auf die zahlreichen Nachkommen der Migranten vererbt?« Akçay hält kurz inne. »Dann könnten wir hier sofort aufhören zu arbeiten. Wir arbeiten hier jeden Tag an Lösungen.«

Der Verein ist eines der Scharniere zwischen den Migranten und der Politik hier in Berlin. Und das ist noch gar nicht so lange so. Als Akçay Mitte der Neunzigerjahre den Verein zusammen mit einer Handvoll türkischer Männer gründete, ging es um Selbsthilfe und darum, eine Anlaufstelle zu haben. Er und die meisten Gründungsmitglieder waren arbeitslos, sie wollten ihren Landsleuten helfen, wenn es um Formulare ging und die Kommunikation mit Ämtern und Behörden. Sechs Tische standen damals in einem kleinen Raum, da wurden Formulare ausgefüllt und Übersetzungen angefertigt. Die Mitgliedschaft kostete 2,50 Euro im Monat, dafür war der Service kostenlos. Der Verein hatte zu seinen besten Zeiten über tausend Mitglieder. Ein türkischer Arbeiterverein, wie es ihn wohl hundertfach in der Republik gibt. Beim Tee wurden nicht die Probleme in Berlin diskutiert, sondern die in der Türkei. »Wir haben uns nicht für Migrationsfragen interessiert, nicht für Integration, und die Mehrheitsgesellschaft war uns auch einerlei. Wir waren nicht feindselig gegenüber der Mehrheitsgesellschaft. Aber das war eben nicht unsere Aufgabe«, sagt Akçay.

Was dann passierte, ist eine kleine Erweckungsgeschichte, die vielleicht auch manches Vorurteil gegen die sogenannte »Integrationsindustrie«, die von Kritikern gerne als teuer und nutzlos belächelt wird, relativiert.

Akçay erzählt: »Wir saßen und tranken Tee, da wurde uns

gesagt, eine deutsche Frau wolle uns sprechen. Wir dachten, eine deutsche Frau? Was hat sie hier verloren?« Akçay muss selber grinsen, wenn er sich daran erinnert. Die deutsche Frau war Karin Korte, die erste Integrationsbeauftragte von Neukölln. Sie wollte mit dem Verein zusammenarbeiten, ihn einbinden, um an die Migrantenfamilien heranzukommen. Die Politik war auf die Hilfe angewiesen, denn sie brauchte Vertreter der Volksgruppen, die in die Familie hineinwirken konnten, eben ein Verbindungsglied zwischen Migranten und Mehrheitsgesellschaft. Jetzt ging ein Ruck durch den Verein.

Das Büro des »Türkisch-Deutschen Zentrums« liegt nur ein paar Meter entfernt vom Neuköllner Rathaus, der Glockenturm ist von hier gut zu sehen. Aber bisher war keiner auf die Idee gekommen, dort für die Belange der 2500 Mitglieder vorzusprechen. Jetzt saßen sie in den Bezirksratsversammlungen und merkten, dass dort auch über ihre Probleme gesprochen wurde, dass sie Einfluss nehmen und ihre Sicht der Dinge vortragen konnten. Als die amtliche Übersetzerin des Rathauses pensioniert wurde, schlug das »Türkische-Deutsche Zentrum« vor, im Rathaus ein eigenes Büro aufzumachen, um den Migranten bei den Behördengängen direkt helfen zu können. CDU und FDP hätten damals beantragt, von dem Verein für den Raum Miete zu nehmen. »Miete dafür, dass wir dem Bezirk helfen? Können Sie sich das vorstellen?«, fragt Akçay. Bezirksbürgermeister Heinz Buschkowsky hat dann mit seiner Mehrheit durchgesetzt, dass der Verein den Raum mietfrei bekommt. Und man könnte sagen, es war der Beginn einer wichtigen Freundschaft.

Heute ist das »Türkisch-Deutsche Zentrum« der wohl größte Migrantenverein in Berlin, er hat fünf Geschäftsstellen in der Stadt, betreibt neben der Beratungsstelle im Rathaus Neukölln eine Kindertagesstätte, eine Schülerbetreuung, ein türkisch-deutsches Umweltzentrum und eine Anlaufstelle für Behinderte. All das gelang mit Unterstützung der Bezirksverwaltung Neukölln. »Buschkowsky war der Schlüssel, der alle Türen geöffnet hat«, sagt Akçay. Umgekehrt dankte auch die Mehrheitsgesellschaft: Akçay wurde vom Bundespräsidenten empfangen und für sein Engagement geehrt.

Hinter Akçays Schreibtisch hängt ein Foto, auf dem er mit dem breit grinsenden Buschkowsky zu sehen ist. »Vor ihm hatte man uns immer gewarnt«, sagt Akçay. »Er sei antitürkisch und so weiter.« Doch das sei vollkommen falsch, hat Akçay erkannt. Wenn er sieht, dass der Mann den Stadtteil hier nicht aufgibt, kann er auch mit dem schnodderigen Ton des Bezirksbürgermeisters umgehen. Ähnlich wie mit den harschen Forderungen der verstorbenen Richterin Heisig. Beide hätten sich um praktische Lösungen im Viertel bemüht. Wenn Buschkowsky fordert, Migranten, die ihre Kinder nicht zur Schule schicken, den Hartz-IV-Satz zu kürzen, oder wenn Heisig vor der Islamisierung ganzer Stadtviertel gewarnt hat, dann verstehe er das als Kritik von Freunden, sagt Akçay. Aber Sarrazin, der Banker, der vom Schreibtisch aus ganze Volksgruppen abschreibt, mit dessen Thesen will er sich nicht mehr auseinandersetzen.

Lieber erzählt er von den Lösungsansätzen, die sie hier in den letzten Jahren gefunden haben. Wie das »Türkisch-Deutsche Zentrum« geholfen hat, das Albert-Schweitzer-Gymnasium in Nordneukölln in wenigen Jahren von einer sterbenden Schule in eine Musterganztagsschule zu verwandeln. 2005 hatte das Gymnasium noch 380 Schüler, ganze 17 Abiturienten und hohe Fehlzeiten bei den Lehrern. Man hing noch dem humanistischen Bildungsideal nach, obwohl die Welt draußen sich längst verändert hatte. Das Albert-Schweitzer-Gymnasium stand kurz davor, geschlossen zu werden. Bis ein neuer Schulleiter kam und zusammen mit dem Bezirksamt und dem »Türkisch-Deutschen Zentrum« die Wende brachte.

Akçay und seine Leute suchten Betreuer, möglichst mit ethnischem Hintergrund, die den Kindern bei den Hausaufgaben halfen, sie individuell förderten und für das Nachmittagsprogramm sorgten. Der Verein hat in vier Jahren 85 000 Euro investiert. Die Vorleistung hat sich gelohnt, heute finanziert der Senat das Nachmittagsprogramm, es ist, wie das im Bürokratendeutsch heißt, in die Regelfinanzierung übernommen worden.

Heute hat die Albert-Schweitzer-Oberschule wieder 700 Schüler, von denen 100 im Jahr Abitur machen. Sie ist, ähnlich wie die berühmte Rütli-Schule, zum Vorzeigemodell für ein integratives Schulkonzept geworden. Die Schule kann sich vor Anfragen kaum retten. Deshalb müssen Kinder, die auf diese Schule wollen, eine Probezeit absolvieren, damit sie dauerhaft bleiben dürfen. »Und das alles bei einem Umfeld, das sich nicht verändert hat«, sagt Akçay. »Es leben noch immer achtzig oder neunzig Prozent Araber und Türken hier, die Arbeitslosigkeit ist noch genauso hoch.« Aus dem, was sie in den letzten Jahren erreicht haben, hat er für sich den Schluss gezogen, dass es möglich ist, etwas zu verändern – wenn entschlossen gehandelt werde. Ebendas tun, woran Sozialdemokraten immer geglaubt haben: an die Veränderung der Gesellschaft durch Bildung, aber auch durch klare Regeln.

Schon seit einer Weile sitzt Turgut Altug schweigend im Raum, er hat unserem Gespräch gelauscht. Mit Mühe sind seine langen lockigen Haare zum Zopf gebändigt. Er stellt sich als Mitstreiter des Vereins vor. Im »Türkisch-Deutschen Zentrum« engagiert er sich dafür, den Umweltgedanken in die Community zu tragen. Er trägt einen Atomkraft-Nein-Danke-Anstecker am Revers seines Cordjacketts.

Als wir auf die Frage kommen, ob die Erfolge auch mit harter Hand durchgesetzt werden müssen, wie das Buschkowsky immer wieder fordert, schaltet sich Altug ein. Er finde, sagt Altug, dass es in Deutschland schon zu viel Diskriminierung gebe. Dazu gehört für ihn auch, in Schulen andere Sprachen als die deutsche zu verbieten. Sprache ist Altug wichtig. Er hat in verschiedenen Ländern Europas gelebt, spricht viele Sprachen, Deutsch hat er sich selber beigebracht. »Deutsch ist notwendig, aber ich möchte nicht, dass jemand mir oder meinem Kind vorschreibt, welche Sprache es sprechen soll.«

»So kannst du nicht argumentieren«, sagt Mustafa Akçay in beruhigendem Ton des Älteren. »Deutsch ist die Verkehrssprache, die muss gelernt werden.« Akçay erzählt davon, dass der Verein überlegt, selbst in seiner Kita mit dem schönen Namen »1001 Nacht« Türkisch unter den Kindern zu verbieten. Ganz ohne Repression gehe es in vielen Fällen nicht, sagt Akçay. Und rechnet am Beispiel der Integrationskurse vor: Ein Kurs für zehn bis zwölf Leute koste den Staat 30 000 Euro. »Verstehst du«, sagt Akçay, »da kann man nicht akzeptieren, dass Teilnehmer plötzlich nicht mehr auftauchen.« Akçay ruft diese Leute dann an und droht ihnen, sie beim Arbeitsamt zu melden.

Die Debatte führen die zwei offenbar nicht zum ersten Mal. Da spricht der nüchterne Praktiker mit dem jugendlichen Idealisten. »Ich habe mich in der Türkei dafür eingesetzt, dass die Kurden in ihrer Sprache sprechen dürfen«, sagt Altug. »Und jetzt wird in Deutschland das Türkische verboten, wir leben hier doch in einem freien Land.«

Ja, sagt Akçay, das seien edle Gedanken, aber leider taugen sie im harten Alltag da draußen wenig. Am Ende meint Altug, er wolle sich seine Ideale nicht zerstören lassen. Und dann sagt er noch besonnen: »Wir erleben hier gerade die Geburtswehen einer veränderten Gesellschaft. Und ich möchte, dass sie bunt und vielfältig wird.«

Akçay nickt. Bezirksbürgermeister Buschkowsky würde wohl auch zustimmen. Bei Thilo Sarrazin weiß man es nicht so genau.

AHMAD OMEIRAT

Familienbande

Ahmad Omeirat ist gekommen, um die Ehre der Familie zu verteidigen. Wir treffen uns in einem Eiscafé in der Essener Fußgängerzone, ein junger Mann in Lederjacke und kariertem Hemd, die braunen Haare zurückgegelt. Omeirat bestellt Espresso, fragt nach Ginger Ale, hätte gerne eine Orangenscheibe statt einer Zitrone im Getränk. Als er nach Pfefferminzeis fragt, muss die Bedienung passen. Er habe eine »alte Zunge«, sagt er. Ginger Ale und das Eis, das erinnere ihn an den Libanon. Es ist eine Erinnerung aus zweiter Hand. Seine Familie ist 1985 aus dem Libanon geflohen, da war er noch ein Säugling. Deshalb spricht er wie die Jungs hier in Essen, sagt »Zeuch« und »verschtehnse«. Er fragt, wo ich geboren bin. Freiburg, ja, davon habe er schon gehört, und sagt dann etwas Freundliches über die Stadt. Omeirat sagt, Herkunft sei ein wichtiges Thema. Für jeden Menschen.

Redet man über kriminelle Ausländer in Deutschland, redet man bald von Libanesen. Clans, die in Berlin und Bremen den Drogenhandel kontrollieren sollen, Hartz-IV kassieren und dank Zuhälterei und Waffengeschäften ein Leben in Saus und Braus führen. Im Fernsehen kann man zum Beispiel den spektakulären Auftritt des Mannes sehen, den sie nur »den Präsidenten« nennen. Im dunklen Anzug und mit Sonnenbrille bekennt er vor laufender Kamera, der Chef der Berliner Unterwelt zu sein. Wie das gekommen sei? Er habe ein paar Leuten klargemacht, wie die Dinge hier zu laufen hätten. Das Vorstrafenregister dieses Mannes ist lang, die ersten Taten beging er schon in den Siebzigerjahren. Seitdem wird er immer wieder verhaftet und verurteilt. Es waren Libanesen, die einen spektakulären

Überfall auf das »Kaufhaus des Westens« organisiert haben, und es sind nun Clanmitglieder, die sich immer wieder Schießereien auf offener Straße liefern. Der ehemalige Leiter der Abteilung Intensivtäter der Staatsanwaltschaft Berlin, Roman Reusch, urteilt in einer Studie: »In libanesischen Familien findet eine konsequente Erziehung zur professionellen Kriminalitätsausübung statt. Junge Männer dieser Clans wissen, dass ihr Handeln verboten ist. Doch sie haben eine Selbstbedienungsmentalität entwickelt, die darauf abzielt, sich zu nehmen, was immer sie wollen.«

Auch in Essen gab es Probleme mit Familien dieser Volksgruppe. 2007 sollen libanesische Familien ganze Straßenzüge unter sich aufgeteilt und bei Ladenbesitzern Schutzgeld erpresst haben. Auch ein eigener Bürgermeister sei von den Familien eingesetzt worden. Das ging durch die Presse, die Polizei reagierte. Seitdem ist es ruhiger geworden. Doch im Stadtteil Altenessen, im Norden der Stadt, wo der Ausländeranteil besonders hoch ist und auch der Anteil der Libanesen, machte die Arbeiterwohlfahrt eine Umfrage unter den Bürgern. Das Ergebnis: Die Bürger fühlen sich unsicher, und einer der Hauptgründe, die die Bürger nennen, sind die libanesischen Familienclans.

Die Familienclans? Die Libanesen? Für Ahmad Omeirat sind solche Verallgemeinerungen nichts als Sippenhaft. Die Meldungen seien übertrieben, sagt er, die reißerischen Berichte über Schwerkriminelle tragen zur Legendenbildung bei. Und zu Verallgemeinerungen, die dann einen ganzen Volksstamm in Mitleidenschaft ziehen. Er nimmt einen Schluck Ginger Ale. Omeirat, zum Beispiel, sei ein verbreiteter Name unter den Libanesen. Ahmad Omeirat trägt ihn mit Stolz. Nur weil es auch andere Menschen mit diesem Namen gibt, in seiner schier unüberschaubar verzweigten Familie, vielleicht in einer anderen Stadt, soll er sich ständig für die Taten anderer rechtfertigen?

Schon mit den Begriffen gibt es Probleme. Kurden, Palästinenser oder Libanesen, libanesische Kurden oder Mhallami? Das ist wiederum ein Wort, das in mindestens drei Schreibweisen existiert. Gemeint ist eine Volksgruppe, die eigentlich aus den Provinzen Mardin und Batman im Osten der Türkei stammt.

In den Zwanzigerjahren des letzten Jahrhunderts, zur Zeit der kurdischen Aufstände, wurden sie aus der Türkei vertrieben, flohen in den Libanon. Dort leben die meisten über Jahrzehnte, ohne je die libanesische Staatsangehörigkeit anzunehmen. Der Libanon zögert mit ihrer Einbürgerung, gibt den Papieren den Status »in Bearbeitung«. Mit dem libanesischen Bürgerkrieg flohen Tausende Mhallami nach Europa. In Deutschland leben sie oft seit Jahrzehnten in Duldung, weil ihre Staatsbürgerschaft ungeklärt ist. Kerstin Heisig, jene Berliner Richterin, die in Neukölln für ihr Engagement und ihre konsequenten Urteile bekannt geworden ist, hat es im Gerichtssaal oft mit den kriminellen Clans zu tun gehabt. Sie musste damit kämpfen, dass auch schwere Straftäter nicht abgeschoben werden konnten, weil ihr Status nicht geklärt war. Sie hat in ihrem Buch geschrieben, dies sei ein Versäumnis der Politik. Entweder hätte man sie sofort nach der Ankunft in ihre Herkunftsländer abschieben müssen, wenn sie dort nicht verfolgt werden, oder aber man hätte sie konsequent integrieren und ihnen dann auch die Möglichkeit zu arbeiten geben müssen. So lebten bis heute ganze Familien in einem Duldungsstatus, der es ihnen verbiete, zu arbeiten, den Führerschein zu machen oder auch nur den Landkreis zu verlassen.

Sie schreibt aber auch von der Macht, die die Clans in ihren Stadtvierteln ausüben. Von Drohungen gegen Richter und von einer ganzen Generation Jugendlicher, die ohne Rechtsgefühl aufwachsen. Sie schreibt, eine Großfamilie bringe es ohne Probleme auf Hunderte polizeiliche Ermittlungsverfahren. Die meisten dieser Familien leben im Ruhrgebiet, in Bremen und Berlin. »Sie sind miteinander verwandt und leben ausschließlich nach ihren Gesetzen.«

»Ja«, sagt Omeirat gedehnt, es stimmt, dass besonders viele Jugendliche seiner Leute eine solch »schlechte Phase« hätten. Es sei aber nur eine Phase, viele würden erkennen, dass sie auf einem falschen Weg sind und umkehren müssen. Aber warum kommen die einen auf die schiefe Bahn, und er etwa hat es geschafft? Er selbst habe Glück gehabt, sagt er, »einfach Glück«. Schon der Großvater hat sich im Libanon um Papiere bemüht, ein großer Vorteil für die ganze Familie. Seine Eltern flohen wie viele andere vor dem Bürgerkrieg aus dem Libanon, sie erzählen von Bombennächten und Heckenschützen, denen sie auf der Flucht nur mit Glück entkommen seien. Als sie in Deutschland ankommen, haben sie durch ihre libanesische Staatsbürgerschaft einen gesicherten Status. Sie werden sofort als Flüchtlinge anerkannt und dürfen im Land bleiben. Omeirats Vater kann dank der gültigen Papiere ein Schmuckgeschäft aufbauen. Ahmad geht auf die Gesamtschule, macht einen Abschluss auf der höheren Handelsschule. Heute betreibt er das Schmuckgeschäft zusammen mit seinen Eltern. Er sagt, damit habe er auch seinen Eltern bewiesen, dass er ein guter Sohn sei.

Hast du einen Status, oder hast du keinen? Das sei oft das Thema in der Gemeinschaft, sagt Omeirat. Das bestimme die Hierarchie in den Familien und auch die Heiratspolitik. Da ist die Tochter des einen Clans, die sich in den Sohn des anderen Clans verliebt. Die Eltern sind dagegen, weil er in Deutschland nur geduldet wird. Dann kommen die Probleme. »Glauben Sie mir«, sagt Omeirat, »ich kenne diese Geschichten – ich verkaufe den Familien ja den Schmuck für die Hochzeit.«

Als wir am Telefon den Termin vereinbart haben, war Omeirat gerade auf dem Weg zu einer Beerdigung eines entfernten Verwandten. Ein trauriger Anlass, aber es sei »wunderbar« gewesen, sagt er jetzt im Café. Es seien viele Verwandte gekommen, Onkels und Cousins. Auch solche, die er vor Jahren das letzte Mal gesehen hatte. Familienfeiern seien wie Parteitage, sagt Omeirat. Es sei immer spannend zu sehen, wer wieder mit wem zusammensitze oder wer sich gerade eisern ignoriere. Auch habe schon manche Hochzeit verfeindete Clans wieder miteinander versöhnt.

Ahmad Omeirat erzählt ganz selbstverständlich von einer in sich geschlossenen Gesellschaft, in der Heiratspolitik, Familienehre, Begriffe also, die in einer modernen Gesellschaft wie abgewetzte alte Möbel herumstehen, das Zusammenleben bestimmen.

Omeirat lächelt. »Na ja«, sagt er, das gebe es ja auch in jedem Dorf in Deutschland. Dass eine Hochzeit arrangiert werde, nur damit zwei Grundstücke zusammengelegt werden können. Man könnte entgegnen, dass solche Hochzeiten nicht mit Messerstechereien oder gar Schusswaffengebrauch enden, was man nicht von jeder Hochzeit unter Libanesen behaupten könne. In Essen musste auf einer Großhochzeit erst kürzlich wieder die Polizei einschreiten.

Er macht eine wegwerfende Bewegung. Die Gewalttätigen, die Kriminellen, das seien die schlechten zehn Prozent seiner Volksgruppe. Er habe selbst schon mit solchen Leuten zusammengesessen. Einer, der auch bis zum Hals in Gewalt und krummen Geschäften gesteckt hatte, den habe er einmal auf einer dieser großen Familienfeiern angesprochen. »Ich sagte: Seit ich denken kann, habe ich nur Schlechtes von dir gehört. Und dann habe ich gefragt: Welcher Teil von dir ist repräsentativ?« »Was meinst du?«, habe er geantwortet. Omeirat sagte zu ihm: »Ich meine dein Herz – welcher Teil von dir hat noch Ehre?« Da habe dieser Mann geweint. Omeirat vergewissert sich kurz der Wirkung seiner Erzählung. Heute habe sich der Mann von seinen dunklen Geschäften abgewandt.

Ahmad Omeirat müht sich redlich, das beschädigte Image seiner Leute zu verbessern, die Welt dieser Familien zu erklären. Dabei verlieren sich manche seiner Antworten in solchen Anekdoten wie der vom geläuterten Bösewicht, die auch aus einem Hollywoodfilm stammen könnten. Oder aber er verirrt sich in den Weiten der langen Flüchtlingsgeschichte der Mhallami und des libanesischen Bürgerkriegs. Das wirkt oft verharmlosend.

Man würde sich deutlichere Worte wünschen von einem, der

angetreten ist, zwischen den Behörden und seinen eigenen Leuten zu vermitteln.

Ahmad Omeirat ist gewähltes Mitglied im Ausländerbeirat von Essen, er ist Mitglied der Grünen und Mitbegründer der »Familien Union«, eines Vereins, der vor zwei Jahren von Mitgliedern der libanesischen Community gegründet worden ist. Es seien besonders ehrenwerte Männer darunter, sagt Omeirat, und auch einige Frauen. Es geht darum, das Image der Volksgruppe zu verbessern, aber auch in die Welt der Clans zu wirken. »Jetzt sitzen Vertreter der Großfamilien zusammen und beraten über die Probleme und die Zukunft der kommenden Generationen«, sagt Omeirat, er sehe sich im Verein als Brücke nach draußen. »Wissen Sie, ich bin ja hier groß geworden. Ich bin sozusagen die Generation Sandmännchen.« Er lacht.

Die Position des Vermittlers muss recht ungemütlich sein. Manche halten sie sogar für gefährlich. In Berlin gab es schon Sozialarbeiter libanesischer Abstammung, die untertauchten, nachdem man ihnen mit dem Tod gedroht hatte. Omeirat winkt ab: »Alles alte Klischees. Wer dem Druck nicht gewachsen ist, sollte sich einen Krankenschein holen. Manche in den Familien sagen, ihr arbeitet doch mit der Polizei zusammen«, erzählt Omeirat. »Klar!«, antwortet er dann. Und erklärt es ihnen dann so: »Wir arbeiten auch deshalb mit der Polizei zusammen, um ihr auf die Finger zu schauen.« Natürlich solle die Polizei ihre Pflicht tun, sagt Omeirat, er als Geschäftsmann sei darauf angewiesen, dass sein Laden sicher sei. Aber eben nicht diese Sippenhaft. Es habe eine Zeit gegeben in Essen, da habe zum Beispiel ein Sozialdezernent versucht, die Herkunft der Libanesen mit DNA-Tests zu bestimmen, um so Sozialversicherungsbetrug auf die Schliche zu kommen. »Da wurden Menschenrechte mit Füßen getreten«, sagt Omeirat. Doch die Stimmung habe sich geändert.

Die Stadt Essen hat 2007 ein Programm aufgelegt, um die Probleme mit Libanesen in den Griff zu bekommen. Es ist ein Programm, bei dem die harte Hand und Angebote zusammenwirken sollen. Jugendamt, Polizei und Schulbehörden können nun Erkenntnisse über einzelne problematische Jugendliche austauschen, selbstverständlich im Rahmen des Datenschutzes, wie man versichert. Sozialarbeiter libanesischer Herkunft wurden eingestellt, die das Milieu kennen, und es wurden Zwangsgebühren für die Familien von Schulschwänzern eingeführt.

Auch die »Familien Union« ist in das Konzept eingebunden. Der Verein besucht Schulen und organisiert Elternabende speziell für libanesische Familien, um ihnen ihre Rechte und Pflichten als Eltern zu erklären. Noch immer verlassen über achtzig Prozent der Kinder aus den Großfamilien die Schule ohne Abschluss. »Die müssen wir erreichen«, sagt Omeirat. Dabei nutzt der Verein die althergebrachten Familienstrukturen, den Einfluss und die Autorität der Clanchefs.

Bei den Behörden in Essen verfolgt man die Aktivitäten der »Familien Union« mit wohlwollender Distanz. Es wird registriert, dass sich eine Jugendgruppe der Union beim Aufräumen des Stadtteils Katernberg beteiligt hat. Es gab mehrere Veranstaltungen zusammen mit der Polizei. Aber ein Angebot der »Familien Union«, beim Fußball die Beamten im Stadion durch Ordner zu unterstützen, lehnte die Polizei ab. Die »Familien Union« trat dann ohne Ordnerbinden auf und konnte auf die eigenen Leute einwirken. Auch hat der Verein gute Beziehungen zu den Quartiersmanagern und Streetworkern. Was es aber noch nicht gibt, sind Konzepte, die man gemeinsam mit der Stadt erarbeitet hat, gibt Omeirat zu. Auch der Oberbürgermeister habe sich bisher noch nicht sehen lassen. Ahmad Omeirat verzieht das Gesicht. »Wir werden ihn nicht um einen Termin fragen. Er soll zu uns kommen, damit er uns kennenlernt.« Das klingt ein wenig nach gekränktem Stolz.

Omeirat zückt sein iPhone. Mit einem Stadtrat von der SPD verhandelt er gerade via Facebook. Es geht um einen Streit zwischen seinen Leuten und deutschen Nachbarn: »Lauter alteingesessene Deutsche, dazwischen eine libanesische Familie mit vielen Kindern.« Omeirat holt zu einer großen Geste aus.

»Sie verstehen, da wird es schon mal laut.« Der Stadtrat hat
Omeirat als Vermittler angefragt. Der SPD-Mann verspricht,
Tacheles zu reden, Omeirat gibt zurück, auch er wolle kein Blatt
vor den Mund nehmen. Der Stadtrat habe sich großes Ansehen
bei Migranten erworben, erklärt Omeirat. Von jemandem wie
ihm nehme man Kritik an, ohne gleich Rassismus zu vermuten.

Reden und vermitteln, reicht das, um eine in sich geschlossene
Gesellschaft einzugliedern? Wahrscheinlich nicht. Können die
Familienbande, die immer noch nach archaischen Regeln wie
Autorität, Verpflichtung, Ehre und Treue funktionieren, Teil
der Lösung jener Probleme sein, die sie auch verursacht haben?
   Ahmad Omeirat fragt zurück: »Ist es denn ein Fehler, auf die
Familie zu setzen? In der Zeit der Flucht sei es das einzig funk-
tionierende Netzwerk gewesen. Das könne man jetzt nutzen,
um auf die Clans einzuwirken.« Auch unter den Libanesen ver-
ändere sich längst das traditionelle Gefüge. Es gebe eine erstaunlich breite Schicht junger Akademiker, sagt Omeirat, auf die
müsse man setzen. Sein Bruder zum Beispiel studiere interna-
tionales Management in Essen. Einige seiner Cousins gingen
den gleichen Weg. Und sein Onkel ist Betriebsrat in einem mit-
telständischen Unternehmen in Mettmann.
   Omeirat sagt: »Meine Leute sind nicht alle schlecht. Die meisten streben nach einem bürgerlichen Leben. Mit den gleichen
Nöten und Träumen wie alle anderen Menschen auch. Versteh'n
se?«
   Man versteht. Und man möchte es auch glauben.

MUAMMAR AKIN

Auf dem Schulhof herrscht Wurstbrotfreiheit

Stuttgart hat es besser. Zumindest besser als viele andere Großstädte in Deutschland. Hier leben Menschen aus 170 Nationen, 120 Sprachen werden gesprochen, vierzig Prozent der Einwohner haben einen Migrationshintergrund, bei den unter Achtzehnjährigen sind es sogar sechzig Prozent. Stuttgart ist anders, als es sein eher biederes Image vermuten lässt, eine internationale Stadt oder, wie Oberbürgermeister Schuster sagt: »Wir sind eine Einwanderungsstadt.« Gettos sucht man hier allerdings vergeblich, die sozialen Gegensätze verlaufen sanfter als anderswo. Für seine unideologische Migrationspolitik hat die Stadt viele Preise bekommen. Keine Frage, Stuttgart hat im Vergleich auch die besseren Voraussetzungen. Schon weil die Wirtschaft ungebrochen brummt und der Spruch, dass, wer Arbeit sucht, auch welche findet, in dieser Region Deutschlands vermutlich noch am ehesten stimmt. Ich habe noch Ergun Can im Ohr, den Stuttgarter Stadtrat, der gesagt hat, die Schwaben erkennen eben an, wenn einer was leisten wolle. Wahrscheinlich ist das ein Faktor, der es leichtermacht, hier anzukommen.

Aber das ist nur ein Teil der Wahrheit. Der andere Teil ist dieser: Auch in Stuttgart liegt der Anteil der Migranten in Hauptschulen bei achtzig Prozent. Nur fünfzehn Prozent der Stuttgarter mit fremden Wurzeln besuchen ein Gymnasium, und von denen schaffen wiederum nur zehn Prozent das Abitur. Das lässt verschiedene Schlüsse zu. Wenn wir die derzeit beliebten Theorien über erbliche Intelligenz einmal außer Acht lassen, könnte einer davon sein, dass mit den Schulen etwas nicht stimmt.

Muammar Akin ist Pädagoge, kein Wunder, dass er diesen Schluss gezogen hat. Er hat eine eigene Schule gegründet. Mit einem Konzept, das auch für Migranten passen soll. Dabei liegt die Betonung auf »auch«. Die Schule von Muammar Akin liegt am Rand von Bad Cannstatt im Schatten des großen Neckarviadukts, dahinter zeichnet sich der Schornstein einer Müllverbrennungsanlage ab. In der Nachbarschaft reihen sich graue Mietskasernen aneinander, an jedem Fenster hängt eine Satellitenschüssel, an den Klingelschildern stehen fremdländische Namen. Das Schulgebäude sieht so aus, als könnte es einen neuen Anstrich vertragen. Von außen weist wenig darauf hin, dass hier eine Schule der ganz anderen Art steht.

Akins Büro im Erdgeschoss ist in dunklem Holz getäfelt, der Retrolook ist ungewollt, die Einrichtung blieb einfach übrig aus der Zeit, als das Gebäude noch eine Niederlassung von Thyssen war. Gegenüber der Zimmertür hängt ein Zitat von Benjamin Britten, dem Komponisten: »Lernen ist wie Rudern gegen den Strom. Wenn man damit aufhört, treibt man ab.« Akin trägt einen dunklen Anzug und Krawatte. Beides trägt er fast immer. Er ist ein schmaler Mann mit bleichem Gesicht und einer hohen, etwas brüchigen Stimme. Akin erzählt stolz von den ersten siebzehn Schülern, die die mittlere Reife gemacht haben. Er sagt, es seien ordentliche und auch sehr gute Zeugnisse darunter gewesen. »Die Ergebnisse waren sehr wichtig, für uns und für die Eltern, sie haben sich ja mit uns auf dieses Experiment eingelassen.« Aber was ihn wirklich freue: Fast alle der Absolventen wollen weitermachen, auf ein Berufsgymnasium gehen oder eine andere weiterführende Schule besuchen. »Am besten, sie studieren Lehramt und kommen in zehn Jahren wieder – als Lehrer.«

Eine Privatschule, die sich an Migranten richtet? Viele Kinder, die hierherkommen, hätten auf staatlichen Schulen schlechte Erfahrungen gemacht, berichtet Akin, manche glauben, dass das mit ihrer Herkunft zu tun hat. Die Eltern vertrauten einer Schule, die von einem Türkischstämmigen geführt werde, oftmals auch einfach mehr. Für die Öffentlichkeit galt das Gegenteil. Als die Schule 2004 eröffnet wurde, sprachen alle von der »Türkenschule«. Noch heute fällt dieser Begriff manchmal.

Muammar Akin sagt: »Wir sind eine deutsche Schule.« Zwar haben etwa achtzig Prozent der Kinder, die hier zur Schule gehen, einen Migrationshintergrund, die meisten davon tatsächlich einen türkischen. Aber es wird nach dem Lehrplan Baden-Württembergs gelehrt, Unterrichtssprache ist selbstverständlich Deutsch, es gibt keinen Religionsunterricht, stattdessen Ethik. Auf dem Schulhof wird Deutsch gesprochen, wer sich nicht daran hält, muss mit Strafen rechnen. Manche Mädchen tragen Kopftuch, andere nicht. Symbole, von Parteien oder nationalistischen Gruppen, die andere provozieren könnten, sind verboten. Was aufs Pausenbrot kommt, ist dagegen jedem selbst überlassen. Es herrscht, wenn man das so sagen will, Religions- und Leberwurstfreiheit in der BIL-Schule.

Als Akin gerade die Punkte aufzählt, die die BIL-Schule so besonders machen, platzt Manfred Ehringer ins Gespräch. Ein fröhlicher, rundlicher Mann mit weißem Haarschopf und goldener Brille. Er erzählt in breitem Schwäbisch davon, dass er sich gerade um eine Lehrerin kümmern musste, die einen Schwächeanfall hatte. Als er sie wieder aufgepäppelt hatte, habe er wenigstens kurz mit ihr über die elfte Klasse sprechen können. »Da kommt man ja sonst nicht dazu.« Ehringer nimmt mit einem Schnaufer in der Ledersitzgruppe Platz.

Manfred Ehringer ist im Stuttgarter Bildungswesen kein Unbekannter. Der achtundsiebzig Jahre alte Pädagoge war bis zu seiner Pensionierung Chef des Schulamts, er hat viele Schulen von innen gesehen und auch lange und immer wieder selbst unterrichtet. Akin und Ehringer haben sich im »Internationalen Ausschuss« der Stadt kennengelernt. Das war Mitte der Neunziger. Damals war Ehringer noch im Amt.

Der »Internationale Ausschuss« ist das Gremium in Stuttgart, in dem alle Belange der Migranten besprochen werden. Dort wurde schon damals über die fehlenden Erfolge von Migranten im deutschen Bildungssystem geklagt, und Akin, der studierte Pädagoge, gründete als Reaktion darauf eine Hausaufgabenhilfe. Aus dreißig Kindern wurden schnell tausend. Akin sagt, die Schulgründung sei der logische Schritt gewesen, denn die Eltern der Migranten würden anspruchsvoller, auch wenn in der öffentlichen Diskussion oft das Gegenteil behauptet wird.

Akin will eine Schule gründen, die stärker auf die Belange der Migranten eingeht, und spricht Ehringer an, ob er ihm dabei nicht helfen könne. Der weiß, eigentlich könnten auch die staatlichen Schulen besser sein, als sie es sind. Darunter hatte er im Schulamt immer gelitten.

Ehringer sagt heute im Spaß: »Er hat mich da mit reingezogen.« Denn eigentlich sei er ja mit Willy Brandt der Meinung gewesen, die Schule der Nation sei die Schule. Also eine Lehranstalt, in der sich alle Schichten treffen. Ehringer fand, es sei besser, keine separaten Schulen für unterschiedliche Volksgruppen zu gründen. Es gebe ja heute diesen Trend, jedem Kind die Schule zu bieten, die zu ihm passe. Ehringer sah ein, dass man der immer heterogeneren Gesellschaft nicht gerecht werde, wenn man Schüler mit unterschiedlichen Voraussetzungen in ein einheitliches Lernsystem presst. Eine Schule, die besonders auf die Herkunft ihrer Schüler eingeht, das erschien ihm neu. Privatschulen seien ja häufig diejenigen gewesen, die Trends im Bildungssystem vorangetrieben haben, sagt Ehringer.

Also schrieb er das Konzept für eine Schule, wie er sie sich immer gewünscht hatte, und stieg noch einmal voll mit ein.

Noch heute arbeitet die Schule nach Ehringers Konzept. Kleine Klassen von höchstens zwanzig Kindern, ganztägige Betreuung an vier Tagen in der Woche, individuelle Förderung der Kinder, wenn sich im Unterricht Schwächen zeigen. Dafür gibt es den sogenannten Servicepoint, an dem sich diese Kinder dann melden müssen.

Und dann die zentrale Idee: Die Schule will auf die Herkunft aller Schüler eingehen, ohne dabei einzelne Gruppen zu bevorzugen. Deshalb gibt es keinen Religionsunterricht, sondern Ethik für alle. Dort werden die verbindenden Elemente zwischen Islam und Christentum besprochen. Die Schule feiert alle religiösen Feste gemeinsam, auch die islamischen. An diesen Tagen kommen die Kinder zwar zur Schule, aber es findet kein regulärer Unterricht statt.

Trotz seines Alters fungiert Ehringer heute als Direktor der Schule, denn Akin, der nie zum Lehrer ausgebildet wurde, darf diese Funktion offiziell nicht ausüben. Und obwohl gerade am Anfang viel improvisiert werden musste, hat er nie ans Aufgeben gedacht. Manfred Ehringer ist ein leidenschaftlicher Pädagoge. Das sieht man, wenn er hingebungsvoll Fünftklässler mit Gedichten in deutscher Aussprache schult.

Muammar Akin ist die ganze Zeit schweigend dabeigesessen, während Ehringer sein pädagogisches Konzept ausgerollt hat. Der schmale Akin versinkt fast in der Ledersitzgruppe seines Büros. Sie sind ein seltsames Paar, der energiegeladene pensionierte Schulrat und der zurückhaltende, fast blasse Pädagoge. Ehringer sagt, in ihrem Menschenbild verstünden sie sich blind. Akin sagt, Manfred sei ein väterlicher Freund geworden. Es habe in seinem Leben immer wieder solche Figuren gegeben.

Muammar Akin wurde im Badeort Sinop an der türkischen Schwarzmeerküste geboren. Nach der Grundschule zog die Familie nach Stuttgart. Erst der Vater, dann die Mutter und am Schluss Muammar, der so lange bei seinen Großeltern geblieben war. Muammar Akin saß damals plötzlich in der Hauptschule Bad Cannstatt und verstand nichts. Zwei Jahre hatte es gedauert, bis er so weit war, dass er gute Noten brachte. »Ich habe gemerkt, wie schön es ist, Erfolg zu haben.« Er erzählt auch immer wieder, wie sein Vater ihn stets Worte aus den deutschen Schulbüchern abfragte, obwohl er sie selbst nicht verstand. Bildung war der Familie wichtig.

Akin lernt bei Bosch Industriemechaniker. Es sollte ein Beruf sein, mit dem man auch in der Türkei etwas anfangen kann, denn die Rückkehr war fest eingeplant. Erst der Meister, bei dem er lernte, riet ihm von der Rückkehr ab und gab ihm zur Motivation im Zweifel immer die bessere Note. Das hat Akin später, als er Pädagoge geworden war, nie vergessen. Akin schaffte das Abitur auf dem zweiten Bildungsweg und studierte Pädagogik. Er wurde Mitglied im Ausländerbeirat der Stadt, der heute »Internationaler Ausschuss« heißt, wo er Ehringer traf.

Als sie das Projekt begannen, stießen Akin und Ehringer auf viele Vorbehalte. »Wir mussten uns für das rechtfertigen, was sonst gefordert wird, nämlich, dass sich Migranten um Bildung bemühen«, sagt Akin. Die Linken haben sie kritisch betrachtet, weil die BIL-Schule privat ist. Die Bürgerlichen sprachen Manfred Ehringer an, worauf er sich denn da eingelassen habe mit der »Türkenschule«. »Wir sind auf doppelte Vorbehalte gestoßen«, sagt Akin.

Akin macht keinen Hehl daraus, dass er gläubiger Muslim ist und dass für ihn der Glaube auch eine Motivation ist, mit Kindern zu arbeiten. Er ist inspiriert von Fethulla Gülen, einem türkischen Theologen, der seit Langem in den USA lebt und vor allem in der Türkei als Islamisierer angesehen wird. Im Westen wird Gülen von vielen als Reformer des Islam betrachtet – aber wegen der schwer durchschaubaren Ziele seiner Bewegung auch kritisch beäugt.

Akin bekennt sich zu seiner Bewunderung für Fethulla Gülen, auch wenn er sagt, dass er deshalb nicht alles unkritisch sehe, was dieser verkündet.

Aber, sagt Akin, Gülen habe ihm persönlich den Weg gewiesen, wie er Religion und Demokratie gut miteinander vereinen könne, und das zähle. Denn gerade auch im Vergleich zu allem, was er über die Türkei wisse, habe er den deutschen Rechtsstaat gerade bei der Schulgründung nur von der besten Seite erlebt. Ein Mann in der Schulbehörde etwa habe offen bekannt, dass er von verschiedenen Seiten vor der BIL-Schule gewarnt worden sei. Dann habe der Beamte gesagt: »Aber wir schauen uns das lieber persönlich an.« Heute hat die Schule die staatliche Zulassung als Realschule, und bald soll auch die für das Gymnasium folgen. Natürlich seien sie keine Gülen-Schule, sagt Akin. Das könne man auch schon daran sehen, dass es keinen islamischen

Religionsunterricht gibt, auch wenn sich das viele Eltern wohl wünschen würden.

Eine kurze Melodie beendet die Hofpause. Die Kinder strömen ins Klassenzimmer, schubsen und rennen, manche Mädchen tragen Kopftuch, andere sind modisch gekleidet und geschminkt. Viele dieser Kinder kommen aus dem Umland, manche fahren jeden Tag drei Stunden mit dem Zug, weil sie in Heilbronn oder Pforzheim wohnen.

Es sind Kinder wie der fünfzehnjährige Bilal. Ein schlaksiger Junge, der, wenn er spricht, nicht so recht weiß, wohin mit seinen Händen. Bilal sagt, er gehe sehr gerne zur Schule, weil er gerne lerne und weil die Stimmung zwischen Schülern und Lehrern gut sei. Dafür fährt er jeden Tag mit dem Zug fünfzig Kilometer aus Pforzheim nach Stuttgart. Die Freunde aus der Nachbarschaft, mit denen er sich abends manchmal trifft, gehen fast alle auf die Hauptschule. »Na ja, die machen schon Späße über mich«, sagt Bilal. Darüber, dass er auf die Schule in Stuttgart gehe und jeden Tag so lange unterwegs sei. Manche fragen auch, was es koste, und wenn er dann von den 240 Euro im Monat erzählt, winken sie ab. Aber Bilal hat ohnehin wenig Zeit für solche Diskussionen, denn unter der Woche ist er fast den ganzen Tag in der Schule, und an den Wochenenden hilft er noch freiwillig in einem Jugendhaus in Pforzheim anderen Kindern bei den Hausaufgaben. Er würde gerne Lehrer werden, sagt er. Einer wie Frau Heidt, die Musiklehrerin. Zwar hält sich die frühere Opernsängerin streng an den klassischen Musikkanon, aber Bilal sagt trotzdem: »Sie ist die Beste.«

Es sei eine untere Mittelschicht, die ihre Kinder schickten, sagt Akin. Oft hätten die Eltern selbst nicht die Chance gehabt, ihre Schulausbildung abzuschließen oder auf eine weiterführende Schule zu gehen. Abends beim Elternabend der fünften Klasse mischen sich die Nationen, auch ein paar einheimisch-deutsche Eltern sind darunter – aber sie sind deutlich in der Minderheit.

Die Neugier auf die Schule ist groß, fast jedes Kind ist vertreten. Vielleicht auch deshalb, weil man, wenn man für die Schule bezahlt, auch wissen will, was dort passiert.

Nicht alle Eltern können gut Deutsch, deshalb macht die Klassenlehrerin Elisabeth Molnar in einfachen Worten deutlich, dass eine Schule ohne Disziplin nicht funktioniere. Der Lehrer habe ein Recht auf Ausübung seines Berufs, und wer seinen Lernplaner, ein Heft, in dem unter anderem der Stundenplan steht, verliere, der müsse einen neuen kaufen. »Am besten von seinem Taschengeld«, wirft ein Vater ein. Elisabeth Molnar erklärt, dass der Freitag kein Feiertag sei, wie man das aus muslimischen Ländern kenne, sondern ein ganz normaler Tag, an dem auch Hausaufgaben gegeben werden. Und sie kündigt die Fahrt ins Schullandheim an den Bodensee für den Sommer an.

Später versammeln sich die Eltern aller Klassen im Speisesaal im Untergeschoss. Dort werden sie von den älteren Kindern mit Bulgur und gefüllten Weinblättern bewirtet. Ehringer sitzt mitten unter ihnen. »Mein Schweineschnitzel kriege ich hier natürlich nicht«, witzelt er. Er spielt darauf an, dass das Kantinenessen eine ständige Diskussion in der Schule ist. In anderen Schulen wären Mäkeleien über die Verpflegung wahrscheinlich ein Zeichen der Normalität. Hier geht es dabei natürlich um die Frage, ob zu viele türkische Gerichte gekocht werden. Um diese Diskussion zu beenden, wurde jetzt ein deutscher Koch angestellt.

Es seien diese alltäglichen Reibereien, an denen die Toleranz und Konfliktfähigkeit der Kinder geschult werde, findet Akin. Konflikte lösen, das Anderssein des Mitschülers akzeptieren, daran müssten sie ständig arbeiten. Das funktioniere nicht von selbst. Und Manfred Ehringer ergänzt: »So eine Schule ist nie fertig, sie ist immer eine Baustelle.« Wie das Leben.

Wer ist Deutschland?

Unterwegs zu einem neuen Wir

von David Deißner
und Thomas Ellerbeck

Wer ist Deutschland? Die Beantwortung dieser Frage hat uns Deutschen schon immer besondere Probleme bereitet. Der reflektierende Selbstbezug und die Ahnung einer nur konstruierten und daher in besonderer Weise pflegebedürftigen Identität bilden geradezu den Kern dessen, was es heißt, deutsch zu sein. Die untergründige Sorge, dass es so etwas wie das Deutschsein vielleicht gar nicht gibt, liegt im Wesen der »verspäteten Nation«. Vollzog sich doch die Entstehung des Nationalbewusstseins in Deutschland bekanntlich nicht, wie etwa in Frankreich, in den klar definierten Grenzen eines Territorialstaates. Am Anfang des Deutschseins stand die Konstruktion einer Kulturnation als Abstammungsgemeinschaft. Das nationale Bewusstsein musste im Zusammenschluss vieler Kleinstaaten erst erfunden werden. Es war das »Pathos der Eigenart von Kultur und Abstammung«[1], die Vorstellung einer kulturellen und ethnischen Verbundenheit, die den Flickenteppich zusammenhalten musste.

Deutsche Erbmasse

Als historischer Sonderfall – hierin allenfalls vergleichbar mit Italien – musste sich Deutschland wie kaum ein anderes Land in Europa in seiner frühkindlichen Phase selbst davon überzeugen, eine nationale Einheit mit nationaler Identität zu sein. Mit diesem feierlich heraufbeschworenen »Sonderbewusstseinsein«[2] einer durch Sprache, Kultur und Abstammung verbundenen Gemeinschaft nahm es 1945 ein jähes Ende. Ein pathetischer Nationalismus war mit dem Zivilisationsbruch der nationalsozialistischen Verbrechen unmöglich geworden. Doch trotz der historischen Katastrophen und Zusammenbrüche, trotz der schonungslosen Auseinandersetzung mit den Gräueltaten des Dritten Reichs, ja, trotz – oder vielleicht gerade wegen – der politischen und kulturellen Teilung des Landes wirkte der ethnisch-nationale Identitätsbegriff in der Selbstwahrnehmung vieler Deutscher lange nach. Er schien auch vereinbar mit der historisch unvermeidlichen Umkehrung des Nationalpathos in »negativen Nationalismus« und ritualisierte Selbstabwertung[3]. Deutschsein wurde auch nach 1945 in der sich als »postnational« definierenden Bundesrepublik über das Blut vererbt. Und offenbar entsprach dieses bis zum Jahr 2000 weitgehend unangetastete *Ius Sanguinis* noch bis vor Kurzem dem weithin geteilten intuitiven Verständnis nationaler Zugehörigkeit. Studien belegen, dass sich die Auffassung nationaler Zugehörigkeit in Deutschland im Wandel befindet und dass Einstellungen und Werthaltungen gegenüber der Herkunft langsam in den Vordergrund rücken. Dennoch gilt noch immer für viele Deutsche: Nicht der Geburtsort oder das Bekenntnis zu einer staatsbürgerlichen Leitidee verleiht der Person das gefühlte Deutschsein, nicht die Tatsache, dass sie viele Jahre in Deutschland lebt, hart arbeitet und sich zum Grundgesetz bekennt, sondern die Abstammung – und damit die Zugehörigkeit zu einer kulturell einzigartigen Erinnerungs- und Empfindungsgemeinschaft. Wenn man davon ausgeht, dass nationale Identität durch die Weitergabe von Erzählungen der kollektiven Vergangenheit entsteht, dann handelt die deutsche Erzählung des 20. Jahrhunderts von Brüchen und Zusammenbrüchen, von Schuld – und vielleicht auch von der verschämten Sehnsucht nach altem Glanz. Kein attraktives Identifikationsangebot für Zugezogene: Um den deutschen Traum zu leben, muss man eigentlich schon mit ihm aufgewachsen sein.

Es genügt ein vergleichender Blick in die Einwanderungsgesellschaft der USA, um zu begreifen, wie weit der im deutschen Denken und Fühlen verwurzelte Identitätsbegriff von einem liberal-staatsbürgerlichen Verständnis nationaler Identität entfernt ist. Aus der Perspektive einer Gesellschaft, die sich seit jeher als politische Interessensgemeinschaft, als verfassungspatriotische »gesellschaftliche Union aus gesellschaftlichen Unionen«[4] versteht, bleiben die tiefer liegenden emotionalen Blockaden und Ängste der Herkunftsdeutschen, die sich dieser Tage vor ihrer Abschaffung fürchten, unverständlich. Die Irritation, die so manchen Herkunftsdeutschen noch immer befällt, wenn sich ein auffallend fremdländisch aussehender Mitbürger als Deutscher vorstellt, und die allzu schnell in der Frage mündet, wo man denn »ursprünglich herkomme«, zeigt, wie sehr der Abstammungsmythos den Vorstellungshorizont bis heute limitiert. Das nationale Identitätsempfinden der Deutschen ist ein besonderes Amalgam aus Heimat, Genen und Kultur.

Die Journalistin und Buchautorin Hatice Akyün hat anschaulich beschrieben, wie die allzu deutsche Woher-kommst-du-Frage als emotionales Integrationshindernis wirkt[5]. Heimat, das sei für sie die A42 bei Duisburg, das seien die Hochöfen des Ruhrgebiets. Die Industrieromantik berühre sie, erinnere sie an Kindheit und Jugend. Eine »heimatlichere« Heimat, in die man zurückkehren könnte, gibt es nicht mehr. Eigentlich fühlt sie sich im deutschen Alltag wenig türkisch. Doch in regelmäßigen Abständen stellt ein Herkunftsdeutscher die habituelle Herkunftsfrage. Und auf einmal macht die Zugewanderte unfreiwillig drei emotionale Integrationsschritte zurück, fühlt sich fremd, nicht zugehörig, beginnt zu reflektieren, was doch eben noch selbstverständlich schien. Ein Zugewanderter, und vielleicht ist dies die unscheinbarste und damit wirksamste Integrationsbremse, wird früher oder später als ein solcher angesprochen. Wie soll ein Gefühl der Selbstverständlichkeit aufkommen, wenn die Heimat der Eltern oder Großeltern auch bei längst Angekommenen immer wieder zum Thema gemacht wird? So wie im Falle der ZDF-Moderatorin Dunja Hayali, die in diesem Buch berichtet, wie sie in ihrer Ich-bin-hier-zu-Hause-Glocke

gelebt habe, bis sie im Integrationsdiskurs zur medialen Vorzei-
gefigur stilisiert wurde – ob sie nun wollte oder nicht. Auch die
Positivdiskriminierung lässt dem Einzelnen keine Wahl, welcher Aspekt der Identität in den Fokus gestellt wird. Dunja
Hayali ist nun »die mit Migrationshintergrund«, auch wenn sie
das fast schon vergessen hatte.

Die Frage nach der Herkunft ist freilich nicht immer feindselig. Oft ist es eine gut gemeinte Hinwendung, ein Verstehen-
wollen, ein ehrliches Gesprächsangebot. Und doch markiert der
intuitive Gebrauch der Personalpronomen, die spontane Rede
vom »wir«, »du« und »ihr«, die gefühlte Grenze zwischen »uns
Deutschen« und allen anderen, die in der Kulturnation nur zu
Gast sind – auch wenn sie hier geboren sind und wohl für den
Rest ihres Lebens bleiben werden. Es ist nicht nur die vermeintlich wachsende Anzahl von Integrations- und Akkulturations-
verweigerern in den Brennpunktvierteln der Großstädte, die
den Prozess der Annäherung erschweren, sondern auch die oft
unausgesprochene Wahrnehmung von Eigenheit und Fremdheit
auf Seiten der Ankunftskultur. Wer im täglichen Sprechen das
gefühlte Anderssein des anderen signalisiert, ihm keine Wahl
lässt, ob er seine Herkunft überhaupt zum Thema zu machen
gewillt ist, ihm das »eigentliche« Deutschsein abspricht und
stattdessen in technokratischer Kühle immer wieder den statistisch erfassten »Menschen mit Migrationshintergrund« adres-
siert, der darf sich nicht wundern, wenn die innere Bereitschaft
zu Anpassung an sogenannte deutsche Werte und Lebensweisen
zuweilen auf sich warten lässt.

Die bunte Republik

Wer also ist Deutschland, wer ist »wir«? In Zahlen ausgedrückt
sind wir ein Land mit rund zweiundachtzig Millionen Einwoh-
nern. Sechzehn Millionen von ihnen haben einen sogenannten
Migrationshintergrund. Das entspricht rund zwanzig Prozent

der Bevölkerung[6]. Im Jahr 2050 werden voraussichtlich nur noch zwei Drittel der hier lebenden Menschen »Herkunftsdeutsche« sein. Der Blick vor die Tür, der Spaziergang durch die Fußgängerzonen der Großstädte oder die Betrachtung der eigenen globalisierten Essgewohnheiten lässt keinen Zweifel darüber zu, dass Deutschland vor allem in den Großstädten bunter, weltoffener, ja, kosmopolitischer geworden ist. Lange Zeit war die Frage, ob Deutschland als Einwanderungsland gelten kann, ein beliebter Streitgegenstand im geradezu dogmatischen politischen Definitionswettkampf. Ungleich heftiger wurde unlängst die Aussage von Bundespräsident Christian Wulff diskutiert, dass der Islam zu Deutschland gehöre. Eine große Rede nur wenige Monate nach seinem Amtsantritt. Nüchtern betrachtet sind beide Aussagen Beschreibungen der Wirklichkeit und stehen damit für den Meinungsstreit gar nicht zur Disposition. Dass der Islam zu Deutschland gehört, ist ohne Zweifel zutreffend, wenn fünfundvierzig Prozent aller in Deutschland lebenden Muslime die deutsche Staatsbürgerschaft haben. Mit anderen Worten: Ob wir es wollen oder nicht, die bunte Republik, das Nebeneinander der kulturellen Prägungen und religiösen Orientierungen, steht nicht zur Abstimmung, sie ist Realität.

Bereits der frühere Bundespräsident Roman Herzog hatte den Dialog der Kulturen zu einem Schwerpunkt seiner Präsidentschaft gemacht. Herzog widmete sich sowohl dem Verhältnis zwischen dem Westen und dem Islam in der Weltpolitik als auch dem Zusammenleben der Menschen unterschiedlicher Herkunft, Religionen und Kulturen in Deutschland. Bei der Verleihung des Friedenspreises des deutschen Buchhandels an die Bonner Islamwissenschaftlerin Annemarie Schimmel im Jahr 1995 stellte Herzog fest: »Christen, Muslime, Atheisten wohnen in denselben Ländern, in denselben Städten, ja denselben Straßen und Häusern. Das Leben ist hier schneller gewesen als der interreligiöse und interkulturelle Dialog. [...] Man kann auf Dauer nicht miteinander leben, wenn man nicht miteinander redet und wenn man nichts voneinander weiß.« Herzog forderte vor allem ehrliches Interesse, Respekt und einen Dialog auf Augenhöhe: »Ohne gegenseitiges Wissen gibt es kein gegenseitiges Verständnis, ohne Verständnis gibt es keinen gegenseitigen Respekt und kein Vertrauen, und ohne Vertrauen gibt es keinen Frieden, sondern wirklich nur die Gefahr des Zusammenpralls.«

Wie aber steht es heute um diesen Dialog und um das Selbstverständnis dieses bunten Deutschlands? Verfolgt man die Berichterstattung und die hitzigen Feuilletondebatten über Migration und Zuwanderung, kann man sich des Eindrucks kaum erwehren, dass die Integration in Deutschland gescheitert ist. Wir begegnen dem diffusen Schreckensbild einer kulturell und materiell segregierten Gesellschaft, die die politischen Versäumnisse der letzten Jahrzehnte bitter bezahlt. Im Zentrum stehen Gewalttaten in Bahnhöfen oder auf dem Schulgelände, jugendliche Mehrfachstraftäter mit Migrationshintergrund, Schulabbrecher ohne berufliche Perspektive, Kohorten von abgehängten Bildungsverlierern und minderjährige Mädchen, die zur Zwangsverheiratung in anatolische Heimatdörfer transportiert werden.

Freilich, viele der Missstände sind bittere Realität und in den vergangenen Jahren immer deutlicher ins öffentliche Bewusstsein getreten: die eklatanten Sprach- und Bildungsdefizite vieler Migranten, die Kriminalitätsstatistiken einiger Großstädte, in denen libanesisch-kurdische Zuwanderer weit oben rangieren, oder die in vielen Migrantenfamilien herrschende patriarchalische Auffassung von Ehre und Geschlechterrollen[7]. Der irrationale Reflex jedoch besteht darin, dass »die Migranten« plötzlich mehr denn je als stabilitätsgefährdende Bedrohungsmasse aus Kultur, Religion, unaufgeklärten Sitten und suboptimalem Erbmaterial betrachtet werden. Die Worte »Muslime« und »Bildungsferne« sind fast schon zu Synonymen geworden. Dass eine solche Atmosphäre nicht günstig ist, damit Zuwanderer die Integration »endlich als ihre Bringschuld erkennen« und sich gut gelaunt dem deutschen Wertesystem verpflichten, kann kaum verwundern. Polarisierend nennt man Debatten, die zur Folge haben, dass sich die an ihr beteiligten Gruppen auseinanderbewegen. Sortierende Begriffe prägen unsere Wirklichkeit. Die als »Kollektiv« Angegriffenen rücken zusammen, auch wenn sie sich zuvor nicht notwendigerweise als Interessengemeinschaft verstanden haben. Wenn Komplexes vereinfacht, wenn Herkunft und Religion, kulturelle und vermeintlich phänotypische Eigenschaften insgesamt verdächtig werden, verwandelt sich die Debatte in Kulturkampfrhetorik: »Wir« müssen aufpassen, sonst übernehmen »die« noch das Ruder. In der öffentlichen Rede über Integration herrscht Untergangsstimmung: »Deutschland schafft sich ab.«

Integration – besser als ihr Ruf

Seit Thilo Sarrazins gleichnamiges Buch im August 2010 erschien, ist viel Tinte geflossen. Ob es kathartische Wirkung entfaltet, gleichsam ein reinigendes Gewitter gelöst hat und dem Land durch die ehrliche Aussprache aller Parteien gutgetan hat oder ob es eher großen Schaden angerichtet hat, ist umstritten. Die Erregungskurve, so scheint es jedenfalls, ist schnell wieder abgestürzt, wie so oft bei hitzköpfigen Feuilletondebatten. Der aggressive Ton der Sarrazin-Debatte war offenbar nicht Symptom oder Vorbote eines massenhaften Aufruhrs der Mehrheitsgesellschaft. Bisher flogen Worte, keine Steine. Zudem zeichnet der allgemeine Integrationspessimismus des Jahres 2010 ein allzu düsteres Bild des Erreichten. Denn Fakt ist: Die Bemühungen der Zuwanderungs- und Integrationspolitik haben sich gelohnt. Fortschritte sind überall sichtbar. Trotz der unleugbaren Schwierigkeiten und der vor uns liegenden Herausforderungen kann sich das Integrationsland Deutschland im europäischen Vergleich inzwischen sehen lassen. Die nahe liegende Vermutung, dass die Mehrheitsgesellschaft nichts sehnlicher herbeisehnt als ein Ende der Zuwanderung, wird durch die

Empirie widerlegt. Die Integration in Deutschland ist, so der zentrale Befund des Jahresgutachtens »Migrationsland 2011«[8], besser als ihr Ruf: Fernab der apokalyptischen Vision unaufhaltsamer Zuwanderungsströme (»Das Boot ist voll«), schätzen die Deutschen mit und ohne Migrationshintergrund die Situation eher pragmatisch bis nüchtern ein. Die meisten Deutschen wissen auch: Statistisch betrachtet waren wir in den letzten Jahren eher ein Auswanderungsland: Seit 1996 haben über eine halbe Million mehr Deutsche das Land verlassen, als zurückgekehrt sind. Und auch die Zuwanderungsbilanz der Ausländer war im ersten Jahrzehnt des neuen Jahrtausends nur leicht positiv. Eine deutliche Mehrheit von sechzig Prozent sieht zudem die demografische Notwendigkeit einer stärkeren Zuwanderung von Hochqualifizierten (SVR Jahresgutachten 2011). Eine weitere Zuwanderung von Niedrigqualifizierten wird von siebzig Prozent der Bürger abgelehnt. Gleichwohl hält sich die Angst, dass Deutschland unter der Last der Flüchtlinge alsbald zusammenbrechen könnte, in Grenzen: Rund die Hälfte der befragten Deutschen ohne Migrationshintergrund steht einer verstärkten Aufnahme von Flüchtlingen positiv gegenüber. Sehr zu Recht hat der »Sachverständigenrat für Integration und Migration« daher wiederholt darauf hingewiesen, dass die Politik die von Populisten geschürten Migrationsängste der Deutschen über- und den »Bürgerpragmatismus« unterschätzt. Wenn in der Politik an der »Stellschraube« der Zuwanderungssteuerung gedreht wird, wähnt man den Bürger schnell überfordert. Der Einwand, dass eine inländische Qualifikationsoffensive in jedem Falle Vorrang haben müsse, bevor weitere Ausländer angeworben werden, lässt nicht lange auf sich warten. Der zögerlichen Haltung der Bundesregierung, so Klaus J. Bade, Vorsitzender des Sachverständigenrates, lege die irrtümliche Vorstellung zugrunde, »dass die ganze Welt auf gepackten Koffern sitzt und nur auf grünes Licht für Deutschland wartet«[9]. Die Bürger hätten durchaus »erwachsene Vorstellungen« von der demografischen Notwendigkeit einer kohärenten Anwerbung von Zuwanderern, werden aber von der Politik wie Kinder vor ihren angeblichen Ängsten geschützt.

Wie es scheint, gelingt es den Deutschen immer wieder, die Integrationserfolge schlechtzureden, die Abwehrhaltung und Beharrungskräfte zu überschätzen und damit das Erreichte zu gefährden. Am Ende sind es die Zugewanderten selbst, die uns an die Integrationsfortschritte erinnern müssen. Der Islamwissenschaftler und Autor Navid Kermani etwa. Deutschland sei heute »ungleich weltoffener als noch vor zwei, drei Jahrzehnten«, konstatiert er in seinem Buch *Wer ist wir? Deutschland und seine Muslime*[10]. Das Land habe sich an die Einwanderung gewöhnt. Sprachförderung für Einwandererkinder, Maßnahmen zum Schutz von Frauen, individuelle Förderung und Integrationsprogramme an Schulen, Elterncafés für deutsche und türkische Mütter und Väter … haben die Deutschen vielleicht gar nicht notiert, wie viel sich seit den Fünfzigerjahren verändert hat, als »Andersfarbige noch wie Zootiere gegafft wurden«? Auch wenn noch viel zu tun ist, die deutsche Integrationspolitik ist auf dem richtigen Weg. Ähnlich sieht es der türkischstämmige Journalist und Autor Zafer Şenocak: Vergleiche man Deutschland mit anderen europäischen Ländern, stehe »das Land geradezu glänzend da, wenn es um die Integration von Ausländern geht. In nicht sehr vielen Ländern sitzen in den Parlamenten so viele Abgeordnete ausländischer Herkunft.«[11] Auch sind wir weit entfernt von der Gewalt der Pariser Banlieues. Die Zusammensetzung der deutschen Bevölkerung hat sich während der letzten fünfzig Jahre grundlegend verändert, und doch sind größere Spannungen und Konflikte bisher ausgeblieben – eine beachtliche Integrationsleistung.

Antizipieren wir also von Anfang an das Versagen aller Integrations- und Bildungsanstrengungen, bevor diese ihre volle Wirkung entfalten können? Ist der massenhafte Integrationsfrust nur eingebildet, wurzelt er in der allzu deutschen Schwarzseherei einiger Intellektueller, die in den Parallelwelten ihrer Redaktionen und Schreibstuben nicht bemerken, wie gut das

Zusammenleben von »alten« und »neuen« Deutschen längst funktioniert? Und wurden wir im Jahr 2010 lediglich Zeuge eines mediengemachten Nervositätsausbruchs? Ganz so einfach ist es dann doch nicht.

Natürlich steht das Land noch immer vor riesigen ungelösten Integrationsproblemen. Für Jubelrufe ist es allemal zu früh. Es sind vor allem die hierzulande stark ausgeprägten sozialen Herkunftseffekte im Bildungsverlauf, die uns besorgen müssen. Von deren negativen Folgen sind vor allem Kinder aus bildungsungewohnten Migrantenfamilien betroffen, die aus ländlichen Regionen eingewandert sind. Und, ja – wer hätte es abgestritten –, es gibt sie, die Zuwanderer, zu großen Teilen aus dem Osten der Türkei und dem arabischen Kulturraum, die sich der sprachlichen und kulturellen Integration häufig verweigern, die Sozialleistungen in Anspruch nehmen, am Bildungsaufstieg ihrer Kinder aber kein oder wenig Interesse zeigen und damit eine volkswirtschaftliche Belastung darstellen. Als wären die Probleme nicht groß genug, zeigt die hiesige Debatten(un)kultur jedoch, wie schwer es fällt, derlei Missstände offen und sachorientiert zu erörtern, ohne dass die Diskussion entgleitet. Sofort kollidieren Extreme: »Brandstifter« und »Panikmacher« ziehen gegen »weichgespülte Integrationsromantiker« zu Felde. Und am Ende diskutiert alle Welt über Sprechverbote in Deutschland, die Gene von Juden und Muslimen sowie über die Vererbbarkeit von Intelligenz. Ob ein derart explosives Themengemisch und provokative Kollektivzuschreibungen einen Beitrag zur Integration in Deutschland leisten, darf bezweifelt werden. Ohne rhetorische Entlastungsorgien – persönliche Angriffe, Zuspitzungen und Beleidigungen – scheint es nicht zu gehen.

Sarrazin und die Klimafolgen

Sarrazin selbst übrigens verwahrt sich gegen den Vorwurf, sein Buch habe ein für die Integration schädliches Klima verursacht. Schlechtes Klima komme aus der repressiven Atmosphäre, die »ungelüftete Texte mit ihrem hohen moralischen Anspruch« verbreiteten. Er meint das Migrationsbarometer 2011, das vorhandene Integrationsdefizite nicht in der nötigen Klarheit benenne und »gruppenbezogene Verhaltensdefizite sowie kulturelle Ursachen wie die Religion« ausklammere. Er selbst, Sarrazin, werde zum »Integrationskraftzersetzer« abgestempelt, weil er nicht einstimme, wenn die hasenfüßigen Experten die Probleme in Deutschland schönfärberisch kleinredeten aus Angst, die Stimmung in Deutschland könne sich eintrüben.

Man wird Sarrazin kaum widersprechen können, wenn er sagt, auch kulturell bedingte Integrationsunwilligkeit gelte es direkt und offen zu thematisieren. Doch die Selbststilisierung zum wagemutigen Klartexter entbehrt der Grundlage. Sarrazin konstruiert ein Zerrbild der wissenschaftlichen Diskussionslage, wenn er behauptet, man sei den »unangenehmen Themen« bislang aus dem Wege gegangen. Gerade der von Sarrazin kritisierte Sachverständigenrat für Migration und Integration widmete sich im Integrationsgutachten 2010 ausführlich den vermeintlich verleugneten Problemen[12]. Was in der aufgeheizten Diskussion zwischen »Schönrednern« und »Brandstiftern« zudem aus dem Blick gerät: Die Sprache bietet, auch wenn rhetorische Knalleffekte dann ausbleiben, Mittelwege zwischen wirklichkeitsferner Integrationslyrik einerseits und einer provokativen Diskursform, die ganze Gesellschaftsgruppen beleidigt, andererseits. Am Ende sind wir wieder bei der Frage des Respekts und des Dialogs auf Augenhöhe, den Roman Herzog einforderte.

Sarrazin mimt den Eulenspiegel der Integrationsdebatte. Er wagt ein riskantes Spiel im Grenzbereich zwischen dem Wort-

laut und der Wirkung des Wortes; und er weist die atmosphäri-
sche Folgewirkung seiner Thesen von sich: *Genau so* habe er es
schließlich nicht gesagt und auch nicht gemeint. Seine Kritiker
hätten einen Lektürerückstand. Wer ihn *genau* lese, wisse, dass
er nur »über einen Teil der muslimischen Einwanderer« rede. Es
ginge ihm ja nicht um den individuellen Intelligenzquotienten
der Migranten noch um die Religion, sondern um die man-
gelnde Integrationsbereitschaft als »kulturelle Eigenschaft einer
bestimmten Gruppe«. Mangelnder Bildungsehrgeiz habe lang-
fristige Folgen für das Intelligenzniveau dieser »bestimmten
Gruppe«. Dass eine Diskussion über die genetische Ausstattung
von Muslimen, wie auch immer die Begriffe im Nebensatz ein-
gegrenzt werden, das Klima unweigerlich belasten musste, ist
eine Frage praktischer Klugheit. Sobald die Thesen eines Buches,
das zu dick und zahlenlastig ist, als dass es viele lesen, ins öffentliche Bewusstsein durchgedrungen sind, sind Details und Defi-
nitionen aus Nebensätzen und Fußnoten längst unter den Tisch
gefallen. Was blieb und bleiben mussten, war die schrille Botschaft: Muslime sind dümmer als Deutsche. Keine integrations-
förderliche Gesprächsgrundlage für Muslime, die Deutsche sind
und sich zu Recht als solche begreifen! Durch den unsäglichen
Ausflug in die Erblehre wurde in der Debatte eine Tonlage ange-
stimmt, die dafür gesorgt hat, dass nicht nur die intellektuellen
Muslime in Deutschland – deren Anwesenheit sollte uns besonders teuer sein – laut darüber nachdenken, das Land zu verlassen[13]. Ein Buchautor ist kein Hasenfuß und Schönredner, sondern beweist Takt und Verantwortungsgefühl, wenn er allzu nah
liegende Missverständnisse vermeidet. Sie zu provozieren ist
dagegen unredlich. Allein, wer wollte ernsthaft annehmen, dass
es die Integration – ein langsamer Prozess, der innere Bereitschaft voraussetzt – befördern würde, wenn öffentlich über die
Intelligenz »der Muslime« räsoniert wird? Wer wollte ernsthaft
behaupten, dass eine Gruppe, deren mangelnder Bildungsehrgeiz und sozialer Aufstiegswille beklagt wird, ebendiesen Ehrgeiz entwickelt, wenn sie von einem Politiker einer traditions-

reichen demokratischen Volkspartei vernehmen muss, dass bei ihnen auch durch Bildung nicht viel zu machen sei, weil die Gene Grenzen setzen?

Natürlich muss auch Klartext erlaubt sein – wer aus Angst vor Rassismusvorwürfen Probleme negiert, wird sie nicht lösen. Dass aber Klimaschäden auftreten, wenn vor allem muslimische Migranten immer und überall als Problemgruppe beschrieben werden, muss jedoch ebenso klar und deutlich gesagt werden. Klartext und die Vermeidung von Beleidigungen schließen sich nicht aus. Wenn eine bestimmte Gruppe keine intrinsische Motivation verspürt, sich zu integrieren, wird sich hieran wenig ändern, wenn man dies mit abschätziger Geste beklagt und die rhetorische Peitsche schwingt oder auf Statistiken verweist. Dem Integrationsdiskurs in Deutschland fehlt die wärmende Verheißung. Die Radikalisierungstendenzen einiger junger Muslime in Deutschland sind ohne Frage besorgniserregend und verlangen kompromissloses staatliches Handeln. Sie sind aber auch Folge einer jahrelangen ablehnenden Haltung der Mehrheitsgesellschaft. Wenn der Türke immer »der Türke« bleibt, wird er für Sinnangebote fundamentalistischer Wortführer eher anfällig und erhält seine starke Bindung an das Herkunftsland.

Bülent Arslan, der Unternehmensberater in Sachen interkultureller Kommunikation, hat es im Gespräch für dieses Buch auf den Punkt gebracht: »Migranten, besonders türkische Migranten, erleben sich selbst in der deutschen Politik fast ausschließlich als Problem. Da heißt es, die Migranten haben ein Integrations*problem,* unterdrücken Frauen, die Türkei ist ein *Problem*land und soll nicht in die EU.« Diese *Probleme* könne man häufig sachlich begründen und mit Statistiken belegen. »Aber kommunikativ bringt das nichts, das wirkt unsympathisch. Und diese Leute sind viel stärker fixiert auf Sympathie und Antipathie.« Ein Auftritt der Bundeskanzlerin im türkischen Fernsehen inmitten von Kindern bringe mehr für die Integration als die »mutige« Aussprache statistisch verbriefter Hiobsbotschaften.

»Fast die Hälfte der Türken hat seltener als einmal in der Woche Kontakt zu Deutschen. Vierzig Prozent möchten am liebsten nur mit Türken zusammen sein«, bemerkt Sarrazin in der *Frankfurter Allgemeinen Zeitung* mit Hinweis auf eine repräsentative Umfrage[14]. Soll damit bewiesen sein, dass die Integration gescheitert ist? Dass die Türken in Deutschland ohnehin unter sich bleiben wollen? An welchem Idealbild messen wir hierzulande überhaupt den Erfolg oder Misserfolg der Integrationsbemühungen? Was ist mit den sechzig Prozent der Türken, die *nicht* nur mit Türken zusammen sein wollen? Sollte uns die Quote nicht eher zuversichtlich stimmen? Ist sie vielleicht nur Ausdruck ganz normaler Zugehörigkeitsempfindungen in einer pluralistischen Gesellschaft? Manche kommen ins Gespräch, manche bleiben gerne unter sich. Vielleicht bewegt sich eine solche Gesellschaft trotzdem auf dem richtigen Weg. Entscheidend ist nicht unbedingt, wie oft die Gruppen ins Gespräch kommen, sondern ob man sich auf gemeinsame Regeln verständigt und die Begegnungen grundsätzlich respektvoll verlaufen. Es würde wohl kaum jemand behaupten, wir hätten ein Integrationsproblem, wenn herauskäme, dass fünfzig Prozent der Bayern ungern mit zugezogenen Österreichern zusammen sind. »Muss denn wirklich«, fragt sich Arslan, »immer alles zusammenpassen, damit man gut miteinander auskommt?« Eine Gesellschaft, in der die Angst vor Parallelgesellschaft umgeht, verrät auch viel von der Sehnsucht ihrer Ureinwohner, die Gewohntes dem Ungewohnten, Einheitlichkeit der Vielheit vorziehen.

Krise des Wirgefühls

Liest man Bestsellerlisten als Seismografen gesellschaftlicher Befindlichkeit, so lässt die rekordträchtige Popularität eines Buches, das die »Abschaffung Deutschlands« im Titel führt, eine akute Krise des Wirgefühls vermuten, eine Sehnsucht nach dem »Eigenen«, die Gefahren birgt. Denn Deutschland sieht nicht nur praktische Probleme in der schulischen Integration bildungsunwilliger Migrantenkinder aus sozial benachteiligten Familien. Es geht um mehr. Deutschland hat Angst, sich als kulturelle Wertegemeinschaft abhanden zu kommen. Mit der Empörungsgeste des »das wird man doch mal sagen dürfen« wird ein radikal anderes, mit dem deutschen Wesen unversöhnliches Kollektiv konstruiert: »die Muslime«. Dass es »die Muslime« als homogene Religionsgemeinschaft nicht gibt, lehrt schon die Wikipedia-Lektüre. Unklar ist, wer überhaupt gemeint ist: gläubige Muslime, also solche, die ihren Glauben praktizieren? Angehörige eines Kulturraums, einer Religion, oder meinen wir nicht viel öfter eine bestimme Sozial- oder Bildungsschicht? Potenziell gewaltbereite Fürsprecher eines undemokratischen Gottesstaates gar? Alles schwingt irgendwie mit und bildet ein diffuses Gemisch. Gerade ob seiner Unschärfe entfaltet der Begriff seine polarisierende Kraft. Man weiß zwar nicht, was die deutsche Seele im Innersten zusammenhält. Doch was »wir« *nicht* sind und sein wollen, darf man wieder sagen: ein Land, in dem »die Muslime« das Sagen haben.

Das Ressentiment der Mehrheitsgesellschaft ist dieser Tage kein rein deutsches Phänomen. In mehreren europäischen Ländern, den Niederlanden, Schweden und Dänemark, feiern populistische Parteien neue Wahlerfolge. Nicht der Unmut, lediglich die Äußerungsform ist ein deutscher Sonderfall. Das Ressentiment äußert sich als Kaufentscheidung. Das Buch eines als sachkundig geltenden SPD-Politikers darf man sich wohl zulegen, ohne gleich als radikal zu gelten? Deutsches Ressentiment erscheint im gediegenen Lodenmantel bildungsbürgerlicher Anständigkeit: »Der Mann hat doch eigentlich recht.«

In Talkshows und auf Podien bedienen sich selbst ernannte Kulturtheoretiker neuerdings großer Begriffe. Von Identität ist viel die Rede, von der deutschen Aufklärung und vom jüdisch-christlichen Erbe und der vermeintlichen Unvereinbarkeit des Islam mit modernem Demokratie- und Gesellschaftsverständnis. Aber ist es nicht gut und richtig, fragt man hier zu Recht, dass eine pluralistische Gesellschaft über ihr ethisches Fundament reflektiert? Ist es nicht gut und richtig, wenn in der Öffentlichkeit diskutiert wird, unter welchen verbindlichen Regeln die Menschen unterschiedlicher Herkunft und kultureller Prägung leben sollen? Fürwahr – und doch birgt die in Mode gekommene Rede von der Identität auch Gefahren.

Konstruierte Identitäten

Die Sehnsucht nach Gruppenzugehörigkeit und Identitätszuschreibung ist ein menschliches Grundbedürfnis. Ohne ein wärmendes »Wir« lebt es sich schlecht. Auch eine im Wandel befindliche und sich als modern begreifende Gesellschaft wird dauerhaft nicht ohne »Geborgenheitsformeln«[15] auskommen. Die globalisierte Welt mag als »digital community« näher zusammengerückt sein, doch die in vielerlei Hinsicht unübersichtliche soziale Wirklichkeit erzeugt mehr denn je das Bedürfnis nach Reduktion von Komplexität. Obwohl die politische Ordnung in Deutschland so viel Freiheit gewährt wie niemals zuvor in der Geschichte des Landes und die meisten Menschen hierzulande in relativem Wohlstand leben, herrscht ein Klima der Verunsicherung. Und dies nicht nur, weil neue Kulturen und Lebensweisen das Alltagserleben verändert haben. Familiäre Strukturen werden brüchiger, Arbeit verlangt Mobilität und ständige Anpassungsbereitschaft, die Lebenswelt hat sich beschleunigt – und auch die Kirche spielt im Leben der meisten Deutschen kaum noch eine alltagsbestimmende Rolle. Auch die im Bewusstsein der Nachkriegs(west)deutschen fest verwurzelte Annahme stetigen Wachstums bei gleichzeitiger Sicherung des sozialen Ausgleichs ist angesichts der demografischen Vorhersagen instabil geworden. »Die Angst«, sagt Soziologe Stefan Hradil, »kriecht die Bürotürme hoch.« Die regelmäßigen apokalyptischen Aufwallungen von Ehec bis Energieversorgung legen von dieser diffusen Verunsicherung regelmäßig Zeugnis ab. Mit dem Ende der bundesrepublikanischen Beschaulichkeit wächst das Bedürfnis nach Ordnung und klarer Zugehörigkeit. Für den Zusammenhalt einer pluralistischen Gesellschaft jedoch kann dieses Bedürfnis zum Problem werden, wenn Identität nicht etwa durch einen anschlussfähigen und für unterschiedliche Gruppen attraktiven Gesellschaftsentwurf erzeugt wird, sondern durch Ab- und Ausgrenzung und die rückwärtsgewandte Besinnung auf das vermeintlich »Eigene«. Über Leitkultur wird hierzulande nicht so gesprochen, als ginge es darum, endlich eine zukunftsweisende Vision vom Deutschsein, einen neuen Mut zum Patriotismus zu entfalten. Leitkultur hat bei uns einen schulmeisterlichen Beigeschmack. Es scheint, als könnten wir den Identitätsdiskurs nur ex negativo in Gang setzen, als Abgrenzung von demjenigen, was wir nicht sind oder zumindest nicht sein wollen. Weil die Herkunftsdeutschen den Nationalismus verlernt haben, das Bedürfnis nach der Verteidigung des Gewohnten aber unleugbar ist, übt so mancher Herkunftsdeutsche den Patriotismus durch Ablehnung. Ablehnung »der Muslime«, denen man mit gutem Gewissen entgegentreten kann, weil es ein Leichtes ist, sie als unmoderne, undemokratische und intolerante Gruppe zu brandmarken. Das Ressentiment kann sich so als Kampf für Freiheit und Toleranz ins moralische Recht setzen. Damit ist nicht gesagt, dass eine aufgeklärte Gesellschaft entschieden handeln muss, wenn etwa junge Frauen im Namen der Tradition und/oder Religion das Recht abgesprochen wird, über ihren eigenen Körper zu entscheiden, oder wenn fundamentalistische Prediger jungen Männern die Köpfe verdrehen. Für unsere Verfassung und die in ihr verankerten Persönlichkeitsrechte muss der Staat kompromisslos eintreten – Tradition und Religion rechtfertigen keine besondere Behandlung. Doch wenn »die Türken« oder »die Muslime« im Namen der Aufklärung allzu undifferenziert zu demokratie-, bildungs- und frauenfeindlichen Hinterweltlern erklärt werden, dann ist davon auszugehen, dass hier – um mit dem Aufklärer Immanuel Kant zu sprechen – nicht nur das moralische Gesetz, sondern auch »pathologische Triebfedern« wirken. Hinter dem vermeintlichen Eintreten für Freiheit und Demokratie verbirgt sich nicht selten Fremdenfeindlichkeit. Gerade wer sich auf die Aufklärung beruft, sollte der Verlockung widerstehen, die immer komplexere soziale Wirklichkeit durch kollektive Zuschreibungen handhabbar zu machen. Als universell einsetzbare Begründungsfigur ist der Verweis auf die »andere Kultur« jederzeit schnell zur Hand. Integrationsprobleme, Bildungsdefizite, Gewaltbereitschaft von Jugendlichen … der Fingerzeig auf den »muslimischen Hintergrund« lässt nicht lange auf sich warten. Dass die Wirklichkeit immer komplizierter und vielfältiger ist als die Begriffe, mit denen wir sie zu sortieren verführt sind, wäre das oberste Gebot aufklärerischer Vorurteilskritik.

Navid Kermani beschreibt eindringlich, wie wenig die widerspruchsvolle Wirklichkeit und das eigene Gefühl von Zugehörigkeit der Trennschärfe von Begriffen entsprechen[16]. Er versteht sich als Muslim, und doch tut er vieles, was nach allgemeiner Auffassung dem Muslimsein widerspricht. Er schreibe auch freizügige Bücher über die Liebe. Sei er deswegen kein Muslim? Jedenfalls kein Muslim im »eigentlichen« Sinne? Müsste er, wäre er ein »echter« Muslim, die Demokratie ablehnen? Nein, er ist Muslim, der sich die »Echtheit« ungern absprechen lässt, aber er ist auch noch vieles andere. Identität ist nicht einfach eine Beschreibung des Zugehörigkeitsgefühls, sondern eine Konstruktion, »eine Festlegung dessen, was in Wirklichkeit vielfältiger, ambivalenter, durchlässiger ist«. Die Rede von der Identität tendiert dagegen zur Absolutsetzung, suggeriert die Allgegenwärtigkeit eines Identitätsbewusstseins in allen Lebenslagen. »Aber nicht alles, was ich tue, steht in Bezug zu meiner Religion«, sagt Kermani. Wenn in der Integrationsdebatte allenthalben von »Muslimen« die Rede ist, entsteht ein weltfremdes Bild einer Gruppe, deren Selbstwahrnehmung und objektive Eigenschaften einzig durch ihre Religion bestimmt sind. Die vielfältigen und individuellen Faktoren, die das Leben und das Ichgefühl bestimmen, die individuelle Erziehung und soziale

Herkunft, die glücklichen oder unglücklichen Zufälle der Bildungslaufbahn geraten aus dem Blick. Die Frage der muslimischen Religionszugehörigkeit sei zur »öffentlichen Obsession« geworden, sagt auch die Philosophin und Journalistin Hilal Sezgin[17]. Auf einmal werde von ihr erwartet, dass sie zum Kopftuch Stellung nimmt oder sich bitte deutlich vom radikalen Islam distanziere. Als Aygül Özkan zur niedersächsischen Sozialministerin ernannt wurde, konnte die herkunftsdeutsche Öffentlichkeit von der Nachricht kaum genug bekommen, dass sie Muslimin ist, als ginge es, wie Zafer Şenocak treffend bemerkt[18], um die Besetzung eines Lehrstuhls für Theologie. Frau Özkan ist nämlich vieles mehr: Sie ist in Hamburg aufgewachsen, sie ist Juristin, neuerdings Ministerin, und spielt in ihrer Freizeit gerne Tennis.

Die ständige Rede vom Islam und der »muslimischen Identität« – was auch immer damit gemeint ist – nimmt den Adressaten das Recht, ihre Religion nicht zu thematisieren. Sie rückt einen Aspekt in den Vordergrund, der von den Zuwanderern vielleicht gar nicht als Differenzierungsmerkmal wahrgenommen wurde. Sie fühlen sich als Deutsche und Muslime. Doch seit sich das Klima in Deutschland eingetrübt hat, rückt die muslimische Identität auch im Inneren in den Vordergrund. Im deutschen Zuhause aber wird es unbehaglicher. Die Tonart der Islamdebatte perpetuiert den Missstand, gegen den sie angeblich zu Felde zog; sie zementiert die Parallelgesellschaft, die Grenze zwischen »uns« und »denen«, und lässt die Gruppe derjenigen zusammenrücken, deren Öffnung man vermisst.

»Angeblich fußt Multikulturalismus auf kulturellen Identitäten, doch das ist Unfug. Multikulturalismus ist das Zusammenleben von Menschen unterschiedlicher Herkunft unter gleichberechtigten Bedingungen«, betont Hilal Sezgin und plädiert damit jenseits der politischen Bedeutungszuschreibung für einen liberalen Begriff von Multikulturalismus. Identität sei eine »Schablone, die man Menschen aufdrückt, mit denen man sich nicht von Mensch zu Mensch unterhalten will«[19].

Integration als soziales Problem

Wer über die Identität des anderen, seine kulturelle und religiöse Prägung Bescheid zu wissen glaubt, sieht den Einzelfall als Bestätigung der Regel. »So ist das bei den Muslimen ...« Der Verweis auf Religion oder die »social race« liefert jederzeit eine schlau klingende Begründung für die vielfältigen Probleme und gefühlten Unstimmigkeiten, die das Zusammenleben von Menschen unterschiedlicher Herkunft, Bildung und Schichtzugehörigkeit mit sich bringen. Oft werden Kausalitäten unterstellt, die bei genauerer Betrachtung fragwürdig werden: Sind die Integrationsprobleme der türkischen Einwanderer wirklich der Religionszugehörigkeit geschuldet? Selbst wenn man »die Muslime« als generische Bezeichnung eines Kulturraums verstünde: sind die Verhaltensdefizite tatsächlich Folge eines »clash of cultures«? Ist die Identität die Wurzel allen Übels? Wie lassen sich dann die auffälligen Bildungsdefizite der italienischen Einwandererkinder erklären[20]? Die Religion und kulturelle Fremdheit kommen hier wohl kaum infrage. Betrachtet man Integrations- und Bildungsdefizite hingegen schichtspezifisch, vergleicht man also nur Menschen aus derselben Sozialschicht, dann verändert sich plötzlich das Bild: Türkische Migranten etwa haben eine messbar höhere Bildungsaspiration als Deutsche derselben sozialen Gruppe. Auch die Chancen, ein Gymnasium zu besuchen, sind bei türkischen Schülern größer, wenn die soziale Schicht kontrolliert wird.

Die Ergebnisse des Mannheimer Forschungsprojekts »Bildungsentscheidungen in Migrantenfamilien« belegen, »dass türkischstämmige Kinder bei gleichen schulischen Leistungen und einem vergleichbaren sozialen Hintergrund häufiger auf die anspruchsvolleren Schularten der Sekundarstufe wechseln. Dieser positive Effekt der ethnischen Herkunft ist dabei auf die hohe Bildungsmotivation in türkischen Migrantenfamilien zurückzuführen.«[21] Aus der Sicht der empirischen Bildungsforschung lautet die Antwort auf Sarrazin: Wenn sich die Türken assimilieren sollten, dann müssten sie sich endlich den deutschen Gewohnheiten ihrer sozialen Schicht anpassen und ihren überschießenden Bildungsehrgeiz über Bord werfen.

Die meisten Integrationsprobleme in Deutschland, hierin sind sich die Experten weitgehend einig, lassen sich als »soziale Integrationsprobleme« beschreiben. Der Großteil der muslimischen Zuwanderer in Deutschland stammt aus ländlichen Gebieten im Osten der Türkei. Dort hat man mit »frühkindlichen Förderangeboten« und »Qualifizierungsoffensiven« eher seltener zu tun. Für viele Einwanderer gleicht der Umzug nach Deutschland noch immer einer Zeitreise in eine völlig unbekannte, moderne und hoch technisierte Welt, in der die Orientierung schwerfällt und die Familie mit ihren Sitten und Traditionen den einzigen Schutzraum darstellt. Die Schwierigkeiten und Abwehrmechanismen dieser Migranten sind keine Symptome fundamentaler religiös-kultureller Inkongruenz, sondern Anzeichen eines oft lange anhaltenden Milieuschocks. Sehr zu Recht weist Navid Kermani darauf hin, dass sich derlei Abwehrmechanismen auch als Folge der Landflucht in den Metropolen der islamischen Welt beobachten lassen[22].

Die Herkunftsdeutschen indes verwechseln in ihrer Wahrnehmung gerne die Ursachen auch ihrer eigenen Fremdheitsgefühle: Ein deutsches Lehrerehepaar aus Berlin-Charlottenburg wird sich den Nachbarn, einem muslimischen Arzt aus Istanbul und dessen belesener Ehefrau, wohl näher fühlen als der herkunftsdeutschen Familie aus einer Kleinstadt in Brandenburg oder Niedersachsen, die von Transferleistungen lebt und in der Alkohol den Alltag prägt. Kulturelle Interessen, geteiltes Wissen, Konsumverhalten, Habitus und ästhetische Vorlieben, also Aspekte, die in unmittelbarem Zusammenhang mit dem Bildungsgrad und dem sozialen Status stehen, lassen das vermeintlich so Fremde plötzlich verwandt erscheinen. Das deutsche Lehrerehepaar hätte bei einem Abendessen in einer Oberschichtenfamilie in Istanbul oder Teheran wohl anregendere Gespräche als an einem Abend in einer Eckkneipe am Ostrand von Berlin.

Im Übrigen: Wer wissen möchte, vor welchen Schwierigkeiten wir auch bei der sozialen Integration der bildungsfernen Herkunftsdeutschen stehen, unterhalte sich nur einmal mit einem Jugendamtsmitarbeiter aus Duisburg, Offenbach oder Berlin-Marzahn. Das RTL-Format *Die Super-Nanny* gewährt, bei aller Inszenierung, ebenfalls instruktive Beispiele aus dem bildungsfernen Familienalltag in Deutschland. Auch die sprachlichen Defizite lassen sich nicht einfach als Folge einer kulturell bedingten Bildungsverweigerung interpretieren. Lehrer aus Brennpunktschulen berichten, dass die Sprachkenntnisse, der Wortschatz und die Beherrschung selbst grundlegender Grammatikregeln bei den herkunftsdeutschen Risikoschülern kaum besser sind als bei Schülern aus Zuwandererfamilien.

Auf die Notwendigkeit einer genauen Unterscheidung zwischen sozialen und religiös-kulturellen Herkunftseffekten kann gar nicht oft und deutlich genug hingewiesen werden. Denn der Preis, den eine Gesellschaft langfristig für die Stigmatisierung einer religiösen Minderheit bezahlen muss, ist unvergleichlich höher als alle Investitionen in Bildung und sozialen Aufstieg. Und hier ist noch viel zu tun. Die Rezepte liegen in der Bildung, und sie liegen auf dem Tisch: Ausbau der frühkindlichen (Sprach-)Förderung, bedarfsorientierte Ausstattung der Schulen in sozial schwierigen Bezirken, individuelle Förderung, bessere und sozial gerechtere Leistungsdiagnostik, attraktive Ganztagsangebote in Schulen und die Beteiligung der Eltern am Bildungsprozess. Dass Schule auch unter schwierigen Bedingungen gelingen kann und wie sich damit das Klima im ganzen Quartier zum Guten wenden kann, zeigen einige wenige Leuchtturmprojekte in der deutschen Schullandschaft. Zuversicht muss Schule machen. Nichts kann für eine moderne und pluralistische Gesellschaft dagegen zersetzender sein als ein Integrationsdefätismus, der die Kräfte des Individuums unterschätzt, den Einzelnen als Repräsentanten seiner Klientel betrachtet und wegen kultureller oder gar biologischer Dispositionen alle Anstrengungen als sinnlos betrachtet. Dies war die wirklich düstere Botschaft des Thilo Sarrazin.

Das Wir beginnt beim Du

Wenn Integration in Deutschland gelingen soll, hilft die mantrahafte Rede von den Limitierungen durch »kulturelle und religiöse Identität« nicht weiter. Wer allenthalben von starren Identitäten redet, redet sie am Ende auch herbei. Identitätsgefühle sind – die sehr persönlichen Geschichten in diesem Buch zeigen es – immer komplizierter, vielfältiger und widersprüchlicher als die Kategorien, mit denen wir sie zu beschreiben versuchen. Gerade die multiplen »Wir«-Identitäten der Zuwanderer, die sich ihren heimatlichen Traditionen zugehörig und Deutschland dennoch tief verbunden fühlen, sollten uns nicht verunsichern. Sie sind kein Anzeichen erodierenden Zusammenhalts, sondern hoffnungsvolle Signale einer Öffnung und Durchlässigkeit nationaler Identität. Auch in den vermeintlich so abgeschotteten »Parallelwelten« in den Tiefen von Neukölln oder Duisburg-Homberg sind die Identitäten im Wandel begriffen, und oft geht der Riss zwischen einem türkischen und einem deutsch-türkischen »Wir«-Gefühl mitten durch die Familien. Erst kürzlich berichtete uns im Rahmen unserer Projektarbeit eine Erzieherin aus Duisburg, wie sich eine irakische Frau nach langen Gesprächen mit anderen Müttern im Elterncafé entschlossen habe, der Aufforderung ihres Mannes nicht nachzukommen. Dieser wollte zusammen mit den Kindern Deutschland verlassen und ins Heimatland zurückkehren. Schließlich reiste er allein. Rollenbilder, Wertvorstellungen und Zugehörigkeitsgefühle befinden sich in jeder Einwanderungsgesellschaft im Wandel. Nicht selten erzeugt dies Schmerz und Konflikte, oft eröffnet es aber auch auf beiden Seiten der Integrationsgesellschaft neue Perspektiven. Es wäre dagegen vollkommen lebensfremd, kulturell unterschiedlich geprägte Gruppen als hermetisch abgeschlossene Räume zu begreifen, zwischen denen kein wechselseitiger Austausch bestünde.

Die statistikversessene Debatte dieser Tage lasse, sagt Hilal Sezgin, »keinen Raum für das Eigenrecht gelebten Lebens«. Und in der Tat: Wir brauchen keine weiteren numerisch erfassten sozialen Kategorien, mit denen sich die bunte Wirklichkeit fein säuberlich zergliedern lässt. Stattdessen brauchen wir eine Kultur des Hinsehens auf den Einzelnen, sozusagen eine »partikularistische Wende«. Der Einzelfall ist nicht nur interessanter, aussagekräftiger, er ist auch spannender als jede Statistik über »den Migranten«. Das zeigen uns vor allem persönliche Begegnungen und Projekte, die wir selber zu Integration, Bildung und sozialem Aufstieg von jungen Menschen in unserer Arbeit für die Vodafone Stiftung betreuen. Daher auch der Entschluss, das vorliegende Buch herauszugeben. Der performative Widerspruch, den man uns, den Herausgebern, vielleicht vorhalten kann, besteht darin, dass einmal mehr die Migranten als Migranten angesprochen und zusammensortiert wurden. Doch die Einzelfälle zeigen, wie verschlungen die Lebenswege verlaufen, wie unterschiedlich die Ausgangsbedingungen sind, wie allzu menschlich ihr Vermögen oder Unvermögen, Herausforderungen zu begegnen und Schwierigkeiten zu bewältigen. Wie sehr doch auch der Zufall das Leben bestimmt. Während der eine seine Zuwanderungsgeschichte als Ansporn begreift, sich an alle Gepflogenheiten anpasst und dadurch seine volle Lebensenergie entfaltet, bleibt der andere der Herkunft verhaftet und bleibt im Inneren doch immer ein Fremder. Der Humanismus gebietet es, dem Einzelnen in seiner unverwechselbaren Besonderheit zu begegnen und nicht bloß als Vertreter seiner sozialen »Klasse«.

Was entscheidet über Erfolg oder Misserfolg von Integration, was über Bildungsaufstieg oder Absturz? Das Milieu, das Schulsystem, der Ehrgeiz der Eltern, die pädagogischen Methoden oder doch das genetische Potenzial? Im öffentlichen Diskurs werden lebensfremde, ja, absurde Vorstellungen von Kausalität geprägt. Dahinter steckt oft eine hybride Überschätzung der Möglichkeit politischer Steuerung, als ließen sich die Einflussgrößen vermessen (dreißig Prozent Elternhaus, zweiundvierzig Prozent Gene und achtundzwanzig Prozent Schulsystem?), als sei der Handlungsspielraum des Einzelnen vor dem Hintergrund seiner Milieuzugehörigkeit klar abgesteckt. Bereits die Rede von den politischen »Stellschrauben« sollte uns verdächtig stimmen – als wäre Integration eine Form des Ingenieurwesens, bei dem es nur darauf ankommt, an den richtigen Schrauben zu drehen, damit es mit »den Migranten« in die richtige Richtung geht. Investitionen in Bildung sind wichtig, ja unerlässlich. Doch warum der eine Mensch schulischen und beruflichen Erfolg hat und der andere nicht, wird sich wohl niemals endgültig ergründen lassen: Vielleicht kreuzte ein motivierendes Vorbild zur richtigen Zeit den Lebensweg, vielleicht war es einfach ein günstiger Zufall, der richtige Ankunftsort oder ein starker Wille, persönliche »Resilienz«, Stressverträglichkeit oder ein Lehrer mit Charisma.

So trivial, integrationsromantisch oder weich gespült es für den Integrationspessimisten Sarrazin'scher Prägung auch klingen mag: wenn Integration gelingen soll, wenn sich bei den Zugewanderten jemals ein Gefühl des Dazugehörens ausbilden soll, dann ist die Wertschätzung der Individualität und des »Eigenrechts des gelebten Lebens« oberstes Gebot. Das neue deutsche »Wir« muss beim »Du« beginnen. Ressentiments dagegen beziehen ihre Energie aus den entseelten und unscharfen Begriffen, mit denen wir die Menschen in imaginierte Gruppen sortieren. Man kennt dies vielleicht von Gesprächen über den Gartenzaun: Mit »den Migranten« will man nicht viel zu tun haben. Der geschätzte Nachbar Mahmut sei damit natürlich nicht gemeint, der sei anders, der sei in Ordnung.

Unterwegs zum neuen Wir.
Schlussfolgerungen

Halten wir fest: Die Herstellung eines deutschen Gemeinschaftsgefühls durch die Absetzung von »den anderen« ist zwar allzu menschlich, birgt indes Gefahren für den Zusammenhalt und das friedliche Zusammenleben in einer kulturell diversen Gesellschaft. Soziologen sprechen vom »Othering«. Gemeint ist die Stabilisierung der Gruppenidentität durch Ausschluss und Absetzung von einem meist konstruierten Gegenüber. Dieses Absetzungsbedürfnis wird sich in Gruppen, die sich eine Identität zuschreiben, wohl kaum ausschalten lassen. Doch Gemeinschaftsgefühl kann glücklicherweise nicht *nur* durch Ausschluss, sondern auch durch die gemeinsame Besinnung auf Normen und Grundprinzipien entstehen, die alle Bürger kennen und an deren Befolgung sie sich innerlich gebunden fühlen.

Das neue deutsche »Wir« muss eine glaubhafte Alternative sein zur deutschen »Kulturnation als Abstammungsgemeinschaft«. Es muss für ein Land stehen, das Heterogenität als Bereicherung versteht, das sich bei aller Verschiedenheit auf gemeinsame Ziviltugenden verständigt und sich nicht aus Angst vor dem Ungewohnten in Sehnsuchtseskapaden flüchtet. Vielleicht beginnt dieses »Wir«-Gefühl auch mit einfachen Sprachübungen. Der Bedeutungswandel des »Deutschseins« kann durch semantisches Training erreicht werden, wenn man nur will. Wer seinen Kollegen Süleyman oft genug einen Deutschen genannt hat, wird sich darüber eines Tages nicht mehr wundern. Dieser Bedeutungswandel des »Deutschen« ist bei genauer Betrachtung längst im Gang. Wenn man heute auf einer Konferenz im Ausland einen türkischstämmigen Kollegen trifft, dann gilt er nicht mehr, wie vielleicht noch vor zehn Jahren, als »Quotentürke«, sondern als deutscher Kollege. Es besteht Hoffnung! Wieder sind es die Bildung, das akzentfreie Deutsch und die ein gestreuten Bemerkungen über den deutschen Alltag und ihre Populärkultur, die Verbundenheitsgefühle erzeugen.

Manchmal hilft auch ein Blick ins gar nicht so ferne Ausland: Das Einwanderungsland Großbritannien, das mit seiner kulturellen Vielfalt längst viel entspannter umgeht als wir, macht uns vor, wie der Wandel gelingen kann: Niemand käme dort auf die abwegige Idee, dass die Muslima Khizra Dhindsa, die im Königreich unlängst zur Polizistin des Jahres gekürt wurde, keine »richtige Britin« sei. Freilich gibt es auch in Großbritannien fremdenfeindliche Tendenzen und soziale Spannungen. Doch auch die jüngsten Unruhen in den britischen Großstädten ändern im Kern nichts an der Selbstverständlichkeit, mit der die buntscheckige Gesellschaft des Vereinigten Königreichs inzwischen ihre Britishness reklamiert. Das Zusammenleben unterschiedlicher ethnischer und kultureller Gruppen unter dem urbritischen Gebot des »Fair Play« ist inzwischen Teil des patriotischen Narrativs. Nicht von ungefähr gilt »Chicken Vindaloo« als *das* englische Nationalgericht. Die indischen Einwanderer der ersten Generation, die in den Sechzigerjahren nach England kamen, hätten damals bei einem Fußballspiel niemals den Union Jack hochgehalten. Das hätte sich nicht richtig angefühlt. Dafür roch der Fußball zu sehr nach englischem Bier und dumpfem Nationalismus. Der Enkelgeneration sind diese Abwehrgefühle inzwischen fremd. Das britische Team ist auch das ihre. Zugegeben: die Zuwanderung der türkischen Gastarbeiter baut nicht auf einer vergleichbaren kolonialgeschichtlichen Verbindung. Doch warum sollten sich die Loyalitäten und Zugehörigkeitsgefühle hierzulande nicht in ähnlicher Weise verschieben, wenn die Verbindung zur Heimat der ersten Generation mehr und mehr verblasst?

Der berühmte britische Historiker Timothy Garton Ash sagte einmal auf einer Konferenz, die britische Leitkultur manifestiere sich im disziplinierten Schlangestehen. Sich in der Schlange vorzudrängeln gilt auf der Insel in der Tat als unverzeihliche sittliche Verfehlung. Was eine Gesellschaft im Innersten zusammenhält – dies ist die eigentliche Botschaft dieses Bonmots –, ist das Bewusstsein, dass das öffentliche Leben trotz aller Verschiedenheit der Rechtssubjekte nach klaren Regeln organisiert ist, die den Bürgern sozusagen in Fleisch und Blut übergehen. Wesenhaft britisch war in diesem Sinne die »Riots Cleanup«-Bewegung, die sich nach den Unruhen und Plünderungen im Sommer 2011 über Facebook und andere Netzwerke organisierte, um im Gestus bürgerlicher Empörung und Anteilnahme die Scherben aufzufegen und Geschädigten zu helfen.

In Deutschland steht – auf juristischer Ebene – das Grundgesetz für das Regelwerk, auf das sich die Gesellschaft verständigt; die Identifikation mit den in ihm verankerten Werten, der Verfassungspatriotismus, kann den Zusammenhalt des Gemeinwesens stabilisieren.

Vielleicht könnte es helfen, wenn sich die Deutschen selbstbewusster auf ihre Werteordnung besinnen würden. Im Grundgesetz manifestiert sich die historische Erfahrung eines totalitären Regimes. Es stellt die Würde des Menschen an den Anfang, es formuliert die Abwehrrechte des Bürgers gegen den Staat und garantiert die allgemeine Handlungsfreiheit. Insbesondere für Zuwanderer aus Regionen, in denen diese Rechte bedroht sind, ist das Grundgesetz ein besonderes Identifikationsangebot. Doch bereits vor aller juristischen Manifestierung der Regeln gibt es ein Verständnis dessen, was sich in einer Gesellschaft »gehört«, was angemessen ist und was nicht und wofür es sich einzustehen lohnt. Diese Zivil- oder Bürgertugenden (civic virtues) gehen der juristischen Organisation des Gemeinwesens immer schon voraus. Hier geht es nicht nur darum, den Gesetzen zu gehorchen, sondern um die innere Anerkennung ihrer moralischen Relevanz, um die intrinsische Bereitschaft, sich an die Grundprinzipien der Gesellschaft zu halten, aus Gründen der Fairness und Gerechtigkeit: den Freiheitsraum des anderen zu achten, sich für die Gleichheit von Rechten und Chancen einzusetzen, sich an Verträge zu halten und öffentliche Ressourcen nicht zu missbrauchen.

Neben diesen Ziviltugenden von hoher moralischer Relevanz gibt es eine ganze Reihe anderer »deutscher Tugenden«, für die wir im Ausland bekannt und geachtet sind und die auch die Zuwanderer zu schätzen wissen: Pünktlichkeit, Gründlichkeit, Verlässlichkeit, Forscher- und Erkundungsgeist, ein an dunkler Vergangenheit geschulter kritischer Sinn, ein Sinn auch für den Wert kultureller Leistungen und die Schönheit des Wortes, und vor allem: Ehrgeiz und ein ausgeprägtes Bewusstsein für die Qualität der eigenen Arbeit.

Wer wäre so eine Leitfigur des neuen »Wir«? Denken wir uns einen türkischstämmigen Migranten, der seit zwanzig Jahren im Mercedes-Werk arbeitet und sich oft über die schlampige Arbeit seines (herkunfts-)deutschen Azubis ärgert, denken wir uns einen Migranten, der bei Besuchen von Verwandten aus der Türkei auf die moderne Infrastruktur seiner Heimatstadt Stuttgart stolz ist, auf die Rechtssicherheit in Deutschland, die Pünktlichkeit der Straßenbahn und seinen klimafreundlichen neuen deutschen Wagen, der nach seiner Meinung ziemlich gut verarbeitet ist. Er hat ihn ja selbst zusammengeschraubt. Bürgertugenden sind kein Exklusivbesitz. Wer neu hinzukommt, kann sich an ihnen orientieren, ohne sich in allen Lebensbereichen zu assimilieren und die eigenen Traditionen preiszugeben.

Und, wer weiß, vielleicht ist die deutsche Erzählung mit ihren Brüchen und dunklen Abschnitten doch nicht so hermetisch und wenig anschlussfähig, wie wir es manchmal annehmen. Auch für Zugezogene sind die Teilung und die historische Leistung des Mauerfalls ein bewegendes Narrativ mit Identifikationspotenzial. Es erzählt von den Folgen eines grausamen Krieges, der Kraft der Freiheit und Demokratie, vom Einreißen von Grenzen und dem Unrecht totalitärer Regime. Mehr Mut zu patriotischen Symbolen und Ritualen könnte dem neuen »Wir«-Gefühl durchaus gut bekommen. Dass die deutsche Politik indes schon wenige Jahre nach dem Mauerfall darüber nachdachte, den Tag der Deutschen Einheit als gesetzlichen Feiertag abzuschaffen, zeigt, wie schwer wir uns tun mit identitätsstiftender Symbolik. Das neue deutsche »Wir« zeigte sich bisher vor allem in den spaßigen Momenten der Leichtigkeit, als utopisch anmutendes »Sommermärchen« der Fußball-WM im Sommer 2006, damals, als an den Autos die türkischen und deutschen Fahnen flatterten. Wir waren stolz, und wir durften stolz sein auf unser Land, ein guter Gastgeber zu sein und für ein weltoffenes und tolerantes Deutschland zu stehen. Vielleicht war dieser leichtlebige Anfang für das integrationskranke Land nicht der schlechteste. Der poetische Realist Wilhelm Raabe hätte gesagt: »Hoffnung und Freude sind die besten Ärzte.«

Anmerkungen

1 Siehe hier und im Folgenden: Jürgen Habermas, ›Anerkennungskämpfe im demokratischen Rechtsstaat‹, in: Charles Taylor, Multikulturalismus und die Politik der Anerkennung, Frankfurt 2009, S. 159.

2 Ebd.

3 Zum »negativen Gründungsmythos« siehe Claus Leggewie, Der Kampf um die europäische Erinnerung: Ein Schlachtfeld wird besichtigt, München 2011.

4 Vgl. John Rawls, A Theory of Justice, Cambridge/London 1971, S. 527: »[...] a well ordered society (corresponding to justice as fairness) is just a form of social union. Indeed, it is a social union of social unions. Both characteristics are present: the successful carrying out of just institutions is the shared final end of all the members of society, and these institutional forms are prized as good in themselves.«

5 Hatice Akyün, Was ist Heimat, S. 213–220, in: Hilal Sezgin (Hrsg.), Manifest der Vielen, Berlin 2011.

6 Statistisches Bundesamt, Fachserie 22, und Statistisches Bundesamt 2009: Bevölkerung Deutschlands bis 2060. Ergebnisse der 12. koordinierten Bevölkerungsvorausberechnung.

7 Zu Kriminalität und (vor allem häuslicher) Gewalt unter Migranten siehe Jahresgutachten 2010 des Sachverständigenrats deutscher Stiftungen für Migration und Integration, S. 213 ff. Die Statistiken zeigen vergleichsweise höhere Kriminalitätsraten bei Ausländern, auch nach Herausrechnung des sozioökonomischen Hintergrunds. Siehe auch die kürzlich vorgelegte Studie von D. Oberwittler und J. Kasselt, Ehrenmorde in Deutschland 1996–2005. Eine Untersuchung auf der Basis von Prozessakten (Polizei und Forschung, Bd. 42, hrsg. vom Bundeskriminalamt), Köln 2011.

8 Migrationsland 2011, Jahresgutachten 2011 mit Migrationsbarometer, hrsg. vom Sachverständigenrat deutscher Stiftungen für Integration und Migration.

9 Siehe Pressemeldung des Sachverständigenrates für Integration und Migration vom 22. Juni 2011.

10 Navid Kermani, Wer ist wir? Deutschland und seine Muslime, München 2010, S. 54.

11 Zafer Şenocak, Deutschsein: Eine Aufklärungsschrift, Hamburg 2011, S. 39.

12 Im Integrationsgutachten 2010 des SVR finden sich alle von Sarrazin angesprochenen Punkte: Siehe S. 14, 20, 63, 142 f., 215, 219 f. Dem

Problem der Abwanderung, das Sarrazin in der Arbeit des SVR nicht angemessen berücksichtigt findet, widmet das Jahresgutachten 2011 ein ganzes Kapitel.

13 Hilal Sezgin, Deutschland schafft mich ab, S. 45 – 52, in: Manifest der Vielen, Berlin 2011.

14 Sarrazin verweist hier auf eine Umfrage von Holger Liljeberg von 2011. Diese Studie besagt lediglich, dass die Hälfte der Türken seltener als einmal in der Woche in ihrer Freizeit Kontakt zu Deutschen hat. Arbeits-, Geschäfts-, Schulkontakte sind hier nicht eingerechnet.

15 Zafer Şenocak, S. 124.

16 Navid Kermani, S. 17 ff.

17 Hilal Sezgin, S. 50.

18 Zafer Şenocak, S. 126.

19 Hilal Sezgin, S. 50.

20 Siehe Georg Auernheimer, Schüler und Eltern italienischer Herkunft im deutschen Schulsystem. Gesehen im Internet unter: http://www.georg-auernheimer.de/downloads/Referat%20bei%20COMITES.pdf. Siehe auch Uwe Hunger und Dietrich Thränhardt, Migration und Bildungserfolg: Wo stehen wir?, in: IMIS-Beiträge, Heft 23, 2004.

21 Cornelia Kristen und Jörg Dollmann, Sekundäre Effekte der ethnischen Herkunft: Kinder aus türkischen Familien am ersten Bildungsübergang, S. 205 – 229, in: Jürgen Baumert, Kai Maaz, Ulrich Trautwein (Hrsg.), Bildungsentscheidungen, Wiesbaden 2009.

22 Navid Kermani, S. 22.

Über die Autoren

Dr. David Deißner
David Deißner (Jahrgang 1976) leitet den Programmbereich Thinktank, Bildungsforschung und Integration der Vodafone Stiftung Deutschland. Er verantwortet diverse Kooperationen mit wissenschaftlichen Einrichtungen, Bundes- und Landesministerien und betreut die Studien und Veröffentlichungen der Stiftung. Er leitet u. a. die Stiftungsprojekte »Deutscher Lehrerpreis – Unterricht innovativ« und »Talente«, das sich dem Problem der sozialen Bildungsungleichheiten widmet. Er arbeitete zuvor als Redakteur in der Politikredaktion der Zeitungsgruppe *Welt* und *Welt am Sonntag* und publizierte dort insbesondere zu aktuellen Fragen der Bildungspolitik. Deißner studierte Philosophie, Politik und Literaturwissenschaft an der Universität Heidelberg und der University of Oxford, wo er auch promoviert wurde.

Thomas Ellerbeck
Thomas Ellerbeck (Jahrgang 1967) verbindet Wirtschaft, Zivilgesellschaft, Politik und öffentlichen Sektor in seiner Vita. Er gehört seit 2006 der Geschäftsleitung von Vodafone Deutschland an, verantwortlich für das Ressort Konzernkommunikation, Stiftungen, Politik und Regulierung, und ist Vorsitzender des Beirats der Vodafone Stiftung Deutschland. Von 2001 bis 2006 war er Director Media Relations in der Konzernzentrale der Deutschen Lufthansa AG. In der Bewertung gesellschaftlicher und politischer Fragen wurde er nachhaltig durch die enge Zusammenarbeit mit Bundespräsident Roman Herzog geprägt. Er gehörte von 1995 bis Ende 2000 zum Kreis der engsten persönlichen Mitarbeiter des Bundespräsidenten, zunächst als stellvertretender Sprecher, anschließend als Leiter seines Büros.

Auch der Dialog der Kulturen und Religionen hat ihn bereits in der Arbeit für den Bundespräsidenten intensiv beschäftigt. Er ist in verschiedenen Gremien und Stiftungen ehrenamtlich tätig, unter anderem seit mehr als zehn Jahren im Kuratorium und Stiftungsvorstand der Lindauer Nobelpreisträger-Tagungen am Bodensee.

Benno Stieber

Benno Stieber (Jahrgang 1972) ist – wenn man so will – ein Migrant der zweiten Generation. Er wurde als Österreicher in Freiburg im Breisgau geboren, absolvierte die Deutsche Journalisten-Schule (DJS) und studierte an der Ludwig-Maximilians-Universität München Politik, Geschichte und Journalistik. Danach war er u. a. Mitarbeiter der *Badischen Zeitung* und der Wochenzeitung *Die Woche*. Als freier Korrespondent berichtet er seit Jahren für die *Financial Times Deutschland* von den Bundesgerichten und arbeitet als Autor unter anderem für *Merian* und *Brandeins*. Recherchereisen in die Vereinigten Arabischen Emirate, Oman, Jordanien und China. Mehrere seiner Reportagen wurden mit Preisen ausgezeichnet. Benno Stieber ist Mitbegründer der Journalistenvereinigung *Freischreiber*. Er lebt mit seiner Familie in Karlsruhe.